REMOTE VIEWING - DAS LEHRBUCH

Technik der Fernwahrnehmung
Der direkte Weg in die Matrix

Teil 1: Stufe 1-3

REMOTE VIEWING - DAS LEHRBUCH

Technik der Fernwahrnehmung
Der direkte Weg in die Matrix

Teil 1: Stufe 1-3

Manfred Jelinski
Remote Viewing – das Lehrbuch
Teil 1

Überarbeitete Auflage 2018

Titelseite:
Gestaltung: Indigo Kid und Bacherdesign

Layout: Indigo Kid
Alle Bildrechte beim Autor, wenn nicht anders angegeben

Druck und Bindung: PRESSEL Digitaler Produktionsdruck, Remshalden

ISBN: 987-3-95990-000-3

Ahead and Amazing Verlag, Jelinski GbR,
Magnussenstr. 8, 25872 Ostenfeld
www.aheadandamazing.de
www.rv-akademie.com

Leute, die auf Remote Viewing stoßen, erwarten den Gott aus der Maschine.
Wenn er ihnen dann erscheint, begreifen sie, dass sie die Büchse der Pandora gefunden haben.
Es wäre gut, wenn sie den Deckel wenigstens vorsichtig öffneten.

Disclaimer

Dieses Buch ist eine Darstellung der Technik des Remote Viewing und wie man mit dieser Methode umgehen kann.

Der Autor ist nicht verantwortlich für die Wahl Ihrer Targets und die Inhalte Ihrer Sessions.
In diesem Rahmen kann es nur den Versuch einer Hilfestellung geben mit Tipps, wie Sie mit den geviewten Informationen umgehen können.

Für Tina, die einfach da war.
Dank an alle, die mich unterstützt und auf mich eingewirkt haben. Besonders Simone und Ute, Michael und Dirk. Und an alle Wissenschaftler, die mich mit ihren Forschungen auf so vieles gebracht haben, ohne mit RV etwas zu tun zu haben.

REMOTE VIEWING – DAS LEHRBUCH
Technik der Fernwahrnehmung
Teil 1: Stufe 1-3

Inhalt

Statt eines Vorwortes - Was ist Remote Viewing?

Remote Viewing (RV) ist eine Technik, die entwickelt wurde, um die von Natur aus vorhandenen PSI-Fähigkeiten des Menschen zu erforschen, auszubilden und zu nutzen.

Der Anfang wurde 1972 vom Forscherteam Puthof/Targ am Stanton Research Institute (SRI) in Kalifornien gemacht. Im Laufe der Zeit wurde eine Methode entwickelt, die es jedem Menschen, unabhängig von besonderer Begabung ermöglicht, diese Fähigkeiten einzusetzen. Anfangs beschäftigte man sich hauptsächlich mit Hellsehen und Präkognition.

Bereits nach kurzer Zeit konnte man aufgrund von spektakulären Erfolgen z.B. mit dem sehr begabten ehemaligen Polizisten Pat Price die amerikanischen Geheimdienste CIA und NSA interessieren, worauf eine militärische Remote Viewing Einheit in Fort Meade eingerichtet wurde.

Dort ausgebildete und tätige Remote Viewer arbeiteten wie z.B. Joe McMoneagle an Forschungsprogrammen der Princeton University und dem Cognitive Science Lab mit und machten sich ab 1990 mit eigenen Variationen der Methode in der freien Wirtschaft selbstständig.

Ein erster Zusammenschluss der erfolgreichsten Viewer als Firma „PSI TECH“ zerfiel aufgrund persönlicher Differenzen und Finanzproblemen. Die Firma wurde lediglich von Edward Dames weitergeführt, während die anderen Mitglieder fortan mit einer persönlichen Version der Methode selbstständig arbeiteten.

1995 wurde das militärische Projekt nach einer Reihe von Zerwürfnissen und einer Studie, die dem Projekt Erfolglosigkeit und Ineffizienz bescheinigte, offiziell fallengelassen und durch den „Freedom of Information-Act“(FOIA) für die Öffentlichkeit aufgedeckt. Mehrere in Fort Meade tätige Remote Viewer äußerten, dass das Projekt an anderem Ort und größerer Geheimhaltung fortgeführt werde. Unklar bleibt weiterhin, warum die Gruppe PSI TECH trotz Geheimhaltung zwischen 1990 und 1995 privatwirtschaftlich arbeiten durfte.

In den 90er Jahren wurden durch verschiedene, auch neuausgebildete Personen weitere Variationen des Remote Viewing präsentiert, die sich allerdings nur marginal von dem ursprünglichen sogenannten Coordinate Remote Viewing (Remote Viewing nach Koordinaten) unterscheiden. Beispielhaft dafür ist das Scientific Remote Viewing (SRV) des Dames-Schülers Courtney Brown, Gründer des „Farsight Institutes".

Besonders Dames, Brown und Buchanan, ein weiterer altgedienter Fort Meade-Viewer, boten Kurse an, in denen sich jeder Interessierte in RV ausbilden lassen konnte. Ab 1996 kam die Methode durch Ed Dames nach Deutschland. Zehn Personen ließen sich bei ihm in Kalifornien ausbilden, eine weitere, unbestimmte Zahl Deutscher machte Kurse an anderer Stelle. Seit 1997 wird auch in Deutschland ausgebildet.

Die Entwicklung der Methode verlief, rückblickend gesehen, formal im üblichen Rahmen einer wissenschaftlichen Forschung, protokolliert und wiederholbar. Eine große Behinderung stellte jedoch die Tatsache dar, dass eine PSI-Technik von vielen Menschen entweder für unmöglich gehalten oder aus Angst abgelehnt wird. Forschungsgelder werden immer durch die Zusammensetzung der Entscheidungsgremien determiniert. Saßen dort Befürworter, wurden Projekte finanziert; gab es dort eher Gegner, wurden die Projekte ausgetrocknet. Das zentrale Problem bei der Darstellung von Remote Viewing war dabei immer, dass man auf sehr wenig wissenschaftliche Grundlagenforschung zurückgreifen konnte, im Prinzip diese selbst erst erstellen musste, was für andere wissenschaftliche Disziplinen schon seit Jahrzehnten nicht mehr zutraf. So konnte man zwar das Vorhandensein des PSI-Phänomens beinahe jederzeit beweisen und so auch immer wieder Gegner des RV-Projektes überzeugen, jedoch blieb eine grundlegende physikalische, physiologische oder biologische Erklärung des Phänomens den Forschern versagt.

Anfangs behalf man sich mit der Vorstellung eines universellen Datenspeichers, auf den das Unterbewusstsein Zugriff hätte. Dabei lehnte man sich an Vorstellungen aus der Welt des 19.Jahrhunderts an, wie z.B. den Ätherbegriff oder die Akasha-

Chronik. In Fort Meade modernisierte man diese Vorstellungswelt durch die Einführung des Begriffes „Matrix", der ein virtuelles kosmisches Gebilde bezeichnet, in dem alle Information dieses Universums holographisch abgelegt sind und das der Viewer „anzapft". Eine andere Erklärung bot sich durch C. G. Jungs Arbeiten über das „kollektive Unbewusste", eine Vernetzung aller Unterbewusstseine aller Menschen, oder durch die Forschungen von Rupert Sheldrake zu den Phänomenen „morphischer" oder „morphogenetischer Felder" an. Sheldrake stellte in vielen Versuchen fest, dass alle Lebewesen auf „übernatürliche" Weise in Feldern miteinander verbunden sind und unterschiedlich darin handeln bzw. an Informationen teilhaben können. Grundlagen- bzw. Quantenphysiker schließlich können mit der Erkenntnis aufwarten, dass das ganze Universum subatomar in „strings" zerlegt werden könne, was praktische bedeutet, dass der kleinste Baustein dieser Welt (=string) eine einzelne Schwingung, also auch ein Informations-Bit darstellt. Damit erklärt sich das Universum als die Summe aller vorhandenen Informationen.

Seit den 80er Jahren nähert man sich dem PSI-Phänomen auch auf biologisch/physiologischer Ebene.

Der deutsche Kommunikationsforscher Günter Haffelder stellte durch Gehirnstrommessungen fest, dass beim Ablauf einer Remote-Viewing-Sitzung bestimmte Bereiche des Gehirns besonders in Aktion traten und charakteristische Gehirnwellenmuster erzeugt wurden.

Diese Muster gleichen sich auffallend bei verschiedenen Versuchspersonen und führen zu dem Schluss, dass bestimmte Bereiche der rechten Hirn-Hemisphäre besonders in Aktion treten, während die linke Hälfte unter der Vollbeschäftigung durch das angewendete Protokoll heruntergefahren wird und somit den Widerstand gegen die Informationen aus der rechten Hemisphäre nicht wie gewohnt wahrnehmen kann. Es kommt also zu einem Datenfluss von der rechten Gehirnhälfte zur linken, also von der sogenannten kreativen zum linksseitigen Sitz der Logik. Andere Arten von Remote Viewing benutzen meditative Zustände, die letztlich nichts anderes bewirken als die Inaktivität der linken Hemisphäre, hier aber durch bewusst hervorgerufene Leere (Zen) oder serielle Arbeit wie Gebete sprechen (Hare Krishna oder Rosenkranz), Tanzen oder Trommeln (besonders bei Naturvölkern). Im Prinzip sind plötzliche hellsichtige Einfälle von Hausfrauen (und -männern!) beim Bügeln oder Staubsaugen genauso dort einzuordnen, auch wenn es sich hier nur um sehr kurzfristiges Herüberschwappen von PSI-Informationen über die sogenannte „subliminale Schwelle" handelt.

Dieser Begriff ist nur eine sprachliche Hilfskonstruktion. Als subliminale Schwelle bezeichnet die Möglichkeit des Wachbewusstseins, Informationen des Unterbewusstseins auszusperren. Auf welchem biochemischen oder -physikalischen Weg das geschieht, ist noch weitgehend unklar. Um diese Schwelle zu senken, wurden über die Jahrhunderte hinweg viele Techniken mittels Drogen und Hypnose, aber auch Meditation ausprobiert und entwickelt.

Im Alltag ist diese PSI-Sperre allerdings sehr hilfreich. Der Alltag verlangt nach einem kompetenten Steuerzentrum, um das Individuum sicher durch das Leben zu führen. Hellsehen am Steuer eines Autos ist für die Verkehrssicherheit nicht sehr hilfreich. Bei Menschen, die jeden Tag viele kognitive Entscheidungen fällen müssen, ist diese Schwelle besonders hoch bzw. das Wachbewusstsein besonders stark etabliert. Diese Menschen müssen Methoden zum Training von Remote Viewing besonders intensiv anwenden.

Einen Vorteil im Erlernen oder besser Trainieren von Remote Viewing haben Frauen, da sie über eine stärkere physiologische Vernetzung der beiden Gehirnhälften verfügen. (Der natürliche Sinn dahinter ist die Sicherung der Aufzucht von Nachkommen. Mütter müssen intuitiv wissen, was ihrem Kind fehlt, da dieses sich in den ersten Jahren nach der Geburt nicht hinlänglich verbal dazu äußern kann.)

Männer können diesen Nachteil durch mehr Training meist kompensieren. Erst seit kurzer Zeit greift die Erkenntnis um sich, dass die Resonanz mit dem Universum eine aktive Tätigkeit des Gehirns ist.

In vielen Versuchen erwies es sich nämlich, dass Sender und Empfänger von telepathischen Botschaften nicht austauschbar waren, der Vorgang des „Empfangens“ also ein sehr individueller ist. Man kann daraus schließen, dass jeder Mensch unbewusst ständig aktiv in der universellen Matrix tätig ist, nicht nur auf der Suche nach Informationen, sondern auch aktiv in der Gestaltung und Umgruppierung dieser.

Hier haben viele Bücher über den Erfolg von Beten oder auch nur Wünschen ihren Ursprung. Jedes Individuum versucht, seine Zukunft auch auf einer höheren Ebene im Voraus zu beeinflussen. Manchen gelingt es besser, anderen nicht so gut. Auf jeden Fall gilt: wenn ein Platz bereits besetzt ist, benötigt man mehr Kraft, um ihn selbst einzunehmen.

Der Ablaufplan des Remote Viewing basiert allgemein auf der Zusammenfassung aller bekannten Details, um eine Schwellenabsenkung herbeizuführen.

Das Ideogramm, der auffällige Krakel zu Beginn einer CRV-Session resultiert weitgehend aus den Arbeiten des PSI- Forschers René Warcollier. Dieser beschrieb bereits in der ersten Hälfte des 20. Jahrhunderts die unwillkürliche Zuckung von medial begabten Personen, wenn sie eine hellsichtige Eingabe hatten. Das kann man in einem PSI-Training provozieren.

Aber auch die Versuchspersonen der frühen Forschungen am SRI warfen gern wie geistesabwesend beliebig aussehende Kritzeleien auf Papier, die sie im Laufe der Session immer wieder mit dem Stift aufsuchten.

Die Session selbst ist die serielle Durchführung einer Arbeit, hier eines bestimmten, abgestuften Vorganges, nämlich des Schreibens, und führt, wie im Gehirnlabor nachmessbar, zur (Voll-)Beschäftigung des Wachbewusstseins und zum Herunterfahren der subliminalen Schwelle. Zusätzlich wird die Tätigkeit des Schreibens als sofortige Konservierung der Eindrücke benutzt, bevor diese wieder aus dem engen Aufmerksamkeitsbereich verschwunden sind. Diese PSI-fördernde Tätigkeit finden wir auch im bereits länger bekannten „automatischen Schreiben" einiger medial begabter Menschen. Den Gesamt-Ablauf dieses geregelten Vorganges nennen wir „das Protokoll".

Am Anfang des CRV-Protokolls werden als Eindrücke des „Hellsichtigen" nur sehr einfache Begriffe gefordert, die sich später komplexer gestalten können und mit der Zeit eine immer genauere Beschreibung des Zielgebietes ermöglichen. Es ist so, als ob man wie beim Alphabetisieren einen Vorgang dadurch beherrschbarer macht, dass er in kleinstmögliche Teile zerlegt wird, um ihn nach einer Analyse wieder neu zusammensetzen zu können.

Die Bezeichnung kommt eindeutig vom Begriff der menschlichen Sprache, die in Laute unterteilt wird, um sie effizient niederschreiben zu können, eben mit Hilfe des Alphabets. Diese Technik des Zerlegens in kleine Abschnitte findet sich jedoch in jeder industriellen Produktionsanlage oder auch beim Training von (sportlichen) Bewegungsabläufen. Nach der Optimierung von Details werden diese wieder in den Gesamtzusammenhang integriert.

Ingo Swann, selbst ein begabtes Medium, gab der Forschung wichtige Impulse, indem er analysierte, welche Eindrücke er hatte, wenn ihn übersinnliche Informationen durchströmten. Es waren zunächst sehr einfache Sinneseindrücke.
Physiologisch gibt es aber noch ganz andere Hintergründe, die ich später erklären werde.

Aufbauend auf der Initiation durch das Ideogramm entwickelte sich bald eine Hierarchie der Vorgehensweise, die man in Stufen (stages) einteilte:
Stufe 1: der (wiederholbare) Kontakt zum „inspirativen Moment" und der Einstieg in die serielle Betätigung.
Stufe 2: alphabetisierte Informationen, die nicht vom Wachbewusstsein (verliert das Interesse) generiert werden, weil diesem die Logik und damit die Geschichte dazu fehlt. Alle Daten werden erst später zu einem Bild zusammengesetzt
Stufe 3: erste Verknüpfung der Daten.
Stufe 4: gezielte Tätigkeit in der Matrix nach ausreichender Ausschaltung des Wachbewusstseins.

Stufe 5: Grundsätzliche Fragestellungen an das Zielgebiet, aber auch Entleerung von angefüllten Speicherplätzen des Gehirns.
Stufe 6: direkter Zielkontakt für intensive Ermittlungen und Navigation im Zielgebiet.

Aus wissenschaftlicher Sicht ergibt sich die Forderung, dass der „Viewer" nicht weiß, woran er arbeitet, denn sonst könnten sich die meisten Übereinstimmungen mit dem Zielgebiet auch aus Erinnerungsfunktionen erklären. Um in diesem Sinne eine „Verschlüsselung" zu erreichen, ersetzte man die Aufgabenstellung durch einen Zahlencode, dessen Bedeutung an anderem Ort, zumeist in dem vielgenannten undurchsichtigen Umschlag hinterlegt wurde. Diesen Zahlencode nannte man „Koordinaten", worauf sich der Begriff Coordinate Remote Viewing (CRV) etablierte.

Am Anfang der Forschungen, als man noch Versuchspersonen testete, ließ man sie Orte auf der Erde beschreiben, die durch ihre Geokoordinaten eindeutig und wieder auffindbar bestimmt waren (Länge und Breite der Erdvermessung).
Später stellt man fest, dass man solche Zahlenkombinationen mit jeder Aufgabenstellung verbinden konnte.
Daraus entwickelten sich weitere Methoden, z. B. TRV (Technical Remote Viewing) und SRV (Scientific Remote Viewing). Parallel dazu wurde im Geheimen von bestimmten „Special Forces" auf Hawaii die Extended Remote Viewing- Methode (ERV) weiterentwickelt, die erst 1997 aus der Geheimhaltung entlassen wurde. Die „Special Force", die sich mit dieser Methode beschäftigte, war sehr klein und auch heute wird dieses ERV von verhältnismäßig wenigen Leuten gelernt und praktiziert. Ein Training darin, wie auch für alle anderen Methoden, findet man im Internet angeboten.

Allerdings hat sich der Begriff „ERV" als Abkürzung für „extended Remote Viewing" auch für eine Variante eingebürgert, die mehr auf mediale, meditative Vorgehensweisen setzt.

In den inzwischen vielfältigen Veröffentlichungen weltweit wird der Begriff „Remote Viewing" inzwischen generell für Wahrnehmungen mit dem „6. Sinn" verwendet.

Zum einen kommt das daher, dass dieser Begriff bereits seit Ende 1972 als „Arbeitstitel“ für die Forschungen am SRI verwendet wurde. Da das Projekt immerhin 23 Jahr lang lief, bevor es 1995 geschlossen wurde, gab eine Anzahl von Beteiligten, die nur für einen begrenzten Zeitraum darin beschäftigt waren oder das Projekt irgendwann verließen. Sie nahmen ihren letzten Kenntnisstand der Methode dann mit und nannten ihn eben logischer Weise „Remote Viewing“.

Inzwischen hat sich CRV als protokollgestützte Methode durch ihre Strukturiertheit als die sicherste und detailreichste Möglichkeit für jedermann etabliert. Aus diesem Grund werden nun alle, auch die rein medialen Methoden der Wahrnehmung außerhalb der „normalen“ fünf Sinne, unter diesem Namen angeboten. Schauen sie also bitte genau hin, nicht alles, wo „Remote Viewing“ drauf steht, ist auch wirklich CRV.

Einleitung
Einfach losfliegen - warum nicht?

Remote Viewing in einem Buch so darzustellen, dass auch Leser, die diese Technik lernen möchten, etwas damit anfangen können, hielt ich jahrelang für eines der schwierigsten Unterfangen. Vielleicht ist das auch der Grund dafür, dass dieser Versuch, zum Zeitpunkt, da ich dieses Buch hier zum wiederholten Mal überarbeite, noch von keinem anderen unternommen wurde, auch nicht mit telefonischer Hotline.

Meine Erfahrung ist, dass jeder, der versucht hat, Remote Viewing zu lernen, in jeder Phase dieses Prozesses einige Rückfragen hatte, die sich einerseits natürlich auf das Verständnis der Methode, andererseits aber auf individuelle Einzelheiten der eigenen Person bezogen.

Fragen zur Methode lassen sich noch einigermaßen in den Griff bekommen, wenn man über genügend Erfahrung verfügt, will sagen, wenn man oft genug Probleme bekam. Man kennt dann die wichtigsten

Ansätze, auch wenn es hier darum geht, dem Leser eine ihm meist völlig fremde Logik zu vermitteln. Man kann es aufschreiben und nachlesen.

Das zweite Problem, die Individualität des Interessierten, ist viel entscheidender. Jeder Mensch ist einzigartig, reagiert unterschiedlich, benötigt persönliche Betreuung, um sich beim Lernen von Remote Viewing optimal entwickeln zu können. Es nutzt auch nichts, Kategorien aufzumachen, in die jeder mehr oder weniger hineinpasst. Die Erfahrung hat tatsächlich gezeigt, dass man Remote Viewing zwar sehr leicht lernen bzw. trainieren kann, es ohne einen Trainer aber wirklich harte Arbeit ist, die schon damit beginnt, dass diese Methode in jeder Stufe Selbstzweifel produziert und ein Abwehrverhalten des Wachbewusstseins. Der Trainee neigt dann dazu, den „Kram hinzuschmeißen", wenn er nicht sofort eine schlüssige Antwort oder Hilfestellung bekommt.

Das würden Sie nicht tun, sagen Sie jetzt? Weil Sie willensstark sind? Vielleicht. Warten wir's ab. Einen Versuch ist es jedenfalls mal wert. Aber eines gehört hier leider deutlich gesagt: ohne Fleiß kein Preis. Remote Viewing ist harte Arbeit. Es fällt nicht in den Schoß, obwohl es im Prinzip kinderleicht ist. Ein Widerspruch? Wie gesagt: Warten Sie's ab.

Zum Trost und als Basis für dieses Buch gibt es natürlich erprobte Standards, die immer funktionieren, egal wie jemand individuell abgestimmt ist. Und inzwischen kann ich auch sagen, sollen die Leute doch in Kenntnis dieser Standards ein bisschen „frei herumfliegen", wenn's ihnen Spaß macht. Nicht alles so eng sehen. Sie kriegen sich schon wieder ein, kommen zur Selbstdisziplin zurück und wenn sie den Kram ganz hinwerfen, dann ist ja auch kein Schaden angerichtet.

Was aber, wenn es so ist, wie die alten Lehrmeister des Remote Viewing, bedenklich das Haupt wiegend, behaupten? Wenn durch falsches Remote Viewing, wie Joe McMoneagle es nennt, die ganze hehre Lehre verwässert wird? Wenn Sie sich in der Öffentlichkeit lächerlich machen, weil Sie nicht ernsthaft genug sich selbst kontrollieren und jeden Quatsch glauben, den sie meinen, gesehen zu haben, und ihn hinausposaunen?

Das wird immer geschehen, und gerade die härtesten Verfechter strenger Kontrolle haben sich mit genau jenem traurigen Ruhm bekleckert; darunter auch Major Ed Dames, der den meisten Anteil daran hatte, Remote Viewing unters Volk zu bringen. Ich erinnere mich recht gut an Dames' dunkle Zukunfts-View-Visionen, die er in Art-Bell's Mystery-Radio-Show unter seine andächtig lauschende Anhängerschaft warf und die zum Glück nicht eintrafen, genau so wenig wie alle späteren angekündigte Weltuntergänge, von 2012 mal ganz zu schweigen. Er fiel genau jenem Übermut zum Opfer, den er seinen Schülern (z.B. Courtney Brown) vorwarf. Nach all diesen Ereignissen in den letzten Jahren, in denen Remote Viewer auch definitiv falsch lagen, speziell in der Beurteilung der Zukunft, wundert es nicht, wenn McMoneagle in seinem (neuen) „Lehr"- Buch „Remote Viewing Secrets – a Handbook" gleich zwei Schritte rückwärts macht.

1998 in Hamburg hatte er mir noch erzählt, Remote Viewing hätte in seinem Einsatz 80 bis 90 % Richtigkeit erzielt. Nun reduziert er es auf höchstens 65% und versucht sich in wissenschaftlicher Zurückhaltung, wie es ihm seine Kollegen am Cognitive Science Lab (oder wer auch sonst vielleicht) abverlangt haben. Dabei hat er durchaus nicht unrecht: denn wer zwar 90% richtige Daten produziert, aber leider nicht die Daten, die der Auftraggeber angefordert hatte oder die ihn interessiert hätten, der hat vielleicht 0 Prozent Erfolg mit Remote Viewing. Andererseits: wer nur ganz wenig Daten erzielt, vielleicht aber genau die, die der Auftraggeber angefordert hatte, hat 100 % Erfolg.

JoeMcMoneagle mit Gattin und dem Autor 1998 in Hamburg

Natürlich gibt es für alles ein Mittel bzw. ein Gegenmittel. Für wichtige Anfragen muss man zum Beispiel ein Projekt formulieren, an dem mehrere Viewer beschäftigt sind. Diese Verfahrensweise ist jedoch nicht die normale Arbeitsweise der monolithischen Remote Viewing-Ikone Joseph McMoneagle, zumal dieser noch nicht mit dem CRV-Protokoll arbeitete, wie wir es heute empfehlen.

Deshalb ist mein Standpunkt: versuchen Sie's ruhig. Aber machen Sie's mit Spaß an der Sache. Kein verkniffenes „Ich-muss-das-jetzt-schaffen"!

Warum sie es mal nicht geschafft haben, also im Fachjargon „nicht *on target*" waren, lässt sich zwar oft sehr leicht erklären, sollte Sie aber in keinem Fall besonders belasten. Vielleicht finden Sie genau Ihren Grund dafür in einer meiner späteren Ausführungen. Freuen Sie sich erstmal, wenn's geklappt hat, aber versteigen Sie sich nicht zu der so oft und schnell von Trainees eingenommenen Erwartungshaltung „ich kann alles viewen, jede Einzelheit, 100%!", weil es ein paar Mal hintereinander exorbitant gänsehauterregend präzise war. Wie gesagt, es geht auch mal daneben, besonders wenn Sie es ohne Trainer lernen. Ich könnte Ihnen auch speziell für Ihren Fall sagen, warum. Aber das nutzt ja nichts, ich bin ja gerade nicht da, oder Sie kriegen mich nicht ans Telefon oder so ähnlich. Egal! Man kann nicht sofort alles wissen. Remote Viewing ist einfach und hochkomplex zugleich. Sie lernen das mit der Zeit.

Ein Medizinstudent wird nicht gleich eine Herztransplantation machen können, auch wenn er weiß, wie es geht. Und das wäre auch eine heikle Angelegenheit. Aber so eine scheinbar ver-pfuschte Session muss nicht viel Schaden anrichten. Machen Sie sich nichts daraus, rein in die nächste, die klappt wahrscheinlich viel besser. Aber heben Sie die Verpfuschte auf. Irgendwann später werden sie die Blätter herausholen, sich vor den Kopf schlagen und „Mensch! Ja, genau so nicht!" rufen.

Und noch etwas: versuchen Sie, Freunde dafür zu gewinnen. Die Ehefrau oder Freundin wäre nicht schlecht, denn Frauen sind gemeinhin gleich von Anfang an sehr treffsicher. Aber kein Neid, Männer können in Details viel präziser sein! Zusammenarbeit heißt die Devise, Spaß miteinander haben, in letzterem Fall doch genau das Richtige für lange Winterabende! (Wir haben es aber auch an langen, warmen Grill-Nachmittagen gemacht.)

Fliegen Sie einfach, der Versuch ist entscheidend. Und erschrecken Sie nicht, wenn Sie sich als Top-Spion erweisen. Nicht vergessen: Remote Viewing ist ein ganz natürlicher Vorgang!

1. Kapitel: Paradise Now - die Schnelleinführung

Es gibt immer Leute, die möchten Instant Karma, sofort und alles und das möglichst schnell und umsonst. Wie schön, dass man Remote Viewing genau so demonstrieren kann. Als sich 1997 bei unseren Forschungsarbeiten herausstellte, dass PSI eine natürliche menschliche Fähigkeit ist, habe ich gleich danach Dutzende von Leuten mit einer Schnellmethode konfrontiert - von dem Rest der Remote Viewing-Gemeinde abwartend bis argwöhnisch beobachtet. Der Erfolg gab mir Recht, wie man auch auf Videoaufzeichnungen[1] sehen kann. Danach kamen noch viele dieser Schnelleinführungen, bald auch von anderen Leuten durchgeführt, manche von ihnen noch nicht einmal fertig ausgebildet. Und immer der gleiche Effekt: die Versuchspersonen konnten es sofort. Jeder war plötzlich Remote Viewer, Geheimagent in eigener Regie.

Mit kleinen Einschränkungen. Natürlich. Erstens: Sie können es danach selbstverständlich nicht richtig. Dazu braucht man wirklich ein längeres Training und viel mehr Verständnis. Und davon handelt auch der Rest dieses Buches. Aber mal so eben sich davon zu überzeugen, dass es geht, dazu reicht es.

Zweitens: wenn Sie diese Kurz-Einführung erfolgreich durchgeführt haben, werden Sie anspruchsvoll. Dann soll beim nächsten Mal alles viel besser und genauer werden. Leider klappt das nicht, denn das wäre nicht nur zu schön, sondern da ist die Natur dagegen, und mit ihr die Art und Weise, wie wir Wissen und Fähigkeiten erwerben, die Lernkurve eben. Haben Sie sich beim ersten Mal, noch so offen und ungläubig, selbst überrumpelt, fallen sie beim Wiederholen des Effekts Ihrem nun selbst auferlegten Zwang zum Opfer, noch besser, ja, sofort perfekt zu werden. Dann geht erst mal gar nichts mehr. Das ist übrigens in jedem Wissensbereich so. Und dann ist leider, wie überall, Arbeit angesagt.

Aber für einen ersten Test reicht das Folgende allemal. Sie brauchen aber mindestens zwei Stunden Zeit, einen Stift und ein paar Bögen weißes Papier im A4-Format, das sei vorausge-

[1] „Erkenntnisse aus dem Unsichtbaren“, VHS, 150 min.

schickt. Nehmen wir eine Standardsituation, wie sich der Schnellkurs durchführen lässt, als Aufhänger:

Stellen Sie sich vor, sie säßen in einer (nicht zu großen) Runde von Freunden zusammen und diskutierten über die Probleme dieser Welt, die Politik, die Zukunft und wie das alles so werden kann in unserer Gesellschaft; über die menschliche Bestimmung, und dass doch oft so merkwürdige Dinge passieren. Alle nicken, und plötzlich gibt jeder ein Beispiel aus eigener Erfahrung zum Besten.

Einer erzählt beispielsweise, wie er nachts auf einer Bundesstraße fuhr und plötzlich den Eindruck hatte, hinter der nächsten Kurve läge ein Baum quer über der Fahrbahn. Er ging also runter vom Gas und auf die Bremse, gerade rechtzeitig genug, um vor dem dann tatsächlich auftauchenden Sturm-schaden zum Stehen zu kommen. Eine intuitive Eingebung, meint der Erzähler, hat ihm das Leben gerettet. Ein anderer erzählt, wie er einmal seine Kinder spielen hörte und plötzlich auf die Idee kam, sein kleiner Sohn könnte sich die Finger schmerzhaft in einer zuschlagenden Tür quetschen. Zwei Minuten später hörte er einen Knall, einen Aufschrei und der Sohn kam tatsächlich wimmernd, seine Hand haltend, zu ihm.

Die Runde nickt bedenklich, und es gibt noch mehrere Wortmeldungen zum gleichen Thema. Jedem scheint eine Abart des Phänomens Hellsehen oder Vorauswissen (Präkognition) bekannt zu sein. In diese angeregte Runde platzen Sie mit dem Vorschlag. Sie könnten jeden dazu bringen, jetzt, hier und sofort hellsichtig zu sein.

Die zum Thema nun gut vorbereitete Runde schaut sie plötzlich merkwürdig an. Es ist nämlich die eine Sache, von unglaublichen Erlebnissen zu berichten, die natürlich einen gewissen Unterhaltungswert besitzen, aber einzigartig waren und nicht nachprüfbar sind.

Wenn man aber behauptet, solche Erlebnisse jederzeit produzieren zu können, - das ist schon etwas ganz anderes! Nun, fragen Sie, wer will es denn wissen?

Ich hoffe sehr, dass Sie einen Mutigen finden, der keine Bedenken hat, sich vor versammelter Mannschaft vorführen zu lassen. Sollte es Ihnen so nicht gelingen, einen Probanden zu finden, dann bieten Sie doch an, dieses Spiel auch mit einem Interessierten unter vier Augen durchführen zu wollen. So oder so, ich bin sicher, dass Sie jemanden finden werden, der mitspielt. Schüren Sie nur die Neugier! Schließlich ist hier einiges an Spaß zu erwarten!

Nehmen wir also weiter an, Sie hätten diesen Mutigen gefunden. Setzen Sie sich mit ihm an einen festen Tisch und suchen Sie einen Stift und ein paar Bögen weißes Schreibmaschinenpapier zusammen. Mehr benötigen Sie nicht.

Halt - eines doch, natürlich, nämlich das Objekt der Begierde, das, was Ihre Versuchsperson herausfinden soll. Wenn Sie dieses Ereignis von langer Hand geplant haben, dann liegt dieses Ziel Ihnen bereits vor, wenn nicht, macht auch nichts, die Spontaneität bietet auch viel Spaß.

Sicherlich liegt irgendwo eine Illustrierte herum, es muss ja nicht GEO sein mit ihren wohl ausgewählten Landschafts- und Bevölkerungsaufnahmen. Sie werden auch sonst ein schönes, aussagekräftiges Photo finden, auf dessen Rückseite sich - ganz wichtig - kein anderes Bild oder sonst ein (zu dem Bild auf der Vorderseite) sehr unterschiedlicher Text findet. Reißen Sie das Bild einfach heraus und stecken Sie es in einen Umschlag, am besten in einen A5- Umschlag, dann müssen Sie das Bild nicht so klein falten.

Wenn Sie das Spiel so gut wie möglich nach den Regeln spielen wollen, haben Sie die genaue Beschreibung dessen, was Ihr Freund/Freundin herausfinden soll, ebenfalls handschriftlich auf dem Ausriss hinterlassen. Wenn Sie jetzt noch eine beliebige zwölfstellige Zahl hinzufügen, die Sie auch außen auf den Umschlag schreiben, haben Sie alles getan, um beginnen zu können.

Natürlich sollte Ihr Versuchskaninchen von diesem Vorgang nichts mitbekommen haben. Das, was Sie in den Umschlag gesteckt haben, sollte niemand (außer Ihnen natürlich), zu Gesicht bekommen haben. Sonst wäre es ja kein Geheimnis. Lediglich die willkürlich ausgewählten 12 Ziffern, die Sie auch auf den Umschlag geschrieben haben, dürfen für jeden anderen zu sehen sein.

Jetzt steigt die Spannung, Sie aber legen erstmal den Umschlag zur Seite und führen ein Ablenkungsmanöver durch. Was, fragen Sie Ihren Probanden, könnte er sich unter einem Ideogramm vorstellen. Sicherlich werden Sie kaum eine ernstzunehmende Antwort bekommen; das macht aber nichts, Sie können das ja erklären.

„Ein Ideogramm ist das Ergebnis einer Armmuskelkontraktion", sagen Sie, „eine Zuckung sozusagen, die eintritt, wenn die Versuchsperson eine Hellseh-Aufgabe empfängt."

„Wie das", wird Ihr Gegenüber fragen, „ich habe keine Zuckungen!"

Nun gut, dann müssen wir etwas nachhelfen, denn wir brauchen diese Zuckung dringend.

Es gibt Trainer, die auch ohne die folgende kleine Lektion auskommen. Selbst wenn sich die Versuchsperson nur entspannt und ernsthaft versucht, etwas zur Aufgabenstellung auf medialem Wege herauszufinden, gibt es signifikante Erfolge.

Mit der Erstellung des Ideogramms wird der Erfolg einer Session aber ungleich größer. Und weil dieser Vorgang in seiner Funktion als Einstieg so wichtig ist, will ich seine Grundlagen hier kurz erklären. Ihrem Versuchskaninchen müssen Sie es nicht in voller Breite wiedergeben, es genügt, wenn *Sie* Bescheid wissen.

Eines der schon vor mehr als hundert Jahren von PSI- Forschern bemerkten Ereignisse beim Eintreten eines hellsichtigen Vorganges war, dass bei dem Medium unwillkürliche Muskelkontraktionen auftraten. Diese Zuckungen gingen sogar in die Literatur ein, wenn sich eine Hexe oder ein Besessener „in Zuckungen wand". Es lag vielleicht nahe, anzunehmen, dass dieser Vorgang also etwas mit dem PSI Ereignis zu tun hatte, besonders, weil er eben am Anfang einer medialen Leistung stand.

Der Einfall, diese Zuckung als Einstieg für ein Remote Viewing Protokoll zu benutzen, war vielleicht nicht so genial wie die Idee, dem Ausführenden einen Stift in die Hand zu drücken, damit er den Verlauf der Zuckung zu Papier bringen konnte.

In den Versuchen, den Sinn dieser Umstände Lernwilligen zu erklären, ging man später dazu über, diese Zuckung als Reaktion auf die Übergabe einer Frage oder Aufgabe zu interpretieren. In der heutigen computerorientierten Sprache könnte man sagen, es sei sozusagen als plötzlicher „Download“ des Ergebnisses aus einem, vom Universum umsonst bereitgestellten Internet höherer Dimensionalität zu betrachten. „Das kollektive Unterbewusste“, würde C. G. Jung beipflichten.

Wie dem auch sei, es hat sich gezeigt, dass dieser Krakel, der so durch den angehenden Viewer aufs Papier gezuckt wird, für diesen von großer Bedeutung sein kann.

Wenn er diese Linie gleich danach mit dem Stift wieder entlangfährt, ist es, als stelle er, nun langsamer, den Kontakt zu dem höheren Wissen wieder her. Der Moment der plötzlichen, aber flüchtigen Erkenntnis kann, da es sozusagen eine Manifestation davon gibt, immer wieder aufgesucht und fast beliebig verlängert werden.

Das wirklich Dumme im täglichen Leben aber ist, dass ein normaler Mensch zu normalen Zeiten diesen Vorgang einfach albern findet. So braucht es schon ein bisschen einer besonderen Situation, um jemanden dazu zu bringen, sich intensiv mit einem Krakel zu beschäftigen. Wenn er ihn denn überhaupt zu Papier bringen wollte oder konnte.

Viele Leute haben nämlich eine Krakelhemmung. Vielleicht, weil es ihnen zu albern ist, sich so zu verhalten, vielleicht aber auch, weil irgendwo in ihrem intuitiven Reaktionsmuster eine Bahn, ein Weg, eine Verbindung fehlt.

Dem müssen wir, wie gesagt, nachhelfen.

Wir wollen dem künftigen Viewer zeigen, wie bei ihm so eine unwillkürliche Reaktion ausgelöst werden kann. Dazu wählen wir den Weg, ihm genau zu sagen, was er schnell mal malen soll.

Und damit er auch einen Sinn in seinem Tun annehmen kann, benutzen wir Sinnbilder und Zeichen, die teilweise schon längst Einzug in unsere piktogrammbewährte Umwelt gehalten haben, Zeichen, die man an jeder Ecke sehen kann und/oder deren Bedeutung sich sofort erschließt.

Die von Remote Viewern benutzte Liste sieht so aus:

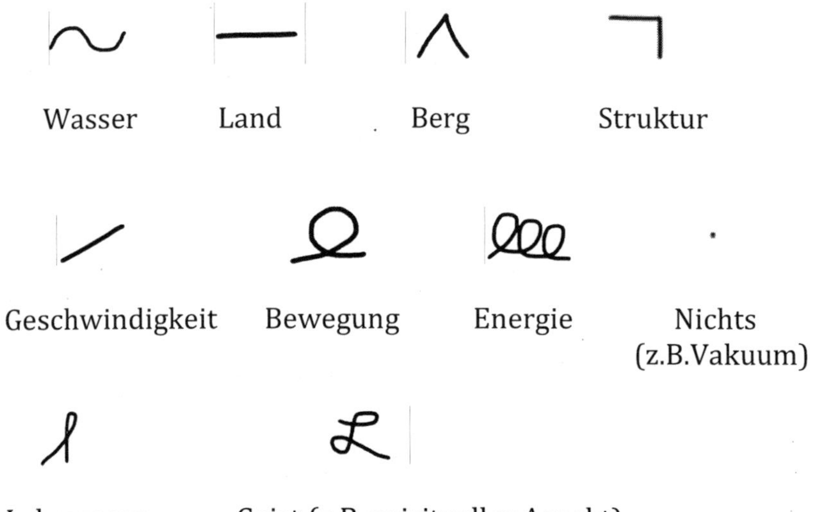

Diese Liste ist eine Übereinkunft mindestens der deutschen Viewer, es ließen sich noch andere „Kürzel" finden und manch einer mag diese oder jene Bedeutungen anders sehen. Davon später mehr. Hier und jetzt lassen wir diese Liste einmal unwidersprochen stehen.

Sie lassen also erst ihren Viewer alle diese Zeichen einmal abmalen, während er sich auch die jeweilige Erklärung dafür merkt.

Daraufhin darf er diese Zeichen auf Kommando malen, wobei Sie die Reihenfolge bald gut mischen sollten und auch die Geschwindigkeit anheben, so dass im Idealfall ihr Partner das entsprechende Zeichen bald wirklich, wie aus einer Zuckung entsprungen, aufs Papier wirft.

Das ist dann der beste Moment, es mit einem Krakel zu versuchen, den Ihr Viewer noch nie gemalt hat. Und diesmal auf Ihr Ansagen der bereits erwähnten 12 Ziffern hin, nämlich genau derjenigen, die Sie auf den Umschlag geschrieben haben und die nun als Verknüpfung mit der Aufgabe gelten.

Hoffen wir, dass Ihr kleines Vortraining erfolgreich war und der Viewer tatsächlich nach dem Aufschreiben dieser Ziffern auf ein leeres DIN-A-4-Blatt einen Krakel - Pardon - jetzt nennen wir es Ideogramm - produziert. Wenn nicht, sollten Sie zu erfahren versuchen, woran es lag und es einfach noch einmal probieren.

Und wo wir so schön dabei sind, geben wir der Sache doch einen offiziellen Anstrich, ganz wie die „richtigen" Viewer es tun, in einer Form, auf die man sich in Deutschland geeinigt hat, obwohl sie weitgehend der aus amerikanischen Geheimdienst- zeiten entspricht. Und das sieht dann so aus:

Rechts oben schreibt der Viewer seinen Namen auf, darunter das Datum und darunter die augenblickliche Uhrzeit. So wird dem Probanden der Ernst der Situation klar und wir wissen hinterher immer, wer wann was gemacht hat. Ganz normale Verwaltungshilfen also.

Oben in die Mitte lassen Sie ihren Partner nun aufschreiben, wie er sich gerade fühlt. Wobei es wichtig ist, dass er ehrliche Angaben macht. Vielleicht ist er aufgeregt, vielleicht aber nur neugierig. Manche sind sogar entspannt oder gelangweilt. Das ist alles in Ordnung, wenn es echt ist. Was der Viewer in diesem Moment nicht haben sollte, wäre ein richtiges körperliches Bedürfnis. Wer sich hungrig fühlt, sollte schnell noch was essen; auch trinken kann ein Bedürfnis sein, und auf die Toilette sollte man im Bedarfsfall immer vor der Session gehen.

Gut, alles klar? Nun kommen die Koordinaten, die Aufgabenstellung sozusagen. Jetzt geht's los.

2. Kapitel: Kurz und schmutzig - oft erprobt

Wenn Ihr Viewer eingangs vermerkt hat, dass er aufgeregt sei, so macht das gar nichts. Die Methode ist in den meisten Fällen stark genug, diese anfängliche Verkrampfung zu überwinden. Er wird auch viel zu beschäftigt sein, über so etwas nachzudenken.

Geben Sie Ihrem Viewer zu verstehen, dass sie eine Beschreibung des in dem Umschlag versteckten Zielgebiets wünschen, diese und sonst nichts.

„Nichts in diesem Raum und nichts auf dem Tisch, den wir hier benutzen."

Sie können es gern wie eine Beschwörungsformel sagen, wenn Ihnen das nicht zu albern oder schwülstig ist. Es intensiviert in jedem Fall die Stimmung des Viewers. (Wichtig für die Technik ist es nicht, als Ritual kommt es aber ganz gut.)

Und dann kommt der bedeutungsvollste Satz in dem ganzen Ablauf.

„So, und jetzt gebe ich dir die Koordinaten. Es sind zwei Reihen zu je sechs Ziffern."

Es können auch drei Reihen sein. Das hat den Vorteil, dass der Viewer noch weniger Möglichkeiten der Eigenassoziation hat. Und Sie können, um es noch einmal ins Blickfeld zu rücken, hinzufügen: „Dann bitte sofort das Ideogramm, der erste Krakel, der dir einfällt, ganz spontan."

Der Viewer setzt jetzt seinen Stift ungefähr in die linke obere Ecke, die noch frei geblieben ist. Dort soll er die diktierten Zahlen aufschreiben.

Die dann folgende Zuckung wird bei einem Rechtshänder den Stift nach rechts unten über das Papier treiben. Jetzt merken wir, wie sinnvoll es war, die persönlichen Daten in die rechte obere Ecke zu verlagern.

Bei Linkshändern könnten wir umgekehrt verfahren, es hat sich aber gezeigt, dass auch Linkshänder darauf programmiert sind, nach rechts zu schreiben. Sollten sich aber wider Erwarten Schwierigkeiten ergeben, ordnen Sie die genannten Angaben ruhig um, es hat keinen Einfluss auf den Erfolg.

ETWAS MÜDE

GISELA MÜLLER
27.10.2000
18⁰⁰

Formaler Beginn einer archivtauglichen Session

Nehmen wir an, Ihr Viewer hat gleich nach dem Niederschreiben der letzten Ziffer den Arm zucken lassen, dann haben Sie jetzt eine willkürliche, mehr oder weniger verschlungene Linie auf dem Papier.

Das kann dann ungefähr so aussehen wie in dem folgenden Beispiel:

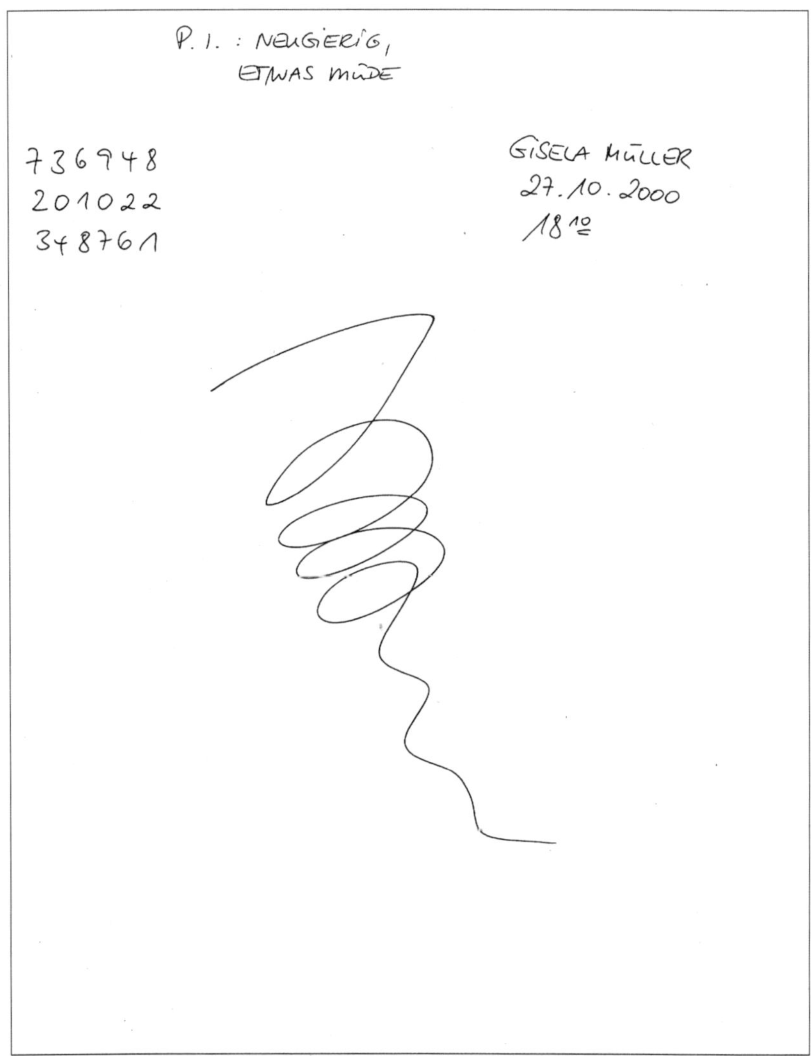

Ist ein Ideogramm nicht zustande gekommen, probieren Sie es ruhig noch einmal. Sagen Sie ihrem Kandidaten, dass er die Armbewegung zulassen soll, lassen Sie ihn vielleicht ganz willkürlich eine solche machen, und geben Sie ihm noch einmal die Koordinaten, die er dann direkt unter den ersten Versuch einträgt. Das Aufschreiben dieser Zahlen wäre nicht unbedingt wichtig für den Versuch, wir gewöhnen es uns aber gleich an, damit wir auch später noch vergleichen können, um welches Ziel es sich bei dieser Session handelte.

Wenn Ihre Versuchsperson erst einmal begriffen hat, nach der Niederschrift der Koordinaten dem Schreibarm freien Lauf zu lassen, kann es sogar sein, dass der Stift über den Papierrand hinaus schießt oder im Extremfall das Blatt aufreißt.

Als ich solch einen vehementen Impuls das erste Mal sah, war ich ziemlich erschrocken und es lief mir eiskalt den Rücken herunter. Keine Panik. Eine heftige Reaktion zeugt nur vom Erfolg des Einstiegs. Diesen müssen wir jetzt konsequent in eine gute Datenermittlung überführen.

Weisen Sie jetzt Ihren Viewer an, sein Ideogramm mit dem Stift nachzufahren, so wie er es gemalt hat. Damit nimmt er wieder Kontakt mit seiner spontanen Reaktion auf.

Die Theorie des Remote Viewing besagte früher, dass in diesem Krakel alle nötigen Informationen komprimiert enthalten sind und der Viewer sie sich durch das wiederholte auch langsame Nachfahren in selbst gewählter Geschwindigkeit wieder zugänglich machen kann.

Mit der dahinterstehenden Theorie wollen wir jedoch in diesem Moment weder Sie noch Ihre Versuchsperson belasten.
Fordern Sie ihn oder sie einfach auf, nachzusehen, ob er dieses Ideogramm vom Fluss her in Teile einteilen könnte, mit kleinen Trennstrichen an den Stellen, an denen er meint, jetzt käme etwas Neues auf der Linie.

Die so erhaltenen Teilstücke sollten nicht zu groß und nicht zu klein sein. Im Allgemeinen reichen vier bis sechs für den Anfang, je nach Länge und Verschlungenheit der Kritzelei. Nur zwei sind auch nicht schlimm, wenn Ihr Viewer darauf beharrt.

Aber mindestens einen Übergang zwischen zwei Teilen sollte er schon finden.

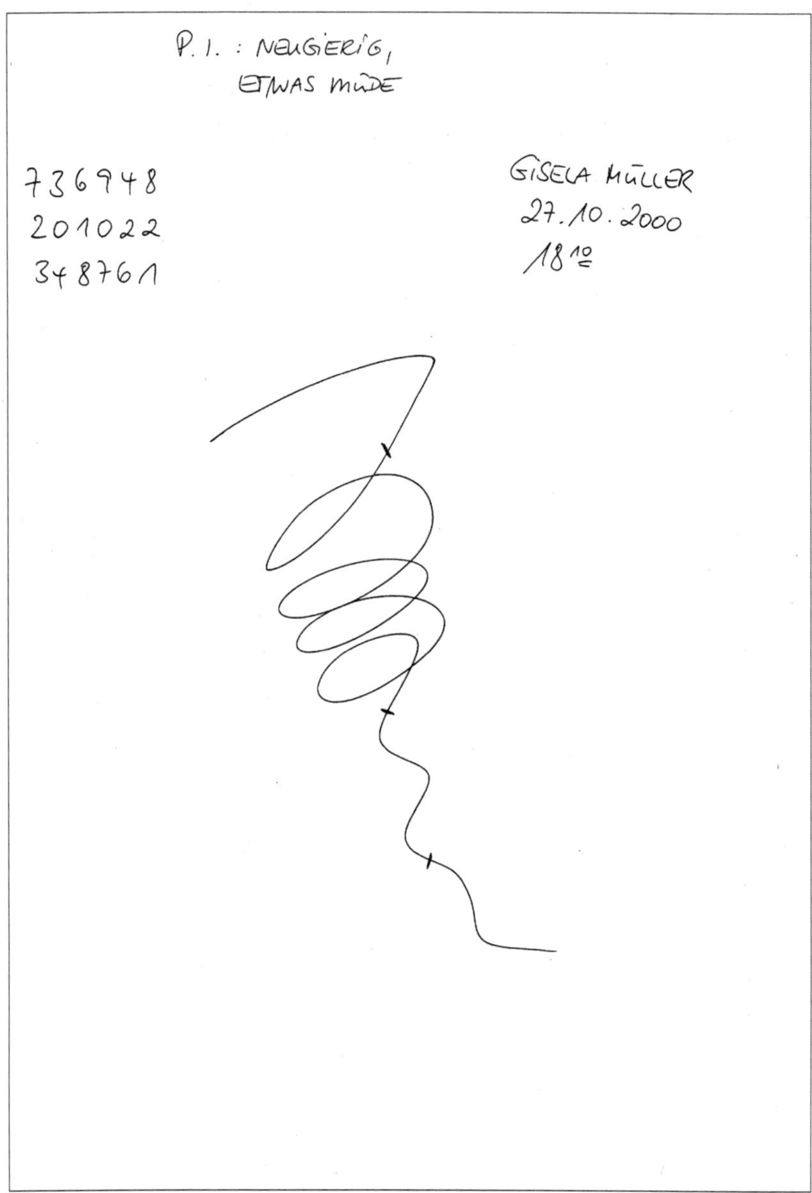

Lassen Sie den Viewer zu jedem dieser Teile seine Eindrücke aufschreiben, das, was ihm in den Sinn kommt, wenn er mit dem Stift die Linie entlangfährt. Beginnen Sie mit einfachen Beschreibungen des Verlaufs, wie etwa „runter, im Bogen wieder rauf und dann gerade“, oder vielleicht „ aufwärts, Spitze, abwärts und dann rechts herum“. Zum besseren Verständnis können Sie ja vorgeben, der Viewer sei ein kleines Insekt, das die Linie entlang krabbelt und dies aus seiner Sicht beschreibt.

Vielleicht beginnt Ihr Proband jetzt schon Begriffe und Eindrücke auszusprechen, die über die Beschreibung des Verlaufs der Linie weit hinaus gehen, ja, eigentlich nichts damit zu tun haben. Das ist ein gutes Zeichen, ermuntern Sie Ihren Viewer dazu, weitere solche Eindrücke zu ermitteln.

Oft kommt es dann schon vor, dass er so kuriose Sätze sagt wie:

„Fühlt sich irgendwie weich an.“
„Oh, das ist aber schnell und voller Energie!“
„Das ist ziemlich hart und fest.“
„Das fühlt sich lebendig an.“ usw.

Kommt es nicht zu diesen Eindrücken, dann fordern Sie Ihre Versuchsperson ruhig dazu auf, den Stift noch einmal auf die Linie zu bringen und fragen Sie rundheraus, wie es sich anfühlt. Sie dürfen den Viewer durchaus auch vor die Entscheidung stellen: „Hart oder weich?“, um mal zwei Pole einer möglichen Aussage zu definieren.

Als Drittes darf der Viewer auch noch sagen, was er aufgrund dieser Eindrücke für Schlussfolgerungen über Beschaffenheiten zieht. Um hier bei noch unerfahrenen Personen nicht ins Stocken zu kommen, hat sich als beliebte helfende Fragestellung die Entscheidung zwischen „Künstlich oder natürlich“ durchgesetzt.

Lassen Sie auf jeden Fall Ihren Partner spontan entscheiden, und achten Sie drauf, dass er für jeden Eindruck nicht zu lange überlegt. Mehr als drei Sekunden Pause dürfen Sie ihm nicht zugestehen. Warum, sehen wir später.

Im Moment achten wir darauf, dass Ihr Viewer jede Einzelheit aufschreibt. Jede!

Das ist zum einen natürlich wichtig, um nachher zu sehen, was er an richtigen Informationen gebracht hat, zum anderen hilft es, ihn zu beschäftigen und abzulenken. Jedes abgeteilte Stück seines Ideogramms sollte der Viewer in der bis hierher beschriebenen Art abarbeiten.

An dieser Stelle kommt es oft schon zu komplexen, genau bestimmten Bildern, die dem Viewer vor dem Inneren Auge stehen. In den meisten Fällen sind diese falsch, haben jedoch insofern etwas mit dem Target zu tun, als sie durch bestimmte Details ausgelöst werden, z.B. „dieser weiche, wässrige Eindruck erinnert mich an unseren Urlaub auf Mallorca".

Lassen Sie auch das aufschreiben und fordern Sie den Viewer auf, diese Assoziation zur Seite zu legen Zu dieser Zeit der Session ist sie meist unzutreffend, weil der Viewer sich noch nicht tief genug hineingearbeitet hat und der Sinn der Methode eigentlich ist, erst im Gesamtverlauf der Session von einfachen Grundbegrifflichkeiten zu solchen komplexen Bildern zu gelangen.

Fordern Sie ihn deshalb auf, das Kürzel AUL vor diesen Eindruck zu schreiben (=**A**nalytische **U**eber**l**agerung, das ist eine bildhafte Assoziation). Danach sollte Ihre Versuchsperson zunächst den Stift hinlegen, was es enorm vereinfacht, sich von dem eben aufgetretenen Bild zu befreien. Erklären Sie dem Viewer, dass dieser Eindruck nur entfernt mit dem Zielgebiet zu tun habe und er sich von diesem Eindruck befreien solle, indem er ihn einfach hinter sich zurückließe, während er weiter voranschreite mit der Lösung der folgenden Aufgaben.

Sind wir solchermaßen mit der Abarbeitung des ersten Ideogramms fertig, ist wahrscheinlich auch die Seite voll. Nehmen Sie nun ein zweites Blatt und führen sie den gesamten Ablauf, wie bisher beschrieben, noch einmal durch, allerdings ohne Namen, Zeitpunkt und der persönlichen Eindrücke.

Sie werden erleben, dass der Viewer nun viel sicherer ist, einen anders geformten Krakel landet und die weiteren Eindrücke viel flüssiger formuliert.

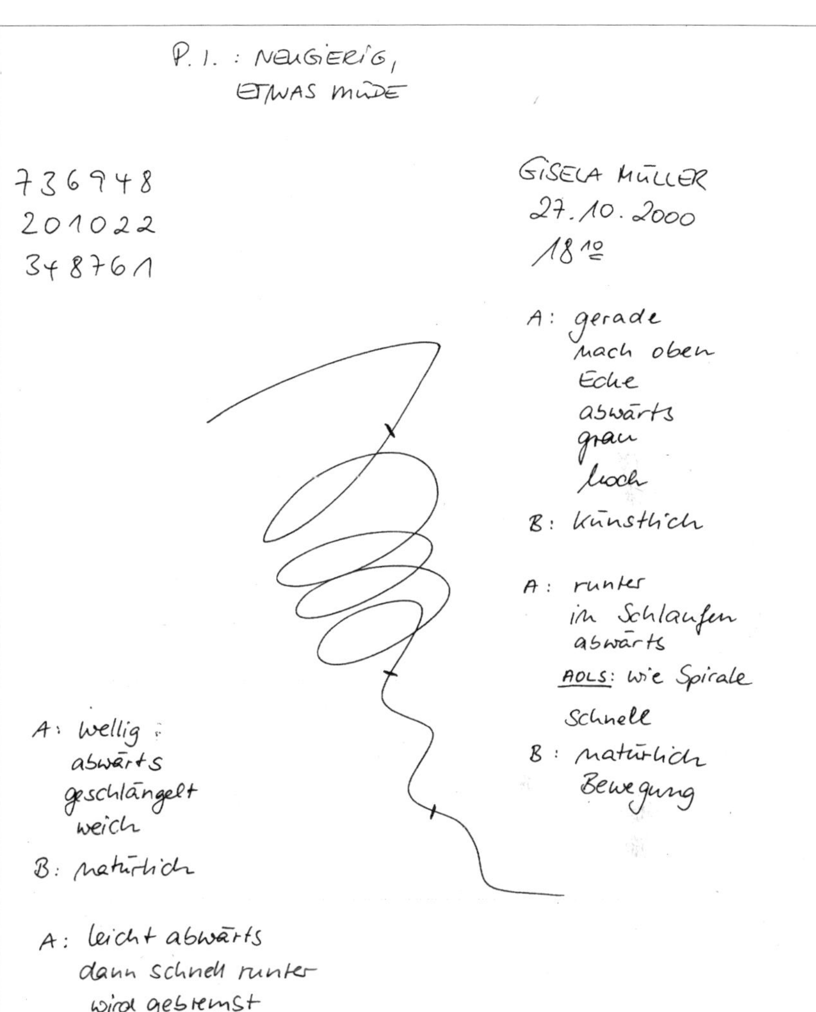

Noch einmal in Kürze die Stationen:

- der Kurve
- Beschreibung des Linienverlaufs
- fühlbare Beschaffenheiten
- Schlussfolgerungen aus diesen Informationen.

SEITE 2

736948
201022
348761

A: spiralförmig
schnell
verändert sich
kraftvoll
weiß
B: natürlich
Energie

A: Schlangenlinie
abwärts
tief
bedrohlich
B: Bewegung

A: abwärts
steil
hart
fest
groß
AOLS: WIE STEIN

B: künstlich

A.I.: interessant

Ein großer Teil von Remote Viewing ist auch Übung. Der Proband weiß inzwischen, worauf es ankommt und kann sich ungehemmter mit seiner Aufgabe beschäftigen.

Sie werden sehen, seine Aussagen beinhalten jetzt schon eine Menge Einzelheiten, die sich durchaus auf das Target beziehen. Wenn Ihr Viewer mit diesem zweiten Durchlauf fertig ist, lassen Sie ihn ein neues Blatt nehmen. Achten Sie darauf, dass jedes neue Blatt zunächst mit einer Seitenzahl versehen wird.

Wir tun jetzt einmal so, als würde die Versuchsperson ihr Zielgebiet wirklich sehen. Das ist natürlich nicht der Fall, auch ausgebildete Viewer tun dies nicht, jedenfalls nicht zu diesem Zeitpunkt. Aber wie gesagt, wir tun einmal so.
Also müsste der Viewer dann auch einfache Fragen zu den im Zielgebiet wahrnehmbaren Eindrücken beantworten können. So fragen wir ihn also: „Welche Farben sind im Zielgebiet zu sehen? Bitte ganz spontan!"

Hat sich ihr Viewer bis hierher ordentlich geführt, wird er auch jetzt nicht mit Antworten geizen. Da fahren wir doch gleich mit der nächsten Kategorie fort, wenn nach vier bis fünf Farbnennungen nichts mehr kommt.

„Oberflächen?" Gemeint sind natürlich Oberflächenbeschaffen-heiten. Vielleicht sollten Sie die Inhalte der auf dieser Stufe abgefragten Eindrücke vorher mit Ihrem Partner besprochen haben, sodass bei der Nennung der Kurzform der Frage klar ist, welche bestimmten Eindrücke jeweils gemeint sind.

Manche meiner Freunde und Bekannten, die aus Spaß jemanden so „durchs Protokoll schicken", lassen ihre Versuchspersonen am liebsten vorher vollständig im Unklaren, damit es die größtmögliche Beschäftigung oder Verwirrung des Wachbewusstseins gibt.

Dann laufen Sie aber Gefahr, dass Ihr Viewer sich kurz von der Vereinnahmung durch den Vorgang löst, sozusagen „aus der Zone herausfällt", in die wir ihn jetzt schon gebracht haben. Wenn Sie jedoch kurz erklären können, was Sie meinen, geht es vielleicht auch so.

Sie werden staunen, was Ihrem Partner außer den zu erwartenden „rau“ oder „glatt“ so alles einfällt, ohne dass Sie Vorgaben liefern müssen. Eine meiner befreundeten Viewerinnen kreierte „fluffig“, was prompt von anderen aus ihrem Kreis übernommen wurde. Eine Liste von Vorschlägen und Möglichkeiten finden Sie am Schluss dieses Buches.

Als nächstes fragen wir nacheinander die Gerüche und Geschmackseindrücke des Zielgebietes ab. Es sei nicht verschwiegen, dass es hier zu Ungereimtheiten kommen kann. Möglicherweise hat der Viewer in einem Gebirgsmassiv sehr würzige Eindrücke oder in einem Blumenbeet kommt überhaupt nichts. Gehen Sie darüber hinweg. An dieser Stelle des Umgangs mit der Methode wollen wir nichts überbewerten. Aber das Auslassen von Bereichen kommt hier auch nicht in Betracht, dient doch jede Betätigung des Viewers dazu, seine Konzentration zu vertiefen.

Oft sind es gerade diese „oralen“ Sinne, die einen Stimulierungsschub auslösen. Die Ursache darin liegt vermutlich darin begründet, dass Geschmack und besonders Geruch entwicklungsphysiologisch sehr frühe und wichtige Sinne der Orientierung und Gefahrwahrnehmung darstellen.

Sehr gut differenzierende Organe zur Wahrnehmung von einzelnen, auffälligen Molekülen finden wir bereits bei sehr niederen Tieren, während die Entwicklung des Auges bei nur sehr wenigen Arten bis zum breitbandig leistungsfähigen Niveau des menschlichen Auges vorangetrieben ist. Als Ausgleich dafür sind Nasen- und Zungenwahrnehmung beim Menschen vergleichsweise zurück entwickelt.

Aber, wie immer, zeigt sich auch hier die ungeheure Unterschiedlichkeit der einzelnen Menschen untereinander. Es gab Fälle, in denen gerade in den Bereichen Geruch/Geschmack der Viewer richtig einstieg oder, besser beschrieben, von seinen intensiven Eindrücken in den Ablauf der Session hineingezogen wurde.

Als nächstes fragen wir die im Zielgebiet wahrnehmbaren Temperaturen ab. Hier gibt es meist auf Anhieb sehr richtige Antworten. Bedenken Sie bitte, dass ein Target selten nur einen einzigen Temperaturbereich enthält. Schon ein Kühlschrank müsste als „kalt, aber auch warm“ richtig beschrieben werden. Zweifel? Dann fassen Sie doch bitte an die Rückseite dieses Küchengerätes.

Es liegt im Funktionsprinzip, dass zu produzierende Kälte auch Wärme herstellt. Was jetzt das Wichtigste an diesem Gegenstand ist, spielt für den Viewer keine Rolle und sollte ihm auch egal sein. Bewertende Differenzierungen sind erst auf späteren Stufen des Remote Viewing-Prozesses möglich.

Ach ja: Genaue Gradangaben, ob Celsius oder Fahrenheit, sind ebenfalls nicht möglich, nicht gefragt und sollten auch durch die gängigen Termini ersetzt werden. Für die Temperaturbeschreibungen geben wir uns mit dem geringsten Vokabular zufrieden, kalt, warm und heiß genügen schon. Wer es genauer haben möchte, kann selbstverständlich „sehr“, „ziemlich“, „kaum“ oder ähnliche Abschwächungen bzw. Verstärkungen benutzen.

Manchmal, besonders bei lebenden Targets, kommt die Bemerkung „Körpertemperatur“. Lassen Sie es den Viewer einfach hinschreiben, unkommentiert und ohne Aufhebens. Für den Monitor ist es natürlich ein Zeichen, dass der Viewer „dran“ ist.

Zu den besonders stark abbildenden Eindrucksbereichen gehören Geräusche, wahrscheinlich ebenfalls aus entwicklungsgeschichtlichen Gründen. Auf die Frage: „Geräusche: Hörst du was?“ gab es oft sehr starke und richtige Reaktionen. Auf einer Videodokumentation, die ich mit unserer unvoreingenommenen Sekretärin drehte, waren es genau die hörbaren Eindrücke, die sie sichtbar gefangen nahmen. Allerdings ist es für viele Menschen schwierig, in manchen Fällen ein richtiges Wort zu finden. Zu solchen Gelegenheiten bemerkt man, wie sparsam Sprache oft verwendet wird und wie wenig Begriffe man auch kennt. Im Zweifel können Sie gern Lautmalerei aufschreiben lassen.

Nach den Geräuschen fragen wir noch die Dimensionen ab. Damit sind nicht nur groß und klein, lang und kurz, niedrig, hoch, weit oder begrenzt gemeint, sondern auch präpositionale Bezüge können genannt werden. Vor, neben und hinter gehören dazu.

SEITE 3

STUFE 2

FARBEN:

weiß
dunkel
grau
grün

OBERFLÄCHEN:

rauh
hart
porös
samtig

GERUCH:

FRISCH
VANILLE

GESCHMACK:

SALZIG
BITTER

TEMPERATUREN:

kalt
wärmer
ganz kalt

GERÄUSCHE:

BRAUSEN
SCHEPPERN
SUMMEN

DIMENSIONEN:

endlos
eingeengt
hoch
klein

AUL: Achterbahn

außen

A.I.: bin neugierig

Beispiel für eine Stufe 2. Die Überschriften der einzelnen Blöcke können weggelassen werden.

Diese örtlichen Eindrücke schließen wir mit der Frage „innen oder außen?“ ab, wobei, wie immer, auch die Nennung beider sich scheinbar ausschließender Begriffe statthaft ist und richtig sein kann. Bleiben wir bei dem Beispiel des Kühlschranks: auch hier ist gleichzeitig ein „Innen“ und ein „Außen“ möglich. Im Prinzip gib es ja immer ein Innen und ein Außen, je nachdem, wo man steht. Deshalb ist diese Angabe auch ein guter Hinweis, wo sich der Viewer befindet.

Abschließend auf dieser Seite sollten Sie Ihren Viewer noch fragen, wie er zu dem steht, was er da beschrieben hat.

Natürlich nicht dazu, was er **geschrieben** hat, sondern zu dem Zielgebiet, was aber anhand der bisher aufgezeichneten Detailinformationen schon eine gewisse Gestalt angenommen hat. Diese persönliche Frage soll dem Wachbewusstsein als Ventilfunktion ermöglichen, seinen angestauten Unmut über die Sinnlosigkeit des bisherigen Tuns loszuwerden. Neben „ist doch Blödsinn“ tritt natürlich auch „find ich schön“ auf.

Auf der vorherigen Seite sehen Sie, wie unsere Gisela Müller all das bearbeitet hat. Da sie eine ordnungsliebende Person ist, hat sie zu jedem Aspekt der Stufe 2 die einzelnen Sinnesbereiche mit der entsprechenden Überschrift versehen. Das ist am Anfang recht hilfreich.

Nach der persönlichen Stellungnahme des Viewers legen wir die Seite weg und nehmen eine neue. In den meisten Fällen wird es die vierte sein, was wir wiederum oben vermerken. Darunter schreiben wir „Stufe 3“.

Wie jede Stufe des Remote Viewing-Protokolls hat auch die dritte ihre unverwechselbaren Eigenarten. Hier darf der Viewer malen.

An dieser Stelle kommt es meist zu einer gewissen Verwirrung. „Was soll ich denn malen?“, fragt dann die Versuchsperson. Die Antwort: „Was du möchtest“, hinterlässt sie denn auch eher ratloser als vorher.

Auch die Erklärung, dass die Stufe 3 eine abstrakte Skizze erfordere, bringt den Viewer oft nicht weiter. Hier kommt es darauf an, ihn nicht zu frustrieren. Natürlich kann er nichts malen, denn er sieht ja nichts. Er soll aber versuchen, eine oder mehrere Linien zeichnen, wo er der Meinung ist, dass dort die eine oder andere Begrenzung im Zielgebiet sei und deshalb eine Linie hingehöre.

Er wird erst ratlos beginnen, dann aber wird ihm immer mehr einfallen. Die späteren Linien sind eher treffender als die ersten. Lassen Sie ihn aber auch nicht zu viel herumkritzeln, denn hinterher soll noch etwas lesbar sein.

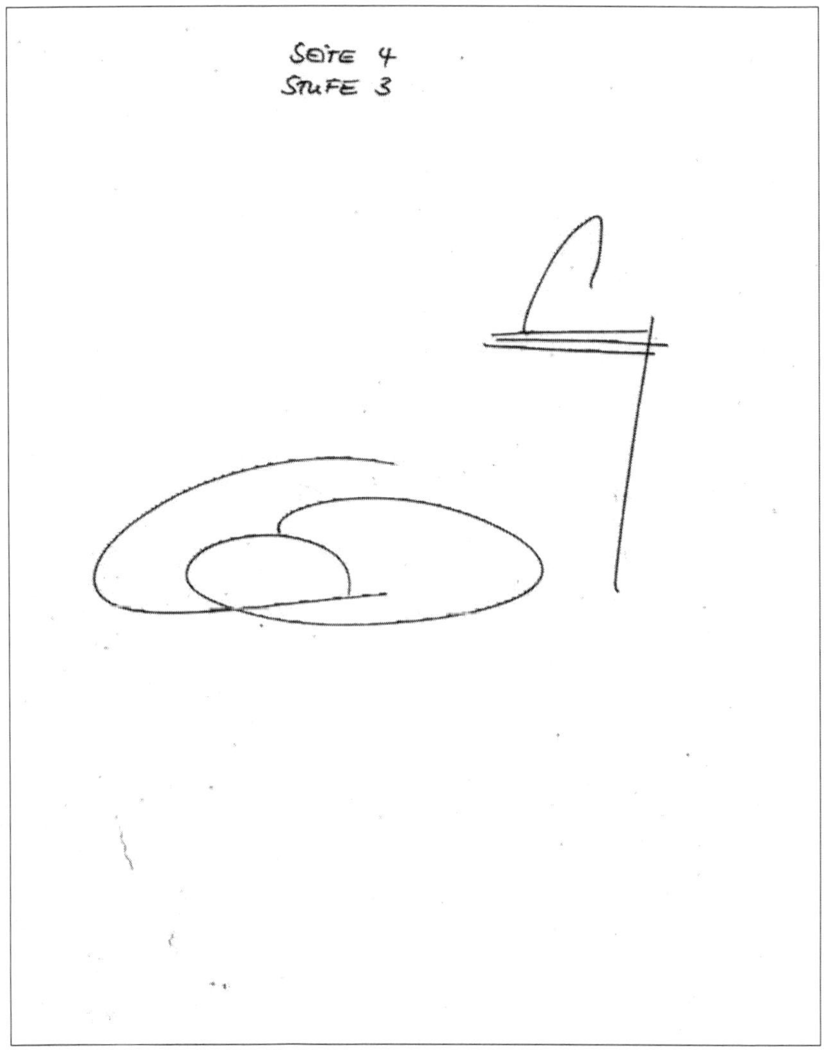

Beispiel für eine Stufe 3

Wenn Ihrem Probanden nichts mehr zum Zeichnen einfällt, aber auch, wenn ihm tatsächlich keine einzige Linie gelungen ist, können Sie die letzte Seite, nämlich seine Eindrücke in Stufe 2, noch einmal hervorholen. Dort findet man immer etwas, um „den Faden aufzunehmen". Der Einfachheit halber beginnen wir am Anfang. Natürlich können Sie auch den Eindruck nehmen, der Ihrer Meinung nach den Viewer am meisten gefesselt hat. Im Allgemeinen können wir jedoch wieder systematisch vorgehen.

„Also, hier steht rot, weiß und blau. Wo ist rot auf dem Blatt?"
Lassen Sie Ihren Viewer tatsächlich das Wort rot dorthin schreiben, wo er es für am passendsten hält. Genauso verfahren Sie mit allen anderen Farben, Oberflächeneindrücken, Gerüchen, Geschmacksbeschreibungen, Temperaturen, Geräuschen und Dimensionen.

Zwischendurch wird Ihr Viewer vielleicht noch neue Linien hinzufügen wollen. Lassen Sie ihn. Nachdem alle Eindrücke aus der Stufe 2 eingetragen sind, sollten Sie ihn sowieso auffordern, nach noch nicht benannten Einzelheiten zu fahnden, etwa, indem sie ihn mit der flachen Hand über das Papier fahren lassen.

Vielleicht findet er dann auch andere, bisher ungenannte Begriffe.

Wenn er aber wirklich fertig mit dieser Seite ist, beenden Sie die Sitzung, nicht ohne ihn vorher noch einmal zu fragen, wie er das Target fände. Dann schreibt er „Ende" unten auf das Blatt und die aktuelle Uhrzeit und Sie weisen ihn an, das Target loszulassen und sich von der Aufgabe zu entfernen. Lassen Sie ihn den Stift hinlegen.

Nun haben wir die erste Session mit unserer Versuchsperson hinter uns gebracht.

Wir sind zwar den Regeln eines Remote Viewing-Protokolls, nämlich dem des Coordinate Remote Viewing bzw. dem daraus entwickelten Technical Remote Viewing gefolgt, haben aber doch einige Vereinfachungen und Ungenauigkeiten hingenommen, um auch ganz ohne Training und unvorbelastet einen Sessionversuch durchführen zu können.

„Aha", sagte mein ehemaliger Trainer Gunther Rattay, als ich ihm damals von meinen erfolgreichen Einführungsversuchen dieser Art erzählte, „eine rücksichtslose Schnelleinführung, wie? Kurz und schmutzig sozusagen. Naja, wenns klappt ..."

Nun, genau deshalb hatte ich ihm davon erzählt. Ich denke, diese Erfahrung haben Sie jetzt auch gemacht und staunen über die vielen zutreffenden Antworten, die Ihnen Ihr Viewer im Laufe dieser Session gegeben hat. Deshalb, Privileg aller Viewer, darf er auch selbst den Umschlag öffnen und nachschauen.

Natürlich sollte er nicht erwarten, dass ein wirkliches Abbild des Photos entstanden ist, obwohl es manchmal hier schon nahe an eine solche Darstellung kommt. Vergleichen Sie stattdessen die Richtigkeit der einzelnen Eindrücke, denn wir haben es hier ja nur mit einem ersten Niederschreiben eines Datenstroms zu tun.

Zählen Sie die „Treffer", denn die sind es ja, um die man sich in den wissenschaftlichen Laborversuchen so bemüht. Dann überlegen Sie, mit welcher Wahrscheinlichkeit diese Zuordnung zufällig hätte entstehen können.

Trotz offensichtlich zutreffender Eindrücke werden Sie vielleicht noch vom Viewer zu hören bekommen: „Das habe ich aber nicht gesehen!"

Das ist oft das Los des Viewers bei dieser Technik, denn eigentlich soll er nur richtige Einzeleindrücke produzieren. Und weil das langweilig ist, macht er sich daraus ein Bild, anfangs meist ein falsches.

Und leider ist es so, wie in allen anderen Bereichen menschlichen Tuns: je mehr man lernt und übt, desto besser wird man. Ohne Fleiß kein Preis! Das Know-how dazu werde ich Ihnen in diesem Buch vermitteln.

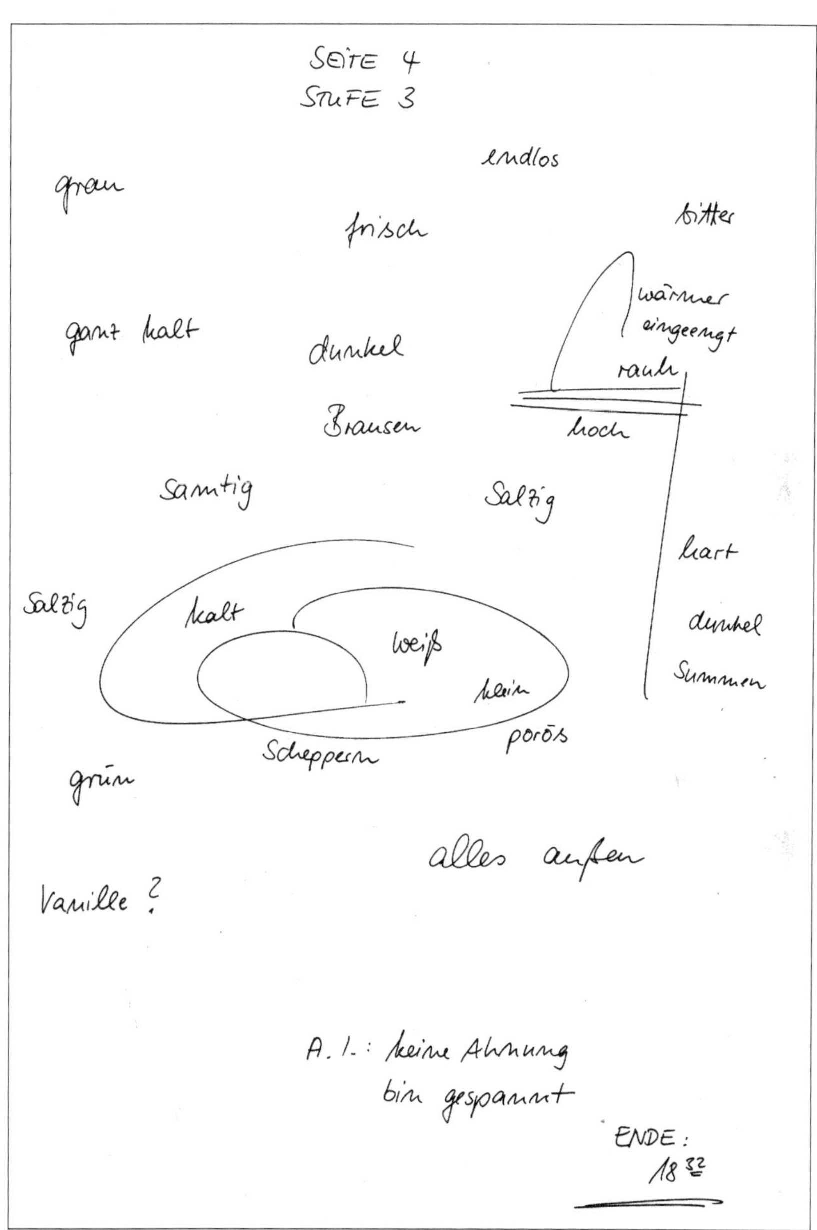

Beispiel für eine Stufe 3-Skizze

Das Target-Bild der Beispielsession

736948
201022
348761

Leuchtturm in der Brandung zum Zeitpunkt der der Aufnahme aus dem Blickwinkel des Fotografen

Haupteindrücke des Targets:

Die wichtigsten im Target vorhandenen Eindrücke:
Farben: blau, grau, weiß, rot, gelb
Oberflächen: glatt, wellig, veränderlich, durchsichtig
Gerüche: frisch
Geschmack: salzig
Temperaturen: kalt und warm
Geräusche: Brausen, Zischen, ev. das Brummen des Hubschraubers, in dem der Fotograf sitzt
Dimensionen: Hoch, weit, eng, innen und außen.

Im Target vorhandene Archetypen, die im Ideogramm auftreten können.
Wasser,
Geschwindigkeit,
Bewegung,
Struktur,
Energie

3. Kapitel: Hinter der Grenze - nie wieder wie vorher

Unzweifelhaft sind die ersten Minuten, nach dem der Viewer den Umschlag geöffnet und einen physikalischen Blick auf das Target geworfen hat, jene Minuten, an die man sich noch jahrelang erinnert und die immer wieder in Gesprächen zitiert werden. „Weißt du noch, meine erste Session, da habe ich..."
Selbst wenn Ihre Versuchperson dann eine vollständige Ausbildung an dieses Einstiegserlebnis angeschlossen hat und damit feststellte, wie lächerlich und stümperhaft dieser erste Versuch war, das eigene Erleben des Vorganges wird zu einem unverrückbaren Meilenstein auf der Straße seiner Lebenserfahrung. Die Erfahrung, selbst einen Vorgang produziert zu haben, der der konservativen wissenschaftlichen Schulbildung hohnlacht, ist in der Tat ein einschneidendes Ereignis.

„Sie werden danach nie wieder derselbe sein." Diese Aussage geistert eigentlich durch alle Publikationen der führenden Mitarbeiter bei der Entwicklung der Remote Viewing Methoden. Aber nur das eigene Erlebnis führte dorthin, kaum je auch die eindringlichste Überzeugungskraft eines anderen Menschen.

Die Reaktionen reichen von tiefstem Schock bis hin zu der Aussage, man hätte schon immer gewusst, dass das geht. Die Konsequenzen daraus sind bei manchen, die Augen sicherheitshalber zu verschließen und sich auf den Standpunkt zu stellen: „Das dürfen wir nicht!"

Andere wiederum werfen, ohne einen Blick zurück, von einem Tag zum andern ihr bisheriges Leben über Bord und beschließen, in die Wüste zu gehen. Oder sich nur noch der Verbreitung von Spiritualität zu widmen. Oder der ganzen Welt erzählen zu wollen, was sie alles können. Oder Remote Viewing- Trainer werden.

Und so verschieden die Reaktionen auf ihre erste Session sind, so unterschiedliche Ergebnisse haben diese Menschen darin auch abgeliefert, diffuse, ungeordnete, aber richtige Beschreibungen bis hin zu der klaren Benennung des Gesuchten.

Hier zeigt sich anschaulich und manchmal auch recht gnadenlos in der Praxis, wie grundverschieden alle Menschen sind, wie mühsam eine Verständigung untereinander sein kann, auch wenn man das Gleiche meint.

Denn was ist das Gleiche? Es ist doch nur eine gesellschaftliche Konvention, eine mitmenschliche Vereinbarung, Strahlen oder Reflektionen einer bestimmten Wellenlänge beispielsweise „grün" oder „rot" zu nennen. Das ist bei Farben noch vergleichsweise einfach. Begriffe, die man nicht durch Sinnesorgane erschließen kann, sind eigentlich hoffnungslos undefinierbar.

Daran haben sich über all die Jahrhunderte seit Sokrates die Philosophen dieser Erde die Zähne ausgebissen, bis hin zu der Feststellung, dass wir eigentlich nicht existieren. Man kann dem natürlich wie Descartes theoretisch oder praktisch einen Riegel vorschieben, da diese Überlegung uns ja auch nicht weiterbringt. Wenn ich denke, bin ich auch. Ja, gut, das aber grundverschieden. (Deshalb sind auch Sessions verschiedener Leute auf das gleiche Target grundverschieden, auch wenn sie völlig „richtig" sind. Nehmen Sie deshalb meine Beispiele auch nicht als Vorlage, was der Viewer „bringen muss", sondern so, wie sie gedacht sind: als Illustration.)

Ich habe oft diese „Kurz-und-schmutzig"- Methode nicht nur als Beweis, dass die Methode funktioniert, sondern auch als Entscheidungshilfe für Interessenten durchgeführt. Danach hatten sie einen viel besseren Eindruck, ob es für sie selbst sinnvoll sei, ein ganzes Training zu machen. Das ist natürlich etwas plakativ, nimmt sich aber genau dieses Umstandes an, dass erst nach dem eigenen Erleben eine Entscheidung möglich ist, wie man zu dieser neuen Welt steht und ob man die Methode weiter erlernen möchte. Das hat nichts damit zu tun ob jemand „gut" im Hinblick auf Treffsicherheit in einem ersten Versuch war.

Es gibt eine ganze Reihe von Personen, deren „Testergebnisse" auf den ersten Blick nicht so überragend schienen, die dann aber doch entschlossen weitermachten. Natürlich führe ich in einem Einführungsseminar mit jedem mehrere Sessions durch, und bei manchen wiederum stellt sich ein schlechtes Anfangsergebnis nur als eine kurzfristige Hemmung dar. War dieses einmal überwunden, wurden die Personen zu sprudelnden Quellen von PSI-Informationen. Viele, bei denen anfangs sehr zögerlich und wenig umfangreich Informationen flossen, haben sich zu treffsicheren und detailreichen Viewern entwickelt, einfach weil ihr Interesse geweckt war und sie sich intensiv und mit viel Zeitaufwand damit beschäftigten. Und damit erreicht es eigentlich jeder. Aber keiner wird gezwungen, und viele springen nach einem ersten Erlebnis ab, vielleicht nicht für immer, doch zunächst einmal mindestens, um das Erlebte zu verarbeiten.

Dazu gehören durchaus auch jene, die während der Session schon richtig ausformulierten, worum es bei diesem Target ging. Solche, die möglicherweise schon früher, ohne Remote Viewing, von hellsichtigen Erlebnissen geplagt wurden.

Gehörte Ihre Versuchsperson zu dieser Sorte? Dann kann es sein, dass sie schon in der ersten Stufe, beim Beschreiben dieses unwillkürlichen Krakels sehr bald begann, von der reinen Beschreibung abzuschweifen in Begriffe, die offensichtlich überhaupt nichts mit dieser hingeworfenen Linie zu tun haben konnten. Und die dann antwortete, wenn man sie auf diesen Umstand aufmerksam machte, dass sich „die Linie aber so anfühle". Und das wäre so und völlig richtig.

Spätestens in der dritten Stufe kommen sie dann mit der Bemerkung: „Komisch, mir ist, als würde mich so ein Saurier anschauen. Na der ist ja komisch. Weißt du, die haben gar nicht \`hrrmmm-hrrmmm´ gemacht, sondern es klang mehr wie \`Hööörrmmm-hörrrmm´, also richtig komisch!" Und Sie, das erste mal eine Session leitend, erstarren, denn Sie wissen ja, was in dem Umschlag verborgen liegt: „Target: Die Welt vor 65 Millionen Jahren".

Und dann denken Sie vielleicht, „Oh, hätte ich diesen Versuch vielleicht doch nicht angefangen. Was mag jetzt noch kommen, denn das ist doch erst der Anfang!"

Obwohl ich selbst anfänglich keine besonders guten Ergebnisse in meinem Training hatte, erinnere ich mich doch an eine Session, in der ich in Stufe 3 behauptete, das Target erinnere mich an einen Elefanten. Tatsächlich war in dem Umschlag ein Foto von einer ganzen Herde dieser ansehnlichen Tiere. Allerdings hatte ich keine Ahnung, wie ich zu diesem Schluss gekommen war, es fiel mir gerade so ein.

Damit haben wir den hauptsächlichen Eindruck formuliert, den der Viewer hat, wenn er ein Zielgebiet mit der Remote Viewing- Methode bearbeitet. Das Verständnis für sein Treiben ist ihm völlig abhanden gekommen, und woher seine Eindrücke kommen, erschließt sich ihm auch in keiner Weise. In den meisten Fällen wird er der Ansicht sein, hier irgendeinen Quatsch zu produzieren, der sowieso nicht stimmen kann. Die meisten Leute, mit denen Sie das Kurz-Einführungsspiel machen, gehören dazu.

Dabei taucht der Name oder der Begriff, um den es in der betreffenden Session ging, gar nicht auf. Was ihre Versuchsperson dabei aber produziert hat, ist eine Beschreibung, die ganz offensichtlich auf das zu suchende Ziel passt und schwerlich, wenn nicht ganz ausgeschlossen, auf irgendetwas anderes.

In den vielen Jahren, da ich in Remote Viewing ausbilde, habe ich natürlich eine Unzahl an Beispielen gesehen, wie die Trainees bereits am ersten Tag Ergebnisse produzierten, wie sie zum Beispiel als ganz erstaunliche Erfolge von Viewern aus dem berühmten Projekt in Amerika herumgereicht werden. Leider habe ich kaum eines davon als „Leistungsbeweis“ mir kopiert und zu den Akten genommen. Es waren ja „nur“ Stufe 1-3-Beispiele. Ergebnisse von operationalen Projekten füllen natürlich viele Aktenordner. Aber darum geht es hier nicht.

Erst in letzter Zeit, als mir dämmerte, dass ich dieses Lehrbuch einmal überarbeiten müsste, griff ich zu, wenn sich etwas Plakatives bot.

Hier ein typisches Beispiel für ein Target, das wir schon in der Frühzeit des deutschen RV in den 90ern benutzten, nämlich einen großen Hurrikan über dem Südpazifik.

Für Constanze war es die erste Session in ihrem Leben. Wie üblich gab es die nötige Erklärung, wie das alles funktioniert und was sie zur Erfüllung des Ablaufplanes tun solle. Aber diese Vorrede dehne ich nie länger als 90 Minuten aus. Man soll die Aufmerksamkeit nicht überfordern. Es bleibt sowieso nur ein kleiner Teil im Gedächtnis hängen. Erst das eigene Tun schafft hier einprägsame Erlebnisse. Constanze ging also sehr „grün“ ans Werk.

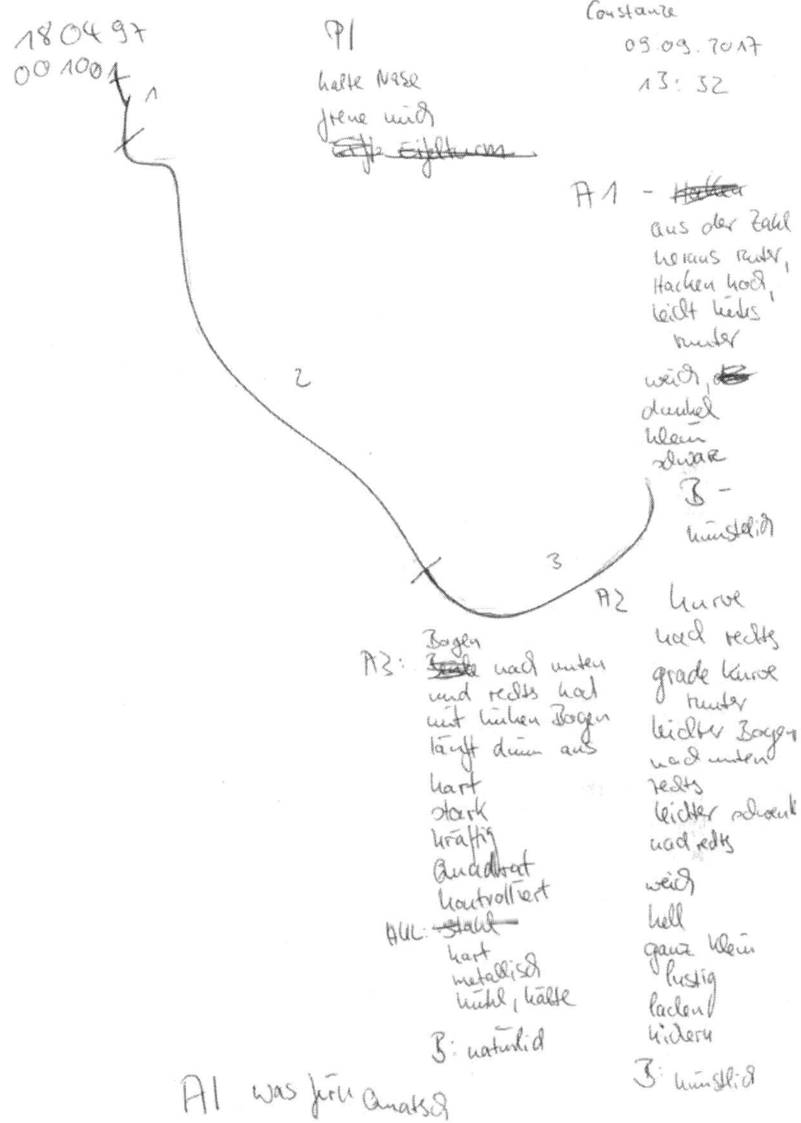

In der ersten Stufe 1 ist eigentlich noch nichts Genaues zu schließen. Der Kenner sieht allerdings, dass sie das Ideogramm bereits aus der letzten Zahl herausgeschossen hat und dass sie offenbar einen Standort eingenommen hat, der richtige Details erkennen lässt, aber alles „klein“ sieht.

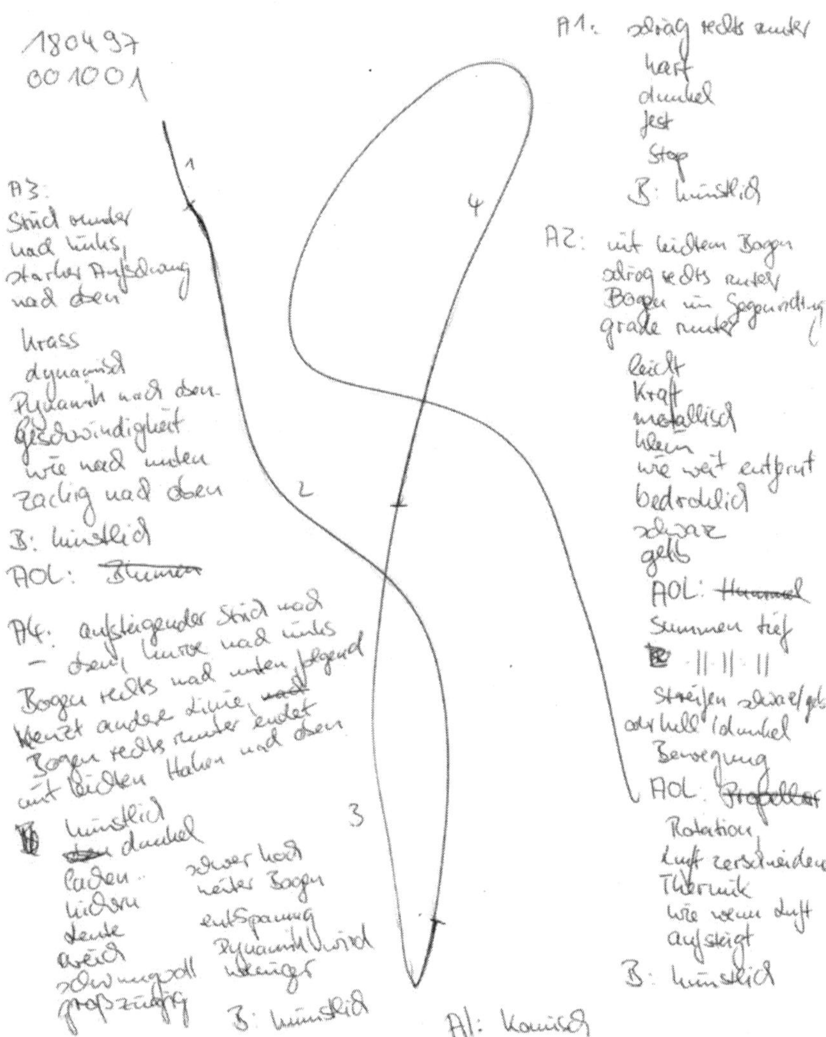

In der zweiten Stufe 1 wird es schon klarer. „Leicht, Kraft“ sind eindeutig dem Wirbelsturm zuzuordnen, auch „bedrohlich“. Was aber ist „klein, weit entfernt“? Wie viele Viewer bekommt sie ALLES im Targetbereich, also auch den Wettersatelliten, von dem aus das Photo gemacht wurde. Nun erklärt sich alles: Sie sitzt auf dem Satelliten und beschreibt von dort. Schon bekommt sie die „Bewegung, Rotation“.

Seite 3

Stufe 2

schwarz
gelb
hell
dunkel
grau

weiß
hart
metallisch
fest

süßes
frische Luft

salzig

weiss
Kühl
Kalt
warme Luft

tiefes Summen

klein
als auch groß
großzügig und
weit
klein und quadratisch
wie weit entfernt
Bogen
Streifen unterschiedlicher Helligkeit

Bewegung: dynamisch
Rotation
Luft steigt
auf
schwungvoll
dynamisch nach
oben
stark +
Kräftig

bedrohlich
kontrolliert
lustig
nach unten zackig
und nach oben
krass
aussen

A1: erleichtert
weil mit Seite
fertig

In Stufe 2 sind die Eindrücke nach Sinnesorganen sortiert und erweitert, aber beide Objekte sind noch zusammen aufgeführt. „Klein als auch groß". „Wie weit entfernt." Sie versucht, sich Mut zu machen: „lustig, kontrolliert". Aber es bleibt „krass".

Seite 4
Stufe 3

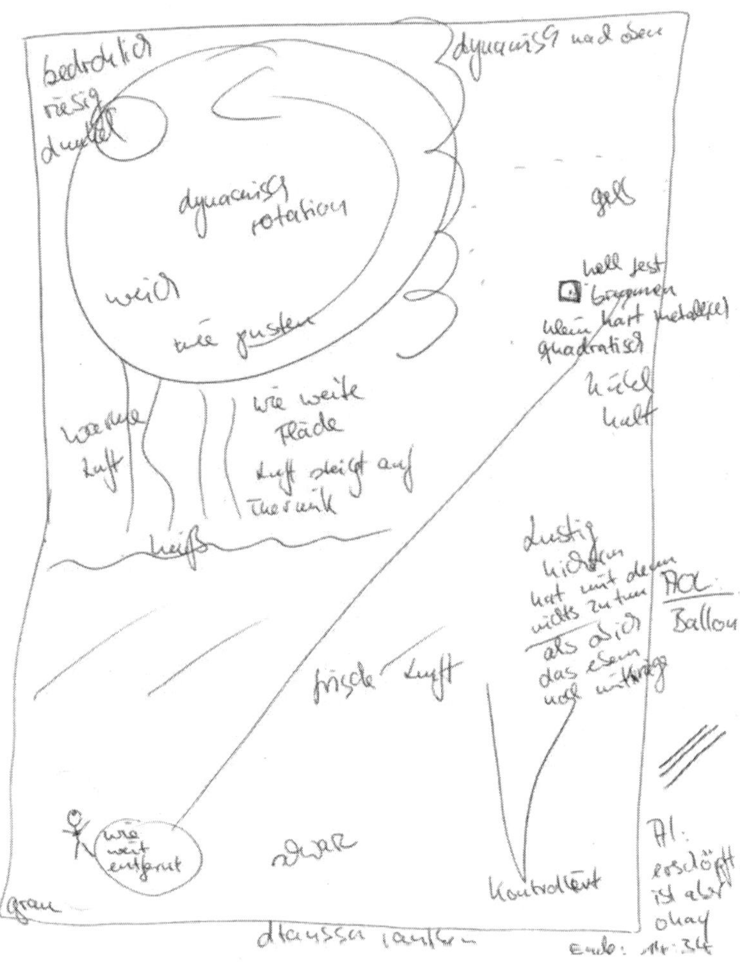

In Stufe 3 schließlich lokalisiert sie sich selbst unten auf der Erde, bleibt aber mit einer Teilansicht beim Blick von oben.
Der Satellit erscheint jetzt auch neben dem Hurrikan rechts oben: „klein, hart, quadratisch, metallisch." Andere (erste) Sessions anderer Viewer sind immer individuell, aber sehr ähnlich.

Grosser Hurricane im Pazifik, aufgenommen von einem Wettersatelliten zum Zeitpunkt der Aufnahmo

180497
001001

Dass der Viewer sich mittendrin im Target fühlt, trifft man durchaus öfter an. Dokumentiert wird dies durch emotionales Feedback, hier „bedrohlich".

Ein Viewer namens Matthias meinte bei seiner ersten Session, es sei gewesen, als hätte er in dem Flugzeug gesessen, das diesen Sturzflug auf der Postkarte macht, und selbst der sehr distanzierte Gehirnforscher G. Haffelder war erschrocken, den Erguss des kalten Gebirgsbaches auf der Postkarte direkt im Nacken zu spüren.

Natürlich gibt es nicht immer diese sofort überzeugenden Erlebnisse. Eine große Anzahl von ersten Sessions hat nicht das sprichwörtliche Anfängerglück auf seiner Seite. Dennoch kann man unschwer erkennen, dass eindeutig zu dem Target gehörende Informationen ermittelt wurden.

Kristina, in Berlin lebende Viewerin, überzog gleich nach ihren ersten Erfahrungen auch ihre Arbeitskolleginnen mit dem „kurz-und-schmutzig"-Versuch.

„Ich habe nur eine Illustrierte bei ihr gefunden, aus der ich einfach eine Seite herausriss und in den Umschlag steckte," berichtete sie mir, „und dann kam da tatsächlich Natur mit einem kleinen Fleck ganz heiß in der Mitte. Weißt du, was das Target war? Ein Gartengrill im Einsatz!"

Kristina selbst war auf die gleiche Art zum Remote Viewing gekommen. Der Mann ihrer Freundin hatte sie mal eben „durchs Protokoll gezogen". Ziel war der Start einer Raumfähre auf Cape Canaveral. Sie bekam eine „große, schnelle, heiße Sache", metallisch, laut und in Bewegung. Aber sie bekam noch mehr.

Zwar hatte ihr Monitor versucht, durch Einkreisen des Fotos mit dem Stift das Target zu begrenzen, aber, wie so oft, den Viewer hält nichts zurück. Kristina bekam in ihrer Probesession auch den gesamten Rummel um den Shuttlestart herum und auch Details der auf der Rückseite des Magazin-Ausschnittes erwähnten „Raumzentrums- Rundfahrten" für Touristen.

Die Erfahrung, sich nicht nur auf das genau definierte Target konzentrieren zu können, sondern sich dem überbordenden Datenschwall der Gesamtszenerie ausgeliefert zu fühlen, macht jeder Viewer nach kurzer Zeit. Es gehört zu den Eigenarten von Remote Viewing, dass meist mehr Informationen übermittelt werden, als man benötigt, ja, mehr als einem lieb ist.

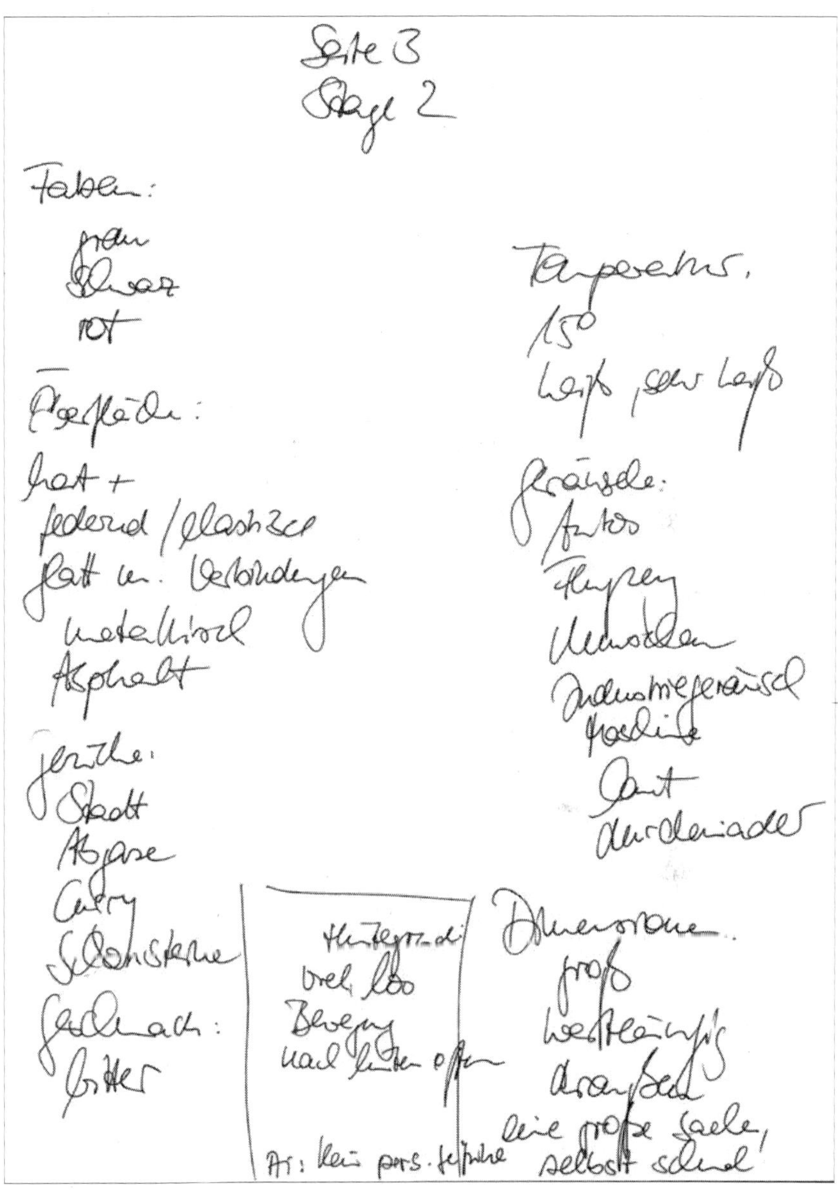

Target Raumfähre: das Beste zum Schluss: groß, weitläufig, draußen, eine große Sache, selbst schmal

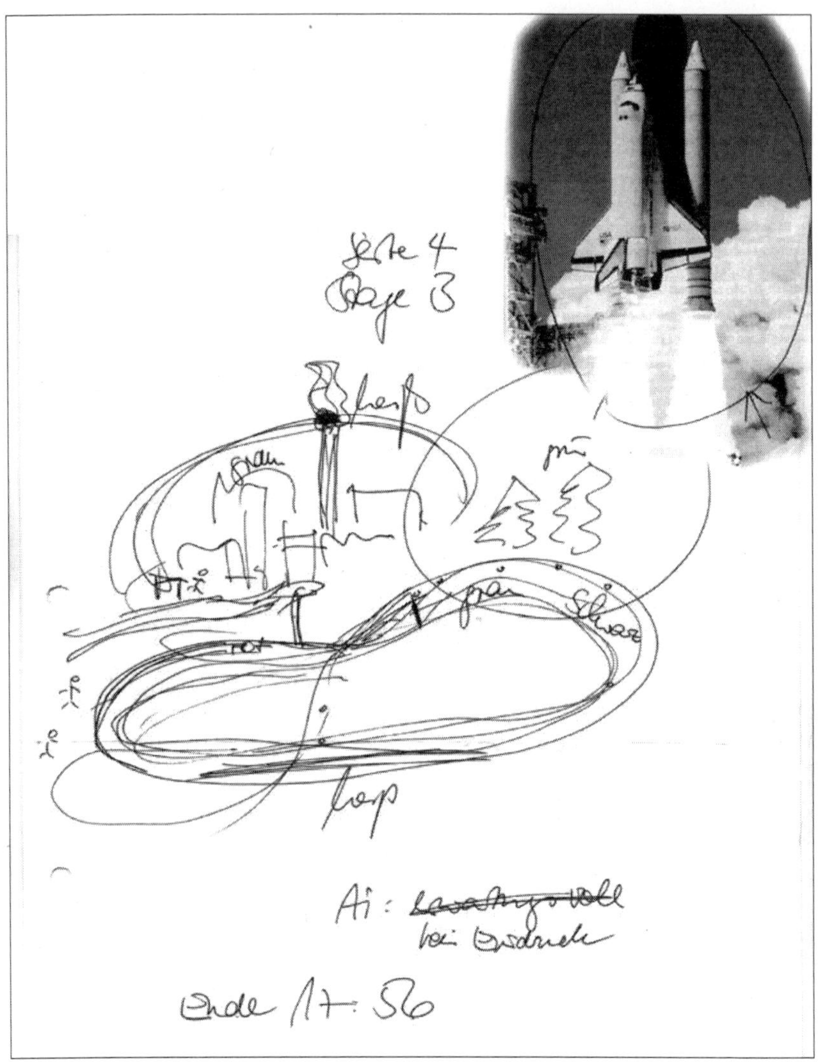

Nicht schlecht für eine allererste Session:
Sogar der Flammenstrahl ist eingezeichnet und das Gerüst, sowie die Ausbreitung der heißen Abgaswolke am Boden. Auch die Darstellung der im Zielgebiet befindlichen Menschen ist einigermaßen richtig geraten. Man meint sogar, jemanden zu sehen, der in einen Bunker flieht. Aber bitte, versuchen Sie auch nicht, eine Stufe 3 überzuinterpretieren! Meist ist sie viel mehr durcheinander und ohne Relationen.

Ein Protokoll einer Remote Viewing Session ist oft eine Dokumentation des Vorgangs, wie sich ein Viewer durch ein Dickicht von Randinformation zum Zentrum der Frage vorkämpft. Schauen Sie sich einmal die Session Ihrer Versuchsperson unter diesem Aspekt an!

Auch Kristinas Shuttle-Protokoll beschreibt erst alle Umstände der Umgebung, ehe sie unten auf der Seite 3 als letztes auf das große, schnelle Ding kommt. Manchmal bekommt der Viewer sehr schnell die charakteristischen Eindrücke, manchmal muss er sich „heranarbeiten".

Hier eine typische Anfängersession zum Target „Vulkan"

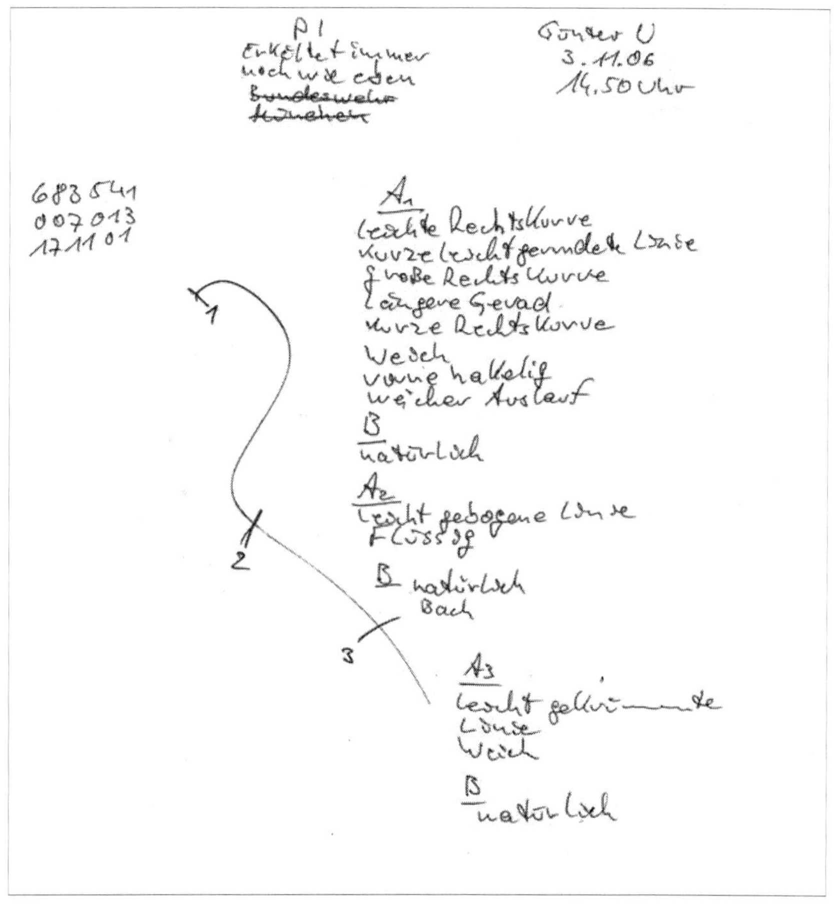

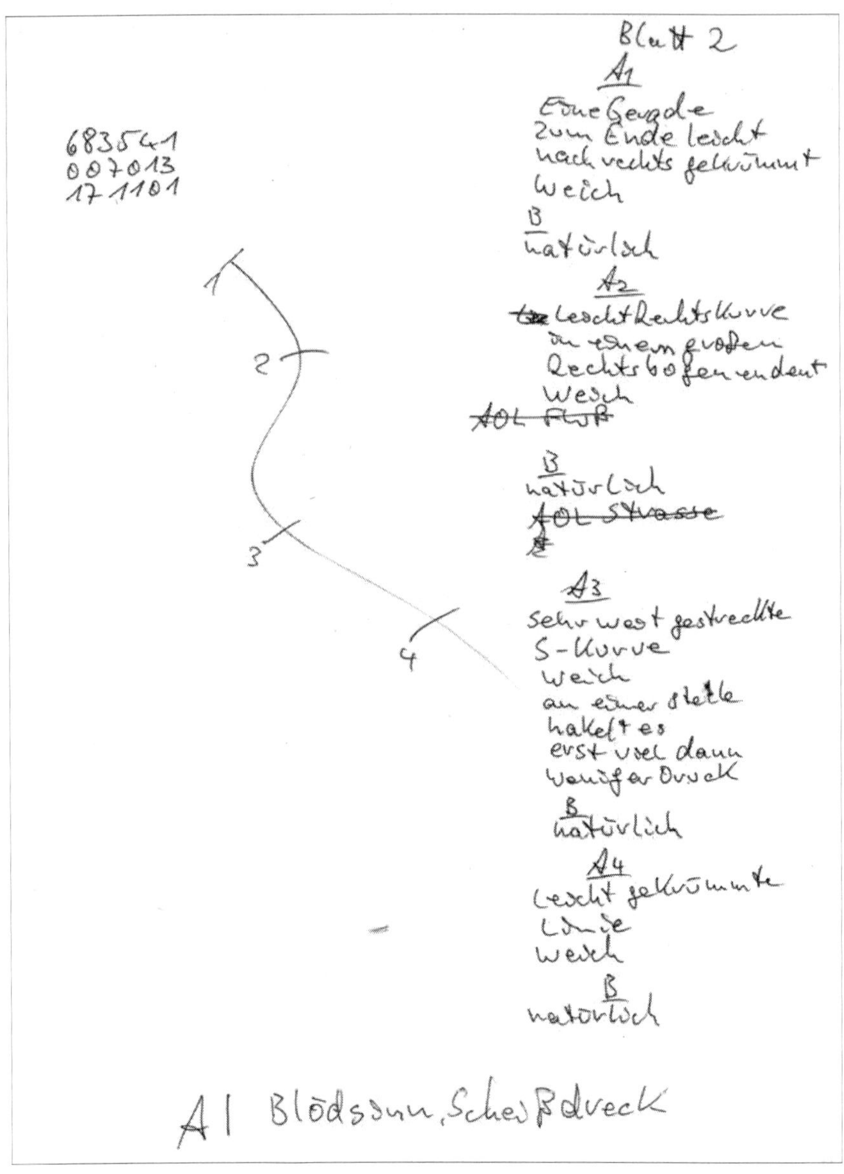

Achten Sie bitte auf die AIs, die sehr gut die Einstellung des Wachbewusstseins dokumentieren, besonders bei irritierenden, aber völlig richtigen Eindrücken: „wird wieder kalt“. (Die Lava nämlich)

Blatt 3
Stufe 2

Farben

blau
grün
orange
violett

Oberflächen

hart
weich
glatt
kakelig
rauh

Gerüche

verbrannter Gummi
Ekelerregend
blumig
wie Parfüm
riecht nach Essen

Geschmäcker

sauer
Fruchtig

Temperaturen

heiß
Kalt
Warm
wird wieder Kalt

Geräusche

quietschen
rauschen
Menschengebrabbel

Dimensionen

kurz
lang
eng
weit

Innen oder Außen

Draußen
Bewegungsaspekt
Energie (viel)
meine verteilte

AI unsicher
versagt zu haben ist auch
Blöde....

AI ich komm' mir vor wie ein Idiot

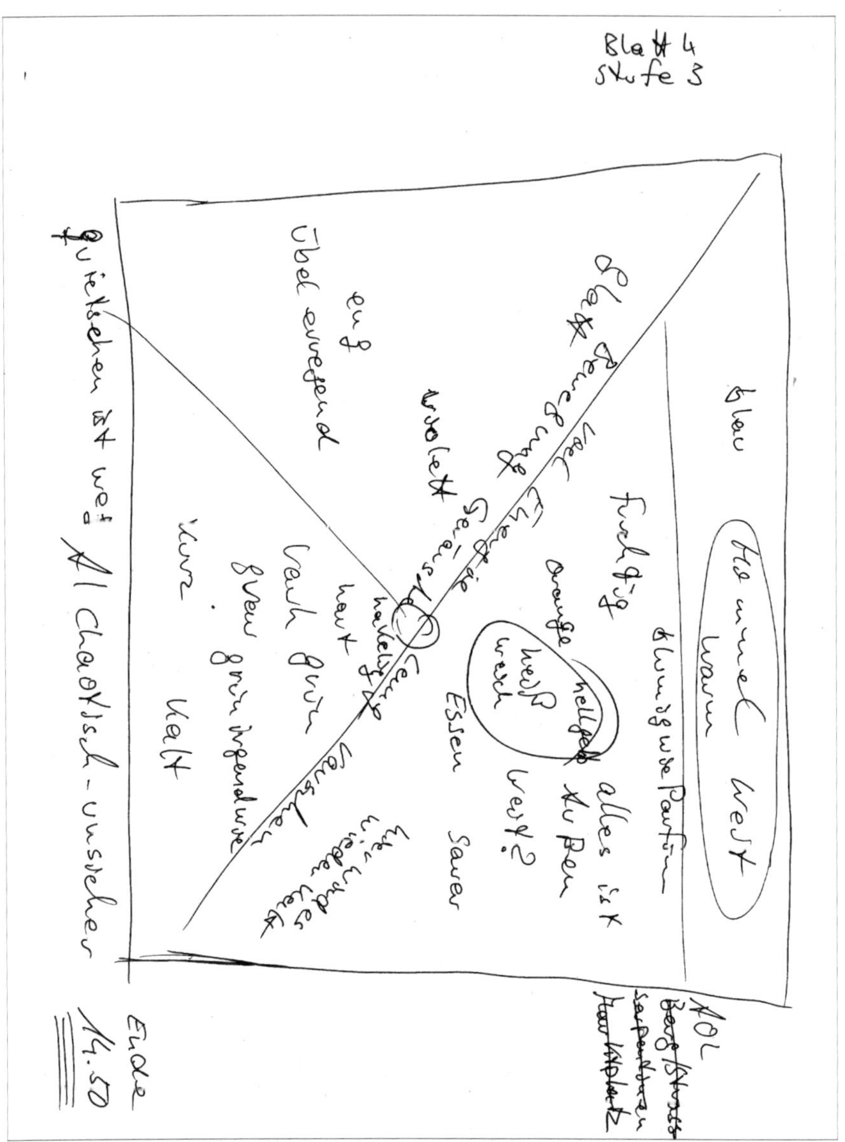

Für die Skizze in der Stufe 3 hat der Viewer sich das Blatt quer gelegt. Typisch für eine Vulkan-Session ist der dreieckige Berg, die Energieentladung und die Zuordnungen der Temperaturen. Dieser Viewer hier konnte sogar die Sonne im Foto lokalisieren.

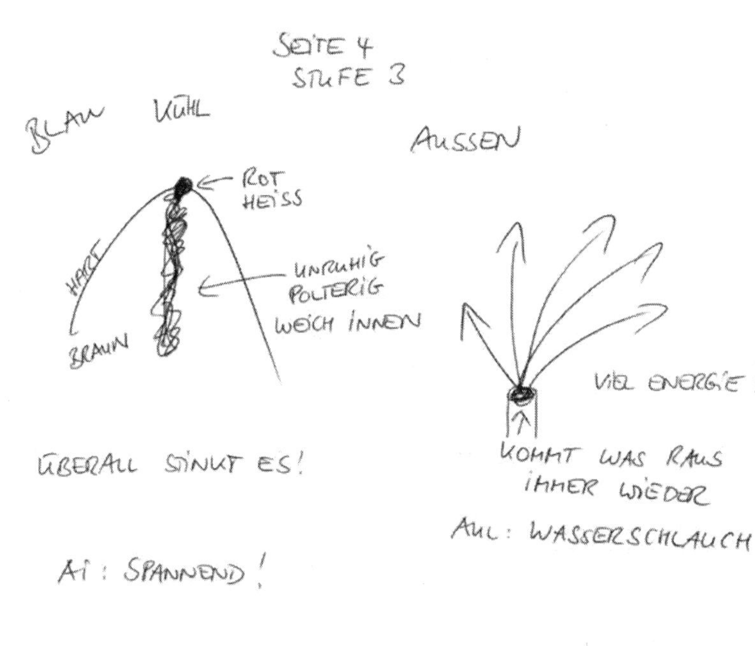

Oben: typische Vulkan-Eindrücke der Stufe 3
Unten: Urlaubserinnerungen: das touristische Targetfoto, wie es für die Beispielsession vorlag.

Nun ist eine Remote Viewing Session natürlich nicht auf die ersten drei Stufen beschränkt, und wie schon erwähnt, wird es von einigen Viewern fast als Sakrileg betrachtet, wenn man die Methode so kurz und vereinfacht, wie bisher beschrieben, einsetzt, um Leute von PSI zu überzeugen und, mehr noch, um ernsthaft Informationen zu erlangen. Für mich ist es aber wichtig, dass der Interessent wenigstens kurze Zeit am eigenen Leib verspürt, wie PSI- Techniken verfahren und er sich dabei verhält.

Wie man Remote Viewing richtig macht, lernen wir später in diesem Buch. Eine Einführung in die Problematik des Verfahrens kann man jedoch nicht früh genug ansetzen. Die Diskussion wird sich durch das gesamte Training ziehen, gut, wenn man sich gleich zu Beginn an neue Sichtweisen und eine andere Art von Logik gewöhnt.

Eigentlich ist es auch keine andere Logik, es ist nur eine universellere Logik und man bemerkt bald, dass man sich solche Werkzeuge wie Logik einfach nur für den Gebrauch im Alltag zurecht gebogen hat.

Schauen wir uns eine andere Kategorie der Sessionverläufe aus unseren Kurz-und-schmutzig - Tests an. Manche Ergebnisse scheinen völlig daneben zu liegen, tatsächlich nichts mit dem Zielgebiet zu tun zu haben. Zweifler und Skeptiker sind dann sofort bereit, Remote Viewing der Lächerlichkeit preiszugeben und schwelgen in Rechthaberei mit einem „siehst-du-es-klappt-ja-doch-nicht“ -Spruch.

In der Analyse solcher verpfuschter Sessions stoßen wir meist auf den Umstand, dass der Viewer oft schon recht früh den Eindruck hatte, genau zu wissen, was das Target sein würde.

Wenn er mutig war, hat er es genannt, und es wurde als vorzeitige Schlussfolgerung seines Intellekts herausgeschrieben.

Später nennen wir es **AUL, analytische Überlagerung** und lernen, uns von seiner Bedeutung zu trennen.

Es handelt sich nämlich meist um komplexe Bilder, an die wir uns erinnern, weil irgendein Teil, eine Kleinigkeit, ein Wort, ein Schnörkel in der Session uns an ein Detail in diesem Bild erinnert. Und schnell haben wir die beiden Teile miteinander verknüpft und damit das (falsche) assoziative Gesamtbild hereingelassen. Das wird uns am Anfang unserer Remote Viewer-Karriere nicht so bewusst, oder wir unterschätzen diesen Vorgang.

Remote Viewing funktioniert jedoch nur, wenn wir loslassen, uns von den schnellen Entschlüssen, etwas erkannt zu haben, trennen, um bis in spätere Phasen unvoreingenommen offen die Eindrücke des kosmischen Informationspools wertungsfrei hereinzulassen.

Die Antwort, die fast schon standardhaft in einem solchen Fall vom befragten Viewer kommt, ist: „Ja, ich dachte schon am Anfang, es ist eine Herde von Zebras, weil ich den Eindruck von Streifen hatte. Das schien mir nicht so schlimm zu sein, aber ich hab´ es nicht wieder weg gekriegt. Ich konnte es nicht verdrängen. Sicher, man sieht hier, dass ich dann nur noch eine Herde Zebras beschrieben habe, wie sie durch die Steppe laufen".

Patient gelungen, Operation tot. Das eigentliche Ziel war ein Restaurant in einer Stadtstraße mit einer charakteristischen, gestreiften Markise.

Die größte Gefahr beim Remote Viewing ist die Phantasie. Geübte und begabte Hellseher können diese komplett wegblenden. Ein Beispiel:

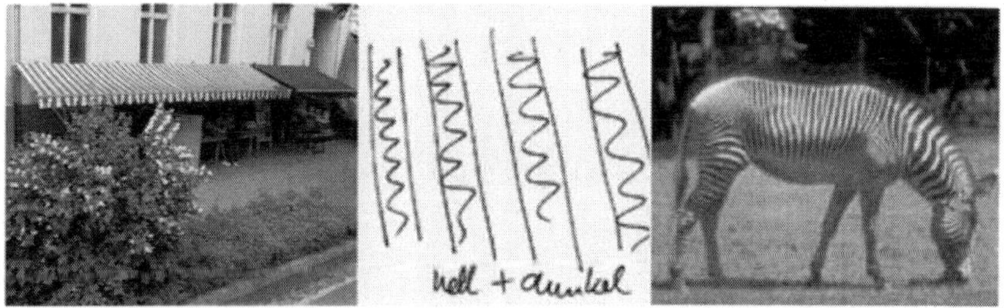

Das Target ist Geschäft mit hellblauer Markise. Der Remote Viewe sieht richtig die hellen und die dunklen Streifen. In diesem Moment springt die Phantasie ein und hilft mit Assoziation. Das muss ein Zebra sein! Typisches AUL sagt der Remote Viewer.

Dies ist ein Beispiel für die Aussage, man könne Remote Viewing nicht aus einem Buch lernen, die jahrelang verhinderte, dass ein Lehrbuch darüber geschrieben wurde. Denn dies ist einer der vielen Fälle, in denen eigentlich nur der Trainer am Ort des Geschehens dem enttäuschten Viewer anhand seiner speziellen Session erklären kann, warum er doch nicht so schlecht war, warum er nur einer Tücke seines geistigen Systems aufgesessen war. Weil der Trainer den Finger auf den Punkt der Session legen kann, ab dem sie in die falsche Richtung lief, kann er erklären, wie man es besser machen kann.

Aber der Leser dieses Buches hat sich ja entschlossen, offen zu sein und bestimmte Vorurteile fallen zu lassen. Weiterhin hat er sich auch entschlossen, sich ernsthaft zu bemühen und zu üben, zu üben und nochmals zu üben, um sich durch Sicherheit in der Anwendung gegen solche Fehler zu wappnen.

Sie haben keine Lust zu üben? Sie wollen keine Erklärungen? Dann werfen Sie dieses Buch sofort weg und tun Sie etwas, das Ihnen wirklich Spaß macht. Ohne Arbeit, Einsatz und Geduld werden Sie bei Remote Viewing keinen Blumentopf gewinnen.

Für diejenigen, die in ihrer ersten Session weit ab vom Anfängerglück landeten, sich aber trotzdem noch interessieren, gibt es viele tröstende Beispiel der Weiterentwicklung.

Auch Dirk, damals Ehemann der oben genannten Tiger-Ute, hatte keine berauschende Einstiegs-Session. Durch Energie und Selbstdisziplin kam er jedoch zu einem Ausbildungsstand, dass man ihm nun die langweiligsten Targets geben kann, aus denen er differenzierte Informationen wie kaum ein Zweiter herausarbeitet.

Joseph McMoneagle, der zu der Gruppe der aktiven Remote Viewer der amerikanischen Spezialeinheit in den achtziger Jahren gehörte, sieht es nicht sehr viel anders, wobei man natürlich immer das Niveau der Betrachtungen beachten sollte. Für ihn steht eine gehobene Qualität im Vordergrund, zu deren Erreichung er nicht jeden Menschen als geeignet ansieht. Für ihn sind zu je einem Drittel das persönliche Bemühen, dic Intensität des Trainings und das natürliche Talent beteiligt. Jedoch, was ist gehobene Qualität, und sollte man jetzt jedem, der eines dieser Kriterien nicht erfüllt, verbieten, Remote Viewing zu betreiben?

Ich meine nein, weil sich in jedem Fall gezeigt hat, dass der Horizont des Interessenten sich nachhaltig verschoben hat, hin zu einem größeren Überblick, zu größerem Verständnis sinnlicher und übersinnlicher Vorgänge und nicht zuletzt hin zu größerer Toleranz gegenüber Mitmenschen und ihren Einstellungen. Und wenn man nicht zum Konzertpianisten geboren ist, macht es nichts aus, wenn man nur versucht, für den Hausgebrauch Klavier zu spielen.

Die Beschäftigung mit Remote Viewing ist ein immer wieder zum Staunen führender Weg durch ein völlig reales Wunderland, egal auf welchem Niveau.

Und es ist ein Phänomen, das sich besonders in einem sozialen Rahmen auswirkt, und eben nicht zuhause allein in der stillen Kammer. Remote Viewing lebt vom Miteinander, vom Austausch und vom gemeinsamen Vorangehen in jeder Hinsicht.

Schön ist es deshalb, wenn Sie mit einer ganzen Gruppe, die sich auch privat trifft, trainieren und öfter mal zwischendurch üben können. Sonntags zum Kaffee zusammen zu kommen und statt des üblichen Plausches über Fußball, Mode, Autos, die Kinder oder Politik ein paar Sessions zu machen, hat schon eine ganz besondere Freizeit-Qualität. Und dann geht es nicht nur um die neuesten geviewten Ergebnisse, sondern sehr bald auch um Diskussionen über Ethik und Moral.

Bei solchen Gelegenheiten wurde immer wieder diskutiert, ob denn überhaupt zu erlauben sei, alles zu viewen. Das beginnt mit staatlichen oder militärischen Geheimnissen und führt natürlich hin zu der Frage, ob man eine Person nicht erst fragen sollte, bevor man sie zum Target einer Remote Viewing Session macht. Die Antwort lautet: im Prinzip ja, genau so. Man sollte immer die Menschen fragen, die man viewen möchte. Das gebietet eben jenes Verständnis vom Universum, das wir auch mit Remote Viewing erlangen.

Andererseits muss man hinnehmen, dass sich die Methode inzwischen ungeheuer ausgebreitet hat und praktisch jedem zugänglich ist. Die Existenz dieses Lehrbuchs hat da nur einen untergeordneten Stellenwert. Sie können die verschiedenen Methoden inzwischen bei einer großen Anzahl von Trainern, meist natürlich amerikanischen, lernen, und die dazu nötigen Protokolle stehen im Internet zur freien Verfügung. Also wird es auch unzählige Leute geben, die sich um ethische Bedenken nicht scheren, zumal man das selbst den Ur-Viewern des amerikanischen Geheimdienstes vorhalten kann, die sich heute oft sehr moralisierend dazu äußern.

Ich möchte mit diesem Buch nicht nur einen Beitrag liefern, Remote Viewing zu verstehen und vielleicht sogar allein einzuüben, sondern auch anregen, übergreifendes Verständnis zu entwickeln und auch über diese Bereiche nachzudenken. Der Wunsch, jemanden zu irgendetwas zu verleiten oder etwas zu verhindern oder auszuschließen, ist eine Schimäre.

Die Zahnpasta ist aus der Tube und geht nicht wieder zurück. Damit müssen wir leben.

4. Kapitel: Jetzt aber ordentlich - die Rahmenbedingungen

Nach soviel grundsätzlicher Diskussion würden sich jetzt viele sofort weiter und tiefer in die praktische Tätigkeit des Viewens stürzen. Das ist durchaus zu verstehen, aber erlauben Sie mir doch noch ein Kapitel über grundlegende, teilweise scheinbar sehr philosophische Betrachtungen, die jedoch von konkreter Bedeutung in der Vorbereitung für die Remote Viewing-Praxis sind.

Wenn Sie die Schnelleinführung mit jemandem gemacht haben, werden Sie diesen Vorgang sicherlich in einer ganz normalen Umgebung, meinetwegen zu Hause am Küchentisch vorgenommen haben. Das ist, streng wissenschaftlich betrachtet, natürlich ein höchst fragwürdiges und damit unzulässiges Vorgehen.

Als man die Methode des Remote Viewing entwickelte, ging man davon aus, und das ist im Prinzip auch völlig richtig, dass es sich bei den einzufangenden Signalen um sehr schwache handeln müsste. Jede Ablenkung durch Außenreize müsste verheerende Folgen haben und den Viewer ständig von der eigentlichen Aufgabe ablenken.

Im Prinzip ist das auch richtig. Daraus folgend gestaltete man die Umgebung für die Versuche und Sessions so eintönig wie möglich. Neutralgraue Wände, graue Tischplatten, gedämpftes Licht.

In anderen PSI-Labors legte man die Versuchsperson auf eine Liege und bedeckte bei rötlichem Licht beide Augen mit halbierten Tischtennisbällen. Bei diesen „Ganzfeld-Versuchen“ bleibt für den Probanden nicht anderes zu sehen übrig als ein undifferenziertes Glimmen. In dieser Reizarmut und Unstruk-turiertheit kann der Viewer auf jeden noch so schwachen Impuls achten.

Dieses Vorgehen ist unumstritten förderlich für den Erfolg von Remote Viewing-Durchführungen. Leider kann sich kaum jemand diese Gegebenheiten im Alltag in der heimischen Wohnung erlauben. Wer hat schon ein Zimmer übrig, das er leer und grau gestalten kann? Für mediales Remote Viewing oder einen Ganzfeld-Versuch benötigen Sie immerhin noch ein Tonaufnahmegerät.

Zum Glück ist das alles nicht unbedingt nötig, wie wir schon bei der schmutzigen Einführungssession gesehen haben. Aber jetzt wollen wir es richtig machen. Deshalb bemühen wir uns auch, der Forderung nach einer reizarmen Umgebung für die Session wenigstens in Ansätzen Rechnung zu tragen.

Rücken Sie nach Möglichkeit einen Tisch, der mindestens eine Seitenlänge von 80 cm haben sollte, so vor eine möglichst einfarbige Wand (keine Bildertapete), dass es schon einer Kopfdrehung bedürfte, etwas anderes, Ablenkendes zu sehen.

Einige Blatt weißes Papier sollten auf dem Tisch liegen, und ein Stift, der gut in der Hand liegt und eine volle, aber dünne Linie hinterlässt, sollte daneben liegen. Zwei Stühle, die eine normale Höhe haben sollten, stehen am Tisch.

Das ist jetzt unser Remote Viewing Raum.

Da wir nun nicht mehr ganz unbedarft sind, wissen wir, dass wir zur Durchführung einer Remote Viewing-Sitzung Zeit brauchen. Je nachdem, wie weit wir unser Training vorangetrieben haben, kann solch eine Sitzung (oder Session) auch über eine Stunde dauern. Es ist zwar nicht unmöglich, eine Session zu unterbrechen, wir sollten diesen Umstand aber nicht unnötig strapazieren. Was folgt? Mindestens für eine Stunde müssen wir sicherstellen, dass keine Störung eintritt.

Das ist natürlich ein Problem, ob in Familien mit Kindern oder einfach nur, weil mittlerweile fast jeder ein Handy hat. Dieses weite Problemfeld verlangt nach einer analytischen Regelung. Was also kann uns während einer Sitzung stören?

Gleich als erstes ist das eben erwähnte Handy abzuschalten; auch das Festnetz gilt es so zu regeln, dass nicht mitten in der Sitzung das Telefon klingelt und den Viewer genau wie den Sessionleiter („Monitor"), in die Realität hinausreißt. Es gibt genügend Gründe, in einer Session eine Unterbrechung wahrnehmen zu müssen, da kann man auf diese vorhersehbaren Gründe sicher verzichten.

Ebenso muss jede Art von Besuch unterbunden werden. Dazu gehören genauso jemand, der an der Wohnungstür klingelt wie auch Ihre Kinder oder sonst irgendwelche Familienangehörige, die unangemeldet hereinplatzen.

All dies ist heutzutage schon ziemlich schwierig sicherzustellen. Eine Stunde, in der mal nichts passiert? Wenn man es darauf anlegt, merkt man erst, wie annähernd unmöglich diese Forderung für manche Menschen zu erfüllen ist.

Dagegen mutet die Beschäftigung mit den eigenen, physiologischen Zuständen fast wie ein Kinderspiel an. Körperliche Unpässlichkeiten, Schmerzen, Völlegefühl, all diese Zustände sollten, wenn möglich, nicht bestehen. Was die ganz normalen Bedürfnisse des Körpers anbelangt, so kann man eben vor der Session noch etwas essen und trinken (aber nicht zuviel!) oder sicherheitshalber noch einmal auf die Toilette gehen.

Schwieriger wird es, einen Ratschlag denjenigen zu geben, die generell auf Medikamente angewiesen sind. Schmerzmittel, Beruhigungstabletten und letztlich auch Antiallergika beeinflussen den körperlichen Zustand in unterschiedlicher, aber in manchen Fällen eben sehr spürbarer Weise. Als Ratschlag bleibt, sich in solchen Fällen nur an eine Session zu setzen, wenn man sich ziemlich gut fühlt und die Einnahme von Medikamente bei Beginn zu vermerken. Später kann dann entschieden werden, ob diese einen Einfluss, und vielleicht auch welchen, auf die Ergebnisse hatten. Es sei an dieser Stelle nicht verschwiegen, dass eine häufige Bemerkung in der Angabe des individuellen Status (PI für „persönliche Impression") der Eintrag „müde" oder gar „total geschafft" ist.

Trotzdem wurden viele dieser Sessions ein guter Erfolg und die Viewer gaben hinterher sogar an, sie fühlten sich nach dem Ablauf viel besser und frischer als vorher. In der Diskussion der kontraproduktiven Zustände eines Viewers kann man dies aber nur erwähnen, keinesfalls aber zu Nachahmung empfehlen.

In diesem Rahmen ist es eigentlich überflüssig, hinzuzufügen, dass der Fernseher, das Radio oder der Computer abgeschaltet sein sollten. Haustiere sind ebenfalls auszusperren. Gerade Katzen neigen beispielsweise dazu, mitten in der Session auf den Tisch zu springen und es sich genau auf dem zu beschriftenden Papier der Länge nach gemütlich zu machen.

Oft bleibt dann nicht einmal das Stück Papier frei, auf dem man notieren könnte:

„Unterbrechung wegen Störung von außen."

Einen breiten Raum in Büchern der amerikanischen Remote Viewer nimmt die Diskussion der inneren Zustände eines Viewers ein. Gerade Vertreter von Protokollen, die sich nicht auf das Coordinate Remote Viewing und seine Ableger Controlled RV, Technical RV oder Scientific RV beziehen, versuchen hier, detailliert Hilfestellung zu geben.

Es ist sicherlich kein Zufall, dass mir zu diesem Punkt sofort meine früheren Erfahrungen mit Zen einfielen und ich genau diese Überlegungen in Joe McMoneagles Lehrbuch von 2000, „Remote Viewing Secrets" deckungsgleich wiederfand. Natürlich ist Zazen, das Sitzen, die vorherrschende Meditationsübung, genau die Übung, die perfekt eine mentale Balance anstrebt, was sich auch mit neuesten Erkenntnissen für einen optimalen Remote Viewing-Zustand deckt. Bei dieser Übung versucht der Schüler, auf seinem harten, runden Kissen sitzend, die Finger-spitzen aneinandergelegt, banal gesagt, einfach nichts zu denken. Genau wie beim Remote Viewing ist es Ziel der Übung, ankommende Eindrücke und Gedanken durch die eigene Persönlichkeit unbearbeitet zu lassen. Es ist eine der schwersten Übungen, die ich kenne. Man muss es ohne fremde Hilfe vollbringen. Es nutzt nichts, dass man verbale Hinweise gibt, wie etwa „bei Zen suchen wir nach nichts", was eine aktive Haltung des Medi-tierenden vorgaukelt. Es ist und bleibt ein Vorgang der präsenten Inaktivität, der jahrelang geübt wird.

Ein Vertreter des Neuro-Linguistischen Programmierens (NLP) würde vielleicht folgendes vorschlagen: Ich stelle mir einen Rahmen vor, mit einem Bild, in dem alles enthalten ist, das mich zurzeit bewegt. Diese Bild versuche ich ganz konkret zu halten, um dann damit zu beginnen, alle seine Inhalte nacheinander auszuwischen, bis nichts mehr in diesem Rahmen zu sehen ist. Dann lasse ich auch den Rahmen los und in der Ferne verschwinden. Oder Sie werfen alles in eine Kiste und klappen den Deckel zu. Die müssen wir natürlich auch noch verschwinden lassen. Ich halte das für einen gangbaren Weg. Ein Zen-Anhänger mag hier vielleicht spotten:

„Und das betrachten wir uns von der Rückseite!"

Ganz praktisch ist auch eine Aufzählung der Dinge, die man im Einzelnen unterlassen sollte.

Zunächst einmal ist vielleicht eine angstbesetzte Einstellung aufzugeben. Was auch immer bei dieser Session herauskommen wird, es soll uns nicht beeindrucken. Auch sollten wir keine Furcht vor dem Vorgang des Remote Viewing als solchem haben. Es ist ein ganz natürlicher Vorgang, basierend auf einer jedem Menschen innewohnenden Begabung.

Dieser Punkt mag noch recht einsichtig sein, denn jemand, der Remote Viewing praktiziert, tut es mit Sicherheit nicht, weil er Angst vor der Methode hat. Und mit den Ergebnissen zu leben, ist ein Umstand, der sich ganz zwangsläufig einstellt, sonst würde der Viewer mit dieser Beschäftigung aufhören.

Schwieriger wird es mit dem Interesse.

Denn: warum hat man sich einmal für Remote Viewing entschieden? Weil man es spannend fand, weil man viele verschiedene Fragen beantwortet haben wollte. Somit tritt genau der Umstand ein, den wir eigentlich vermeiden wollten. Wir verfolgen die Session mit Interesse, also mit unserem Wachbewusstsein.

Nach den neuesten Erkenntnissen bezüglich der Funktionsweise von Remote Viewing gilt es aber, gerade dieses Wachbewusstsein zu unterdrücken, um an die PSI-Informationen des Unterbewusstseins zu kommen. Damit wird auch erklärbar, was von allen Personen, die sich mit der praktischen Ausübung von PSI beschäftigen, gefordert wird und vielleicht am schönsten von den Chinesen formuliert wird: der Geist muss zu einer leeren Fläche werden.

Zum Glück sind wir bei der Anwendung von Remote Viewing in der Lage, diesen Prozess durch die reine Anwendung des Protokolls zu erzielen.

Das ernsthafte Bearbeiten aller Aufgaben der einzelnen Stufen führt bei mehreren Protokollarten sozusagen als Abfallprodukt zu dem Zustand, der optimal für Hellsehen ist: die Vollbeschäftigung der linken Gehirnhälfte.

Damit ist aber auch klar, dass die Gefahr, dass unser Verstand eingreift, immer wieder gegeben ist und durch besondere Vorgehensweisen in den Griff zu bekommen ist. Deshalb haben rein mediale Hellseher es besonders schwer, neutrale Daten zu gewinnen und können dies auch nur mit bestimmten, eigenen Tricks. Selbst das Auslegen von Tarot-Karten ist ein beschäftigendes Ritual, das hilft, sich vom gewünschten Objekt sozusagen wegzukonzentrieren.

Weil aber dies, wie schon erwähnt, glücklicherweise das Remote Viewing Protokoll weitgehend übernimmt, schenken wir dem Punkt „Interesse" nicht zu viel Aufmerksamkeit. Es genügt, wenn wir vor Beginn einer Sitzung eine kurze, von den Extended Remote Viewern so genannte „Cool-Down-Phase" einlegen, in der wir uns nach Möglichkeit von den Eindrücken des Alltags befreien.

Damit einhergehend ist dann auch hoffentlich, dass wir uns, wie McMoneagle es formuliert, von den negativen Aspekten unseres Ichs befreien bzw. sie „eliminieren". Darunter verstehen wir sicher nicht nur, dass wir, siehe oben, keinen persönlichen Nutzen aus der Session ziehen wollen, sondern auch, dass wir durch unsere Tätigkeit in der universellen Informations-Matrix niemanden zu Schaden kommen lassen möchten.

Dieser Umstand wird besonders von ethisch, spirituell oder auch religiös engagierten Menschen hervorgehoben. Wir sollten uns hier noch einmal darüber klar werden, dass wir mit unserem Tun in keinem Widerspruch zu den angesprochenen Aspekten oder Einstellungen stehen.

Was heißt das konkret?

Gar nicht so selten begegnet mir in Diskussionen zu diesem Thema der Standpunkt: **„Wenn Gott gewollt hätte, dass wir Hellsehen betreiben, dann hätte er uns mit dieser Fähigkeit ausgestattet und wir könnten es einfach so, wie das Fingerschnippen!"**

Die Antwort darauf ist so banal wie aber auch alles vereinnahmend: Doch, Gott hat! Aber er war so weise, diese Fähigkeit nicht so leicht zugänglich zu machen. Auf „schnipp!" hin hellsehen, ist höchst gefährlich. „Schnipp!" kann auch schnell unabsichtlich passieren.

Nach all den Jahren müssen wir einfach feststellen, dass PSI tatsächlich eine angeborene Funktion jeden menschlichen Gehirns, ja, mit Sicherheit jeden Gehirns ist. Denn wirklich jeder konnte Remote Viewing fast auf Anhieb.

Der Sinn einer solchen Funktion ist nicht nur Gefahrvorwarnung, sondern auch eine Überlebensfunktionen: z.B. wenn die Mutter „fühlt", was dem Baby fehlt, und das verwundete Tier (und früher auch die Menschen, aber das *wurde wegzivilisiert*) weiß, welche Kräuter beispielsweise oder welches andere Verhalten zur Heilung führen. Zu diesem Punkt gibt es äußerst interessante neue Studien. Fast könnte man sagen, dass ohne dieses „intuitive Wissen" eigentlich keine Gattung, Rasse oder Art sich vor dem Aussterben bewahrt haben könnte.

Und: Wenn wir uns sowieso als kleines Teil des universellen, übergeordneten Verbundes aller Seelen dieser und aller anderen Wahrscheinlichkeiten begreifen, folgt daraus, dass einem Missbrauch unseres Tuns ohnehin von höherer Instanz (Naturgesetze) oder im Rahmen des Möglichen eine Begrenzung auferlegt worden ist. Wir können das Universum nicht aus den Angeln heben, denn wir sind ein Teil davon. Wir können keinen Platz auf der Sonnenseite irgendeines galaktischen Hügels einneh-men, wenn genau dort schon jemand sitzt. Und alles, was wir tun, wird auf uns reflektiert

Der Einsatz des Gottesbegriffs in diesem Rahmen kann als Verhinderung des Erkenntnisprozesses verstanden werden, den Menschen schon immer aus Gründen der eigen Machtfestigung betrieben. So haben sich ehemals gut angesetzte Erziehungsprogramme einer primitiven Menschheit zu fehlgeleiteten Religionen entwickelt.

Aber für unser eigenes kleines Selbstverständnis, dem dieses kosmisch-göttliche Wirken einfach zu hoch ist, können wir uns natürlich selbst ein Versprechen geben, das wir bemüht einhalten wollen: allen zum Nutzen, niemandem zum Schaden. Und um in diesem rituellen Rahmen sich auch von der Verantwortung für dieses Tun zu befreien, können Sie gern, wie auch den vorherigen Spruch, laut oder leise, formulieren: „ich gebe die Führung ab an mein Höheres Selbst", eben an jene Instanz, die bei einer Sitzung tätig wird, und sowieso den Informationsrahmen bestimmt.

Man kann natürlich einwenden, dass man es sich so sehr einfach macht und schnell mal eine übergeordnete Instanz erfindet, der man die Verantwortung aufbürden kann, die man selbst nicht bereit ist, zu tragen.

Ja, guter Einwand. Aber solch eine Funktion hilft tatsächlich. Egal, ob es eine solche Instanz gibt oder nicht, es hilft vielen bei ihrem Selbstverständnis und sie weisen ihr Unterbewusstsein an, im Zweifelsfall solch eine Instanz für ihr eigenes Tun zu installieren. Es unterstützt den Umgang mit PSI schlechthin.

Und wenn wir nicht an PSI und nicht an, nennen wir es mal die Unsterblichkeit unserer Seelen im kosmischen Kontext, glauben, um was kümmern wir uns dann überhaupt?

Im Zweifelsfall kann man sich also gern an die oben aufgeführten Formeln halten. Die Logik hierin sagt uns jedoch schon von vornherein, dass es ohne Belang ist, und der Volksmund weiß es gut zu formulieren: Wer schwarze Magie anwendet, muss gewahr sein, dass sie auf ihn zurückschlägt. Also, beschließen wir einfach, ohne Egoismus, Habsucht, Boshaftigkeit zu sein, denn wir brauchen es nicht und bekommen es auch nicht.

Ein an alle diese Punkte anknüpfender Aspekt ist der der Kontinuität. Natürlich sollten wir uns darum bemühen, die geforderten Zustände dauerhaft zu gestalten, die innere Balance langfristig zu behalten. Nun gut, so viel wir uns darum bemühen, im Verlauf des Praktizierens von Remote Viewing werden wir auf jeden Fall immer wieder daran erinnert. Wir entgehen dem nicht.

Außerdem sollte eine Eigenart der ausgebildeten Remote Viewer sein, dass sie sich generell ihre Kritik, aber auch ihre Kritikfähigkeit erhalten und niemandem blind folgen. Auch nicht den eigenen Daten und Erkenntnissen. Es ist genauso unmöglich, ein Remote Viewing Projekt vernünftig durchzuziehen, wenn sich eingefleischte Skeptiker beteiligen, die den Vorgang als solchen bezweifeln, wie auch wenn blinde Fanatiker nur noch ihre geviewten Informationen als die Essenz des Lebens betrachten. Niemand ist perfekt, auch kein Remote Viewer. Und schon gar nicht ein selbst ernannter Messias, der nur auf sein eigenes kleines Kämmerlein zurückgreifen kann.

Mit steigender Praxis wird klar, welch kleines Rädchen im kosmischen Getriebe jeder darstellt, und dass ein Remote Viewing-Projekt an Aussagekraft und -fülle erst durch die Beschäftigung mehrerer Menschen gewinnt.

Solches gilt natürlich genauso für den Monitor, denn dieser hat einen großen Anteil am Gelingen einer Sitzung. Am Anfang des Trainings ist er um die Unterstützung bemüht, die den Viewer herausfinden lässt, wie sich PSI-Eindrücke anfühlen. Später, wenn in der Praxis das Wissen um das Target sowohl dem Viewer als auch dem Monitor fehlt, werden beide im Verbund nach einer Lösung des Problems bzw. nach den entscheidenden Eindrücken gemeinsam suchen.

Hinterher können beide das Ergebnis diskutieren, wobei der Monitor sich zurückhalten sollte in der Interpretation von Eindrücken und der verbalen Beeinflussung des Viewers, ganz genau wie vorher in der Session. Seine Äußerungen können als Vorschläge oder Anregungen dienen, er wird aber fast immer feststellen, dass der Viewer meint, „nein, es fühlte sich eher an wie ...“ und dabei sollte er den Viewer nicht zu korrigieren versuchen.

Der Monitor sollte NIE Begriffe einbringen, die noch nicht vom Viewer genannt wurden, aber immer bereit sein, schon gesagte Eindrücke zu wiederholen.

Denn in der Session repräsentiert der Monitor wichtige Funktionen des beim Viewer „schlafengelegten“ Wachbewusstseins, beispielsweise kann er sich Gedanken zur effizienten Vorgehensweise am Target machen, wenn der Viewer sonst nur, mehr zufällig, bekannte Schemata abarbeiten würde.

Natürlich können Remote Viewing-Sessions auch ganz allein als sog. „Solos“ durchgeführt werden. Dazu benötigt man jedoch ein sehr intensives Training und viel, viel Übung. Zurzeit gibt es schon mehrere Fernkurse, in denen dies, mangels zweitem Interessenten am Ort, von Anfang an geübt wird. Vielleicht ist dies bezüglich der zu erreichenden Arbeitsqualität eines Viewers sehr sinnvoll. Es sei jedoch vermerkt, dass hier für den Viewer viel mehr Arbeit anfällt und der ständige Kampf gegen den inneren Schweinehund wird zur Zeit der größten Not von niemandem unterstützt, weil in den wichtigsten Momenten auch niemand vor Ort präsent ist. Kurz, man muss da ganz allein durch, und das ist sehr hart. Wir werden es mit diesem Lehrbuch versuchen, aber der Erfolg wird ganz allein durch Ihre Hartnäckigkeit und Geduld bestimmt.

Deshalb kann der Ratschlag nicht oft genug wiederholt werden: suchen Sie sich jemanden in ihrer geographischen Nähe, der/die das gleiche Interesse am Erlernen dieser Methode(n) hat. Ein kompetenter Diskussionspartner ist von unschätzbarem Wert für die eigene Entwicklung, und das beginnt schon, wenn Sie alle in die-sem Kapitel angeführten Einzelheiten der Vorbereitung durch-gehen. Sie werden sehen, wie Sie, bei wechselseitigem Einnehmen der Funktion der „Kontrollinstanz Monitor" schnell den Sinn vieler Maßnahmen erfassen und durch dieses durchdringende Verständnis unverzüglich weiterkommen und in Durchführung und Anwendung sicherer werden.

So, jetzt aber Schluss mit dieser Art theoretischer Betrachtungen; diese und andere Aspekte werden uns zwar im Verlauf der Beschäftigung mit Remote Viewing immer wieder begegnen, aber wir können sie dann zum gegebenen Zeitpunkt angemessen und vor allem an der jeweiligen Situation orientiert, diskutieren.

5. Kapitel: Das Ziel im Auge – Targets wollen durchdacht sein

Jedes Remote Viewing-Projekt und natürlich auch jedes Training beginnt mit der Erstellung eines Targets. In der Kurz-Einführung haben wir das schon mal auf die Schnelle getan, aber jetzt wollen wir es ordentlich tun, und dazu gehören, wie immer, ein paar Kenntnisse, die sich zumeist aus einer mehrjährigen Praxis von selbst ergeben. Wenn wir jetzt mit einem Training beginnen, haben wir diese natürlich nicht, aber viele wichtige Punkte werden uns schon durch einige wenige Überlegungen von selbst klar.

Zunächst beschaffen wir uns zehn bis zwanzig möglichst identische, undurchsichtige DIN A5-Umschläge. Diese Anzahl kann auch ruhig etwas höher ausfallen, besonders wenn jemand versucht, ganz allein ein Einzel-Training durchzuziehen. Dort hinein kommen die Postkarten oder die anderen Aufgabenstellungen. Es ist wichtig, dass wir uns nicht an das Target erinnern.

Wenn die Zahl der angelegten Targets groß genug ist, sinkt unsere Möglichkeit, sich an irgendwelche Zufallszahlen, die wir für ein Target vergeben haben, zu erinnern oder sie einem bestimmten Bild zuzuordnen. Optimal wäre natürlich wenn wir jemand finden, der die Targets für uns erstellt und uns damit das ganze Problem abnimmt.

Um die Erstellung solch eines Remote Viewing Targets, also den Anweisungen für ein zu erforschendes Zielgebiet, ranken sich die merkwürdigsten Gerüchte und Vorstellungen.

Wenn Sie die eingangs durchgesprochene Kurzeinführung mitgemacht haben, werden Sie daran vielleicht nichts Besonderes mehr finden, aber die bisherigen Erfahrungen zeigen, dass hier das Verständnis jedes Interessenten zunächst einmal überfordert scheint.

Die erste Frage, die in fast jedem Einführungsseminar auftaucht, ausgesprochen von Leuten. die sich durchaus schon mit Remote Viewing beschäftigt haben, ist: „Also, wie geht das mit den Koordinaten und was kriegt der Viewer zu sehen?"

Beispiele für Übungstargets:

182365
768579

Skorpion zum Zeitpunkt der Aufnahme

Natürlich, braun, gelb, glatt, riffelig, warm und kalt, klein, außen und innen, lebendig.
AI: kann gefährlich werden.

236534
196778

Atomium in Brüssel
zum Zeitpunkt der Aufnahme

Künstlich, silbern, grau, glatt, kalt, warm, hohl, innen und außen.

854762
200168

Westernlokomotive zu dem Zeitpunkt der letzten eigenen Fahrt.

Künstlich, schwarz, kantig, rund, glatt, warm, heiß, Dröhnen, zischen, groß, röhrenförmig, schwer, innen und außen.
AI: wuchtig! AUL: Rakete

286358
872001

Super-Guppy, Transportflugzeug zum Zeitpunkt des letzten Fluges mit Ladung.

Künstlich, weiß, silbern, blau, glatt, gewölbt, rauh, Geruch wie nach Öl, laut, innen und außen, groß, beweglich.

Wie schön, dass es noch einfach zu beantwortende Fragen gibt, besonders beim Remote Viewing.

Zu Beginn der Forschungen waren Koordinaten an die Einteilung der Erde angelehnt, die von allen benutzt wird. Es ist kaum denkbar, dass irgend spontan weiß, wie es an einem Ort aussieht, dessen Länge und Breite genannt wird. Dennoch kann man allein durch die Angabe dieser Zahlen den Ort per Remote Viewing beschreiben. Es muss also eine Verknüpfung dieser Zahlen mit dem Ort in dem universellen Speicher geben. Diese Verknüpfung kann eigentlich nur dadurch geschehen sein, dass Menschen daran gedacht haben, denn sonst sind diese Zahlen bedeutungslos. Viele Schiffs- und Flugzeugkapitäne und alle anderen, die sich mit Geowissenschaften beschäftigen, haben diese Verknüpfung vorab angelegt.

Als man herausfand, dass man für ein beliebiges Zielgebiet beliebige Zahlen einsetzen kann, (und beliebiges Ziel meint beliebig, also nicht nur Landschaften, sondern eben alle Fragestellungen,) bedeutete diese Erkenntnis, dass allein durch das Daran-Denken des Fragestellers die Verknüpfung erstellt wurde.

Sie können sich die Ziffern erwürfeln (es gibt zehnflächige Würfel) oder Sie können sich beliebige Zahlen einfallen lassen, alles ist möglich.

Diese Zahlen schreiben Sie auf das gleiche Stück Papier, das die Targetbeschreibung enthält und auch auf den undurchsichtigen Umschlag, in den alle Beschreibungen versenkt werden, damit sie für den Viewer unsichtbar sind. Durch diesen Vorgang haben sie die vorher zufällig ausgesuchten Ziffern mit der Aufgabenstellung verknüpft. Die Verknüpfung ist durch das Erscheinen auf dem gleichen Stück Papier manifestiert; man könnte aber auch sagen, dass Ihr Geist diese Verknüpfung in der kosmischen Speichermatrix vornahm. Von nun an ist diese Zahl mit diesem Zielgebiet verbunden, wenn ein Viewer sie als Ausgangsinformation für eine Sitzung nimmt. Dabei sollten Sie aber an nichts anderes gedacht haben, sonst gibt es Vermischungen. Nach einigen solchen „schlampigen" Targeterstellungen hat jeder gelernt, dass hier „Psychohygiene" absolut vorrangig ist.

Diese Erklärung, die keine ist und im Grunde nur eine Erläuterung der Vorgänge, erscheint mit Recht jedem sich für vernünftig haltenden Normalbürger als lächerlicher Quatsch. Das einzige Problem damit bekommt er, wenn er merkt, dass es funktioniert, genau so wie auch Remote Viewing. Deshalb vergessen wir auch alle kritischen Anmerkungen in diesem Rahmen und versuchen uns einfach nur mit den Regeln dieses neuen Spiels abzufinden.

Zu Beginn der Remote Viewing-Forschung war man natürlich seitens der Wissenschaftler auch sehr über diese Verknüpfungsrealitäten erstaunt. Man versuchte dann, herauszufinden, wie weit man diese Substitution treiben konnte und schließlich ordnete man einem zu beschreibenden Zielgebiet gar keine Nummer zu, sondern teilte nur dem Viewer mit, er solle das herausfinden, was in diesem Umschlag sei, also „das jetzige target". Es funktionierte immer noch.

Hatte man am Beginn der Entwicklung noch geglaubt, die als Target-Koordinaten benutzten tatsächlichen geographischen Längen- und Breitengrade hätten irgendetwas Reales mit der an dieser Stelle vorzufindenden wirklichen Landschaft zu tun, so wurde man durch diese Banalität eines Besseren belehrt.

Andererseits muss aber auch anerkannt werden, dass ein Erklärungsnotstand von vornherein überhaupt nicht bestand. Man hatte die Erforschung des Remote Viewing-Phänomens unter wissenschaftlichem Blickwinkel mit sogenannten „Outbound-Versuchen" begonnen, in denen ein Versuchteilnehmer irgendwo hin, zu einem zufällig ausgesuchten Ort fuhr, den der zu Hause gebliebene „Viewer" dann beschreiben sollte. Für diese Versuchsanordnung wurde keinerlei Bezeichnung vergeben, so weit war man noch nicht. Es schien klar zu sein, dass der Viewer genau das zu beschreiben hatte, was der „Outbounder" sah. Jedenfalls war man der Ansicht, dass es nur das sein könnte, wenn der Viewer überhaupt etwas richtig beschreiben konnte.

Und es funktionierte, weshalb die ganze Remote Viewing- Forschung dann ins Rollen kam. Aber es bleibt die Wider-sinnigkeit des Ganzen, genau so, wie irgendwelche Zufallszahlen als Beschreibung zu vergeben. Damals meinte man, und das mag als Entschuldigung herhalten, dass das Bewusstsein eine wichtige Rolle spielt, und dieses weiß ja, was gemeint ist. Man hat es per Sprache informiert.

Nachdem sich herausstellte, dass es genau umgekehrt ist, dass das Bewusstsein überhaupt nicht gefragt ist, ja im Grunde der Störenfried ist, war nichts mehr klar. Woher weiß denn nun das Unterbewusstsein, wie die Frage lautet? Es kann sich allein nicht mal verbal äußern.

Aber es weiß offenbar das alles, und deshalb funktioniert auch Remote Viewing. Diese banale Art der Aussage kann man zum Glück heute mit einigen wissenschaftlich ermittelten Grundlagen auf nicht mehr ganz so banale Art erklären, wie ich es etwas später tun werde, aber gewöhnungsbedürftig ist die Vorstellung dieser Zusammenhänge immer noch. Das zeigen letztlich auch die stets wiederkehrenden gleichen Fragen der Remote Viewing-Interessenten.

Und so kommt es, dass wir uns zu diesem Bereich der Targeterstellung, einmal durchdiskutiert, eigentlich keine weiteren Gedanken machen müssen.

Wir können die Bezeichnungen bzw. Koordinaten so wählen, dass sie optimal in ein Archivierungskonzept hineinpassen. Eine Bemerkung sei mir an dieser Stelle aber noch erlaubt: benutzen Sie möglichst keine Buchstaben-Zahlen-Kombinationen oder gar nur Buchstaben. Diese sind doch zu sehr mit Sprache und Inhalten verknüpft, so dass es beim Viewer sehr leicht zu Assoziationen kommt.

Zahlen sind am neutralsten, wobei natürlich auch hier Konflikte nicht ganz auszuschließen sind. Wenn jemand beispielsweise ein Datum, speziell etwa ein Geburtsdatum, ein vergangenes oder ein zukünftiges Jahr, das mit besonderen Ereignissen verknüpft ist, in den Koordinaten zu erkennen meint, kann man manchmal die Session resigniert abbrechen. Aber sonst - machen wir es uns ganz einfach.

Ganz anders ist es mit dem Bereich der Auswahl von Remote Viewing-Zielgebieten. Wie sich immer wieder gezeigt hat, ist es sehr wohl von Bedeutung, welche Art von Target wir benutzen und welche Frage wir stellen.

Mindestens für den Trainingswilligen, und das sind doch Sie als Leser dieses Buches, sollte das Target keine Probleme beinhalten, die am Anfang für den Viewer nicht auflösbar sind. Im Umkehrschluss heißt das, wie immer, wir nehmen Targets, bei denen Remote Viewing am besten funktioniert. Das sind in der Regel physikalisch real existierende Dinge, die wir anfassen können und bei der Auflösung einer Session als Bild betrachten können.

Die reale Existenz hinterlässt einen klaren Informationsabdruck für jeden suchenden Viewer und ist optisch in allen Ausprägungen zu erfahren, dient also einer klaren Kontrolle, wie gut der Viewer „on target" war.

Auch hier zeigt die Erfahrung, dass einige Zutaten die Zielgebiete noch attraktiver und leichter zu beschreiben machen:

1. wenn es sich um sehr lange existierende Dinge handelt, wie z.B. Berge, Meere, Planeten, die Sonne etc. Mein Trainer folterte mich mit dem Matterhorn und anderen Gebirgsformationen, weil er gern in die Berge verreiste und von dort immer Ansichtspostkarten mitbrachte, die immer noch die besten Grundlagen für einen Targetpool bilden.
2. wenn es sich um von Menschen hergestellte Dinge handelt. Als würde allein die in ein Ding hineingesteckte Arbeit und kreative Energie den Viewer anziehen, beschäftigt er sich gern und detailliert-ausgiebig mit solch einem Target. Meine Lieblingstargets sind dabei:

   Das Segelschulschiff der Bundesmarine, die dreimastige „Gorch Fock",
   eine Boeing 727, wobei es sich um jeden Flugzeugtyp handeln kann,
   ein Leuchtturm in einer anstürmenden Brandung
   und eine Sojus-Raumkapsel in der Umkreisung der Erde.

   Das Segelschulschiff enthält eine Unmenge von Strukturen. Masten, Stangen, Verdrahtungen und Segel bilden ein unerschöpfliches Betätigungsfeld für den Viewer.

Bei einem Flugzeug ist es natürlich die metallische Röhre mit heißem Antrieb sowie der Flugaspekt, die für den Viewer als Eindrücke attraktiv sind.
Der Leuchtturm steht einsam und aufgereckt in der anbrausenden Wassser-Energie.
Die Sojus-Kapsel ist eine schützende Hülle in der Feindlichkeit der außerplanetaren Leere. „Vakuum" kommt hier oft und der Geschwindigkeitsaspekt eines solchen Satelliten wird ebenfalls gern wahrgenommen.

3. Lebewesen, wobei manche Tiere besser abschneiden als andere, möglicherweise, weil sie in einzelnen Fähigkeiten bestimmte Identifikationen zulassen, Wunschvorstellungen für Kraft, Geschmeidigkeit und Schönheit.
   Beliebt sind in diesem Rahmen Wildtiere genauso wie Elefanten, Affen, Zebras oder Pferde schlechthin, Löwen und Tiger (im Wasser!) oder Katzen und natürlich Vögel, am besten im Flug. Zu diesem Komplex muss eigentlich kein besonderer Kommentar abgegeben werden. Zoobesuch und Haustierhaltung belegen die Attraktivität der Targetart, die besonders gut bei, wer hätte das nicht gedacht, Frauen funktioniert.
4. Historische Gebäude. Darunter fallen der Kölner Dom genauso wie die Pyramiden von Gizeh. Neben der physikalischen Beschreibung mit ihrer Form und dem handwerklichen Aufwand bietet sich dem Unterbewusstsein noch wunderbares Material mit der Frage nach Sinn und Zweck dieses Bauwerkes und der heutigen Nutzung an.

Diese Aufzählung mag für den Anfang genügen, um sich einen Pool für ein Training zu erstellen oder erstellen zu lassen.
Natürlich gibt es noch andere Targetarten, die man nicht so direkt anfassen kann. Später, nach einigem Training, stellen sie sogar den Hauptanteil der Zielgebiete, die mit Remote Viewing nachgeschaut werden. Ich möchte sie hier einmal kurz auflisten.

Als erstes ist die Aufklärung von Vorfällen, Vorgängen, ja, zum Beispiel auch Unfällen zu nennen, Abläufe, die tatsächlich stattgefunden haben und noch einen Erklärungsbedarf haben.

Dazu gehört die Feststellung dieses Ablaufes, die Beschreibung der Szenerie, der beteiligten Personen und der wichtigen Dinge bis hin zu der Erfassung der Gründe und Ursachen für diesen Vorfall.

Der zweite Komplex umfasst die Suche nach neuen Wegen oder Möglichkeiten zukünftigen Vorgehens. Hat man beispielsweise herausgefunden, warum eine Firma nicht so läuft, wie sie sollte, könnte man daran anschließend sich damit beschäftigen, welche Maßnahmen anzuwenden sind, um schließlich doch Erfolg zu haben. Eine andere Möglichkeit wäre, herauszufinden, auf welche Art man vorhandene Suchinstrumente benutzen sollte, um einen Anstoß in einer festgefahrenen Ermittlung zu bekommen. Hier kann man sich natürlich jede Form von ungelösten Kriminalfällen vorstellen; Hinweise, in welcher Umgebung man nach verschwunden Personen suchen sollte bis hin zu Anweisungen für Spionagesatelliten. Die letztere Möglichkeit war und ist eher für die Geheimdienste der weltbestimmenden Staaten interessant. Verfügt man über Beobachtungsmöglichkeiten aus großer Höhe, die auf der Erde unten sogar menschengroße Objekte auflösen und identifizieren können, ist es von Interesse, auf welche Stellen der Erdoberflächen man diese hochpräzisen Instrumente ausrichten sollte.

Genau so kann man sich auch um die richtige Anwendung einer vorhandenen Technik bemühen. Hat beispielsweise ein Hersteller eines Produktes Probleme mit unangenehmen Neben-wirkungen, kann man hier forschen, wie diese abzustellen sein könnten.

Hieran anschließend ist der Komplex der Ermittlung wirklich neuer Technologien anzuführen. Mittlerweile beschäftigen die größten amerikanischen Firmen Remote Viewer, um technische Lösungswege für ein zur Zeit bestehendes Problem herauszufinden, um vorhandene Geräte zu verbessern oder gar ganz prinzipiell neue technische Lösungen sozusagen aus der Zukunft zu holen. Schauen Sie sich die neuesten Bilder von fast noch geheimen amerikanischen Flugzeugen oder Berichte über andere neue Technologien, die zuweilen heraussickern, an. Sie werden viele Möglichkeiten herausfinden, wie man in diesen

Fällen Remote Viewing eingesetzt haben könnte. Meist handelt es sich um extrem bizarre Lösungen, oder solche, die so einfach aussehen, dass sie schon dadurch Staunen auslösen. Vom alles umfassenden Design bis hin zu kleinsten funktionellen Einzelheiten kann hier alles „nachgeschaut“ werden.

Der letzte Komplex beinhaltet ebenfalls die Beschäftigung mit der Zukunft. In einer bestimmten Situation kann es von Interesse sein, herauszufinden, wie die aus einer Aktion resultierenden Folgen aussehen können. Dies ist besonders wichtig, um Entscheidungen zu gesellschaftlichen Entwicklungen im Vorfeld zu treffen. Hier hinein gehört auch das ganze Feld der Projektion möglicher zukünftiger Ereignisse und die Wahrscheinlichkeit ihres Eintretens.

In Betrachtung dieser Aufzählung von Einsatzmöglichkeiten könnte man anmerken, dass viele davon einfach nur wie gezielt eingesetzte Kreativität aussehen. Das ist völlig richtig. Mit Remote Viewing werden die Fähigkeiten der rechten Gehirnhälfte, unkonventionell und aus anderem Blickwinkel mit einem Problem umzugehen, benutzt. Hellsehen und Kreativität sind durchaus verwandte Begriffe. Die Übergänge dabei sind fließend. Es gibt die Hausfrau, die beim Bügeln hellsichtige Momente hat, Dinge sieht, die tatsächlich eintreffen. Da sind die Maler oder Schriftsteller, die sich in ihre schöpferische Tätigkeit so „hineinarbeiten“, dass sie hinterher selbst befremdet davor stehen, als hätte es ein anderer getan. Remote Viewer stellen sich gezielt vor eine Fragestellung und befassen sich mit der Lösung eines Problems, das so mit Nachdenken und den fünf Sinnen nicht gelöst werden kann. Die dabei angewandte Technik ist grundsätzlich mit dem Tun der Hausfrau genau so wie mit dem der Künstler verwandt, sie erlaubt nur viel mehr und genauere Informationen.

Wie schon festgestellt, ist außersinnliche Wahrnehmung allen Lebewesen angeboren. Remote Viewing stellt eine Methode zur Verfügung, jederzeit gezielt damit umzugehen.

Führte uns die Betrachtung der optimalen Zielgebiete wieder einmal zu dieser Erkenntnis, können wir umgekehrt auch schließen, wo wir die größten Schwierigkeiten bei der Erstellung und Bearbeitung von Targets bekommen.

Das sind mit Sicherheit jene, in denen wir Gefahr laufen, über unser Ziel hinauszuschießen, oder solche, die vorab emotional oder mythologisch besetzt sind.
McMoneagle, Amerikas Remote Viewer Nr.1, wie er gern genannt wird, formulierte die Ansicht, dass die Bearbeitung bestimmter Targets sinnlos sei. Er nennt mythische Kreaturen, hypothetische Vorfälle und Phänomene und meint damit konkret das Ungeheuer von Loch Ness, Sagen und Märchen, UFOs, sowie auch Himmel und Hölle.

Ich würde heute nicht sagen, dass die Bearbeitung dieser Themen „sinnlos“ ist, man kommt sogar zu sehr interessanten Erkenntnissen. Diese bedürfen aber einer ganz besonderen Diskussion, für die hier nicht der Platz ist. Man könnte auch sagen, dass sie in einem Lehrbuch an dieser Stelle nichts zu suchen haben, da der Interessent erst einmal die jederzeit überprüfbaren Ziele viewen lernen soll. Es ist wie immer in diesem Universum: erst muss man lernen, einen Nagel gerade einzuschlagen, bevor man sich an den Selbstbau eines Holzhauses machen sollte.

Unsere Trainingstargets sollten also folgende Eigenschaften aufweisen: etwas Dingliches, separat Darstellbares, das man gut abbilden kann und das einigermaßen Energie, Masse und Bedeutung aufweist. Bitte quälen Sie am Anfang weder sich noch Ihren Partner mit Dingen wie: ein grünes Blatt, ein Glas Milch, eine Düne in der Sahara, eine Spaß-Postkarte oder ein modernes Gemälde. Das sind „Fortgeschrittenen-Targets“.

Eines sei an dieser Stelle noch vorgetragen. Nicht nachgeschoben, weil ich es vergessen habe, sondern weil es ein eigener Komplex ist, der zum Thema „wozu ist RV gut“ gehört und direkt in die jetzt anzugehende Diskussion der Target-Formulierung einmündet.

Wir haben immer staunend gehört, wie präzise Remote Viewing sein soll. Jetzt müssen wir einen Eindruck bekommen, was mit Präzision gemeint ist. Es ist möglich, ein Gebäude, das man nie gesehen hat, richtig zu zeichnen. Es wird aber kaum einem Viewer gelingen, es richtig nach Metern zu bemessen. Zahlen zu erkennen gehört im Allgemeinen nicht zu den Fähigkeiten eines Remote Viewers, genauso wie Worte aus der Matrix lesen, und hierunter fallen Städtenamen wie auch Lottozahlen. Es handelt sich dabei eben um Instrumente der linken Gehirnhälfte, und die haben wir durch die Anwendung des Remote Viewing Protokolls gerade mühsam schlafen gelegt. Wir werden immer mit Be- und Umschreibungen arbeiten müssen. Dafür aber stehen sorgfältig ausgetüftelte Vorgaben zur Verfügung, die man auch „Werkzeuge" (tools) nennen kann. Und diese Anwendung findet bereits bei der Formulierung eines Zielgebiets statt, ja, sie hat unbedingt stattzufinden, wollen wir uns in der Sitzung nicht irgendwo in der kosmischen Matrix der unendlichen Informationen verirren.

Nehmen wir also an, das Target sei der Eiffelturm in Paris. Wir haben im letzten Urlaub ein paar hübsche Ansichtspostkarten gekauft, worunter eben dieses Bild ist und wir haben diese Karte auch nicht weiter beschriftet oder abgeschickt (wobei dies noch das kleinere Übel wäre).

Wir schreiben jetzt also auf die Rückseite dieser Karte „Der Eiffelturm in Paris" und meinen vielleicht, damit genug getan zu haben, von den noch fehlenden Koordinaten einmal abgesehen. Gemeinhin funktioniert es auch, es gab jedoch genügend Fälle, die auf besondere Art schief liefen, dass man auf die Idee kam, allein diese Beschreibung sei mindestens viel zu ungenau.

„Wieso", werden Sie jetzt vielleicht fragen, „was ist daran so ungenau? Der Eiffelturm ist jedem Kind bekannt, Paris ist eine ausreichende Beschreibung und ich denke, man bräuchte auch einfach nur „target!" zu sagen und dann geht's!"

Richtig, aber dazu müssten Sie sich auch einwandfrei entschieden haben, was das Target ist. Und zwar aus etwas übergeordneter Perspektive. Nicht umsonst habe ich weiter oben die Formulierung „kosmische Matrix der unendlichen Informationen" gebraucht, denn das ist das Problem. Der Viewer muss in einem Feld unendlicher Möglichkeiten diejenige auswählen, die es zu beschreiben gilt. Eine weitere Hilfe neben der Benennung des Gegenstandes und des Ortes ist beispielsweise auch der angepeilte Zeitpunkt. Besonders bei den vergänglichen Werken von Menschenhand ist dies von besonderer Bedeutung; ihre Existenzphase fällt gegen die Zeit, in der das gesamte Universum existiert, ungemein ab.

Auch Berge, obwohl ungleich länger vorhanden, sind dagegen völlig unbedeutend. Der Eiffelturm wird mit Sicherheit irgendwann einmal abgerissen oder er fällt um. Ich habe leider noch nicht überprüft, wann und wie, aber logischerweise wird es geschehen. Es nutzt uns also, auch den Zeitpunkt zu definieren, vor allem dann, wenn wir einen bestimmten Bauzustand oder sonst ein Ereignis anpeilen wollen, das uns besonders an dem Eiffelturm interessiert.

Für ein Training sollte gemeinhin „zum gegenwärtigen Zeitpunkt" genügen, da anzunehmen ist, dass gerade der Eiffelturm dann noch steht, sonst hätten wir in den letzten Nachrichten Gegenteiliges gehört. Und wenn wir jetzt durch Zufall dabei sein sollten, wie er gerade umstürzt, nun, das wäre dann auch ein sehr interessantes Erlebnis.

Und wenn wir schon dabei sind, uns vorstellen zu können, dass unser normaler Blickwinkel und genauso der des Fotografen dieser Postkarte nicht unbedingt der des Universums oder unseres Unterbewusstseins sein muss, können wir der Target-Formulierung auch gleich hinzufügen: „im Blickwinkel der Abbildung" oder eben wie es bei speziellen Targets angemessen wäre.

Zusammengefasst heißt unser Spruch also: „Der Eiffelturm in Paris zum gegenwärtigen Zeitpunkt und im Blickwinkel der Abbildung."

Damit kommen wir dem Target schon so nahe, dass in der Sitzung auftretende Einzelheiten das Zielgebiet eindeutig beschreiben müssten. In der späteren Praxis wird genau das zu einem sehr wichtigen Punkt einer Session. Wenn ich etwas untersuchen möchte, muss auch klar sein, dass ich gerade das richtige Objekt vorhabe, und nicht irgendetwas, was daneben steht, darin, darauf, darunter, wo auch immer. Ein Zielgebiet richtig erfasst zu haben nennt man im Remote Viewing „on target gewesen sein".

Wenn wir jetzt noch die Koordinaten wie oben besprochen, auf der Karte in dem Umschlag hinzufügen, sind wir eigentlich fertig. Wie schon erwähnt, allein Trainierende sollten sich jetzt zunächst einen ganzen Haufen solcher Targets herstellen, die man dann mischen sollte, um eine Vorkenntnis zu vermeiden. Die Mindestanzahl, so wird gemeinhin gemeldet, sei 20 Stück.

6. Kapitel: Die Frage nach dem Wie und Warum

Es gibt Erkenntnisse, die sind so einfach, dass man sie nicht mehr vortragen möchte und Darstellungen, die so banal sind, dass man als intelligenter Mensch keine Lust mehr hat, sich damit zu beschäftigen. Aber schon als Vater von kleinen Kindern wird man täglich mit Fragen konfrontiert, die man sich sonst nie mehr im Leben stellen würde.

„Warum wächst die Blume?" „Warum höre ich was?" „Was macht das Essen, wenn ich es runter geschluckt habe?" „Warum wird es Winter?"

Dies ist nur eine kleine Auswahl aus dem unerschöpflichen Repertoire wissbegieriger Kinderhirne. Anfangs fand ich es schwer, mich überhaupt darauf einzulassen. Niemand denkt normalerweise darüber nach. Man scheint es doch zu wissen und meint, es kindgerecht darstellen zu können, wäre die einfachste Aufgabe der Welt. Gut, dann fangen Sie mal an.

Ich erinnere mich, bei der letzten Frage schließlich doch auf das Modell unseres Sonnensystems zurückgegriffen zu haben und die Neigung der Erdachse zur Ekliptik. Als mein Sohn, damals fünf Jahre alt, es kapiert hatte, stellte ich fest, dass ich es auch begriffen hatte. Das war sehr schön.

Als ich das erste Mal Remote Viewer eine Session durch ein Ideogramm beginnen sah, war ich von der Banalität des Vorganges enttäuscht und von der Erklärung der Wirkungsweise „es verbindet den Viewer mit der Signallinie" in jeder Hinsicht nicht überzeugt. Es wurde für mich eigentlich nichts erklärt. Ich konnte mir ebenso wenig eine kosmische Informationsmatrix, die irgendwo schweben sollte, vorstellen, wie den Umstand, über eine virtuelle Signallinie dazu Kontakt aufnehmen zu können. Aber ich nahm es hin, gehörte es doch zu dem Protokoll der berühmten Hellseh-Methode, von der ich bewiesen bekommen hatte, dass sie funktionierte. Es war eben Teil eines Rituals, das insgesamt das gewünschte Ergebnis brachte. Deshalb musste ich mich auch nicht weiter damit beschäftigen.

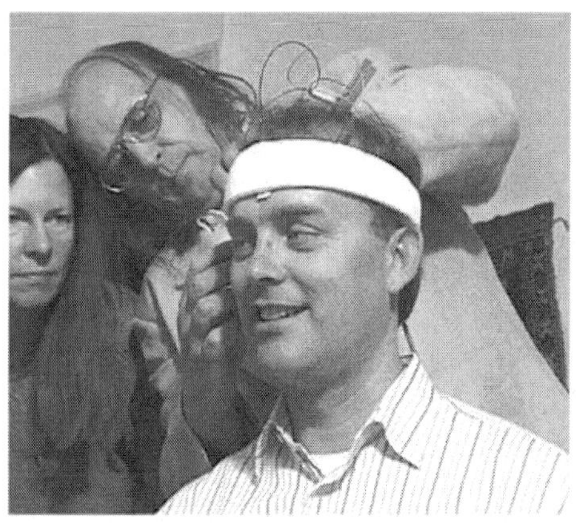

Links:
Für EEG-Messungen in G.Haffelders Labor wird Lothar Rapior verkabelt

Unten: EEG-Meß-protokolle von verschiedenen Remote Viewern. Man beachte die starke Aktivität der rechten Gehirnhälfte.

Rechts: Auswertung der EEG-Messungen.
Unten: Fast-Fourier-Darstellung der Gehirnhäften Aktivitäten

Das erstaunliche Ergebnis der Reihenmessungen: jeder Mensch hat die Anlagen zu einem PSI-Spion.

Mein kleiner Sohn hätte das wohl nicht durchgehen lassen. Als Erwachsener ist man manchmal erheblich unkritischer als ein Kind.

Leider dauerte es nicht sehr lange, da fand ich mich in der Situation wieder, das Protokoll, seinen Aufbau und natürlich seinen Sinn einem anderen erwachsenen, intelligenten Menschen erklären zu müssen. Mir wurde klar, dass ich tatsächlich nichts verstanden hatte und dass mich das ärgerte. Bei immer intensiverer Beschäftigung mit diesem komischen Krakel, der am Anfang einer protokollbasierten Sitzung steht, musste ich aber Stück für Stück den Begriff „banal" durch die Erkenntnis „genial" ersetzen, besonders nach EEG-Messungen an tätigen Remote Viewern im Gehirnlabor. Heute stehe ich auf dem Standpunkt, dass eine richtig verstandene und angewendete Stufe 1 des RV-Protokolls der wichtigste Abschnitt einer Remote Viewing Sitzung ist. Es wird mich ein ganzes langes Kapitel kosten, das einfach darzustellen und zu begründen. Und ich rate jedem, der eine optimale Sitzung durchführen möchte, sich gleichermaßen damit zu beschäftigen, ganz egal, ob er meinen Aufführungen folgen mag, ihnen Glauben schenkt oder sich anderweitig informiert.

Zum Verständnis der ersten Stufe und, wie ich meine, des Remote Viewing Phänomens überhaupt gehört die Beantwortung mehrerer Fragenkomplexe.

Wer jetzt langsam ungeduldig wird und eigentlich gern sofort anfangen möchte, zu viewen, der kann den folgenden Teil überschlagen und meinetwegen im übernächsten Kapitel weitermachen. Leider wird er dann später hierher zurückschlagen. Aber bitte, tun Sie, was Sie nicht lassen können.

Für die anderen hier der neueste theoretische Hintergrund für Remote Viewing und den Einstieg in diese Technik.

Zu Beginn dieses Kapitels bemerkte ich bereits, dass ich die Vorstellung einer kosmischen Informationsmatrix überhaupt nicht einleuchtend fand. **Wo befindet sich diese Matrix** denn, und wie sieht sie aus? Warum wird sie gefüllt, wie hält sie die Informationen, wie gibt sie diese ab?

Diese Fragen werden zur Zeit von vielen sehr verschiedenen Forschungsanstalten und Einzelforschern auf dieser Welt untersucht, aus unterschiedlichen Gründen und mit einem divergierenden Ansatz, was auch auf das Interesse an dem Ergebnis schließen lässt. Viele Forschungsgebiete müssen zwangsläufig dort angesiedelt sein, wo das Geheimnis von Remote Viewing (und vieler anderer Phänomene) zu suchen ist, nämlich in den Grundfunktionen der Materie und damit des gesamten Universums.

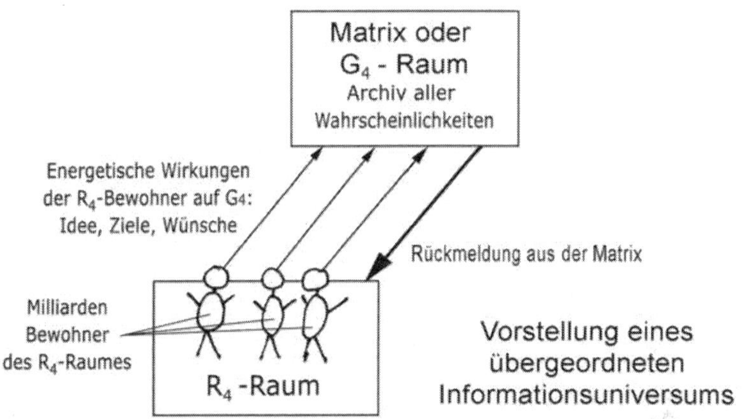

Es ist inzwischen kein Geheimnis mehr, dass wir die Physikvorstellungen des 20. Jahrhunderts nicht nur gründlich überdenken, sondern sogar einen Großteil ad acta legen und durch neue Vorstellungen ersetzen müssen. Ich möchte hier nicht ein weiteres Buch zu diesem Thema schreiben, sondern mich aus dem Blickwinkel des Remote Viewers nähern, und damit den Informationen, die das Phänomen für den normalen Bedarf eines Trainingsinteressierten erklärbar macht.

Wenn wir postulieren, dass jeder Mensch prinzipiell unbegrenzt Zugriff auf alle Informationen dieses Universums hat, müssen wir ein paar sehr ungewöhnliche Voraussetzungen als gegeben hinnehmen:

1. Die Informationen müssen irgendwo gespeichert sein und ständig erneuert werden, es muss also eine „Matrix" geben.
2. Der Zugriff auf diese Informationen muss überlichtschnell sein. Es muss somit eine holographische Beschaffenheit vorausgesetzt werden.
3. Der Mensch muss über eine Möglichkeit, eventuell ein Organ, verfügen, um diese Informationen abzugreifen.
4. Es muss eine Möglichkeit bestehen, die Information auszuwählen und sie in allgemein verständliche Begriffe und in jede Sprache umwandeln zu können.

Diese Aufstellung hört sich, mit normalem Schulwissen beurteilt, nach Science Fiction oder Spinnertum an. Wer hier reale Antworten geben möchte, scheint sich zu übernehmen. Haben Sie in den letzten Jahren einmal in Wissenschaftszeitschriften geschaut? Wenn nicht, sollten Sie das schleunigst nachholen. Selbst in den konservativsten Blättern finden sich Artikel über Erkenntnisse, die, wenn man sie auf ihre Konsequenzen hin überdenkt, einem schier die Luft wegnehmen. Und es gibt inzwischen Forschungsergebnisse, die eine Grundlage für die Existenz von Gegebenheiten schaffen, die wir gerade eben so unbekümmert für das Funktionieren von Remote Viewing gefordert haben. Erlauben Sie mir eine kleine Exkursion.

Als erstes müssen wir uns von der in der täglichen Praxis scheinbar bestimmenden Vorstellung lösen, das Wichtigste an Materie wäre ihre Masse bzw. ihre Substanz. Erheblich wichtiger erscheint mittlerweile ihr Schwingungsaspekt. Warum? Weil er etwas bewirkt, und das ist immer bedeutender als eine bloße Existenz.

Jedes Atom dieses Universum ist nicht nur durch seine Zusammensetzung definiert, sondern auch durch seinen Erregungszustand, d.h. dadurch, wie viel Energie es gespeichert hat und wieder abgeben kann. Es war eine grundlegende Entdeckung, dass jede Materie permanent Wellen aussendet, was darauf zurückzuführen ist, dass sie sich permanent in Schwingung befindet. Dabei gibt es ganz spezielle, unverwechselbare Muster.

Wir können aus dem Licht ferner Sterne ersehen, aus welchen Grundbausteinen sie bestehen.

Wir müssen nur das ausgesandte Licht durch zwei lichtdurchlässige Medien lenken und an den Übergangsbereichen die dort erfolgende Brechung benutzen, um es in seine Komponenten zu zerlegen (Spektrum), und das Vorhandensein bestimmter Wellenlängen zu interpretieren. Das ist heutzutage ein Kinderspiel für jeden Astrophysiker. Nicht nur, dass man seit 1859 (Kirchhoff/Bunsen) weiß, dass jedem Element eine spezielle Wellenlänge zugeordnet ist, man verfügt auch über die nötigen Apparaturen, dieses mit höchster Präzision zu messen und zu analysieren. Außer diesem sichtbaren Bereich von Wellenemissionen wurden im 20. Jahrhundert viele andere Schwingungen entdeckt, die das Weltall durchreisen, irgendwo ausgesandt werden und hier mit unserer Erde kollidieren; und einige davon sind immer noch ein großes Rätsel.

Beim Rundfunk, Fernsehen, ja schon beim Sprechen machen wir uns die Eigenschaft von Wellen zunutze, sozusagen huckepack eine Fülle von Informationen zu transportieren. Dafür werden die Informationen nach einem bestimmten Muster auf die Welle aufgelagert. Man nennt das Modulation und unterscheidet zwischen Amplitudenmodulation (AM) und Frequenzmodulation (FM). Die Frequenzmodulation ist erheblich effektiver, und je kürzer eine Welle ist, desto mehr und differenziertere Informationen kann man auf sie modulieren und damit transportieren. Deshalb benutzt man für gute Musikübertragung beim Rundfunk auch Ultra-Kurz-Wellen. Neuerdings hat man mit DVB-T noch höher frequente Strahlung für Rundfunk- und Fernsehempfang zur Verfügung.

Erst seit wenigen Jahren schenkt man der Tatsache Beachtung, dass auch jede lebende Zelle schwingt und Wellen aussendet. Schon seit 1923, spätestens aber seit den 50er Jahren weiß man durch viele verschiedene Experimente, dass diese submolekularen Vorgänge sogar Licht aussenden, von Infrarot bis hin zum ultravioletten Bereich, also mit extrem kurzer Wellenlänge. Mitte der 90er Jahre wiesen russische Forscher nach, dass Chromosomen Laserlicht eines sehr breiten Frequenzbereiches aussenden. Mittlerweile geht man davon aus, dass die Zellen auf diese Art miteinander kommunizieren, denn mittels dieser

„Zell-Laser" kann man Informationsmengen übertragen, die für die in Frage kommenden Steuervorgänge der Duplikation, des Wachstums und der Regeneration nötig wären und die die DNA auf rein chemischem Wege nicht leisten kann.

Für diese Arbeitsleistung müsste dann aber auch eine Kodierung oder eine Art Sprache bereitstehen. Bisher nahm man an, dass die als „genetisches Alphabet" bekannten Basen Adenin, Guanin, Cytosin und Tymin für die (Re-)Konstruktion neuer DNA allein verantwortlich seien. Man kann jedoch mit elektromagnetischen Wellen die DNA gezielt zu dieser Arbeitsweise anregen und, nun fast nicht mehr unerwartet, sogar steuern, so dass sogar genetische Hybride mit stabilen Eigenschaften hergestellt statt gezüchtet werden können.

Im Rahmen dieser vielen Versuche wurde auch entdeckt, dass allen biologischen Informationsübertragungsarten eine Regelmäßigkeit zugrunde liegt, die man tatsächlich als Sprache bezeichnen kann, weil sie in Inhalt und Form logisch, korrekt und wiederholbar ist. Es gibt „semantisch sinnvolle Wortfolgen" und eine korrekte Syntax, die grundlegend ähnlich aufgebaut ist wie die einer menschlichen Sprache. Da diese Umstände eigentlich Grundlage jeder Sprache sein müssen, erscheint diese Erkenntnis nicht mehr so sensationell, aber plötzlich wird klar, warum Pflanzen wachsen, wenn man ihnen gut zuredet. Was viele Jahre als Witz galt, kann nun sogar im Laborversuch nachgewiesen werden: pflanzliche Genome ziehen die richtigen Informationen aus menschlicher Sprache.

Während dieser Vorgänge sind alle Lebewesen auch den anderen Strahlungen dieses Universums ausgesetzt, von den menschgemachten Radiosignalen über das Sonnenlicht bis hin zur Gravitationsstrahlung dieser und aller anderen Galaxien, die eine überall existierende Hintergrundstrahlung bilden und ebenso eine Auswirkung auf die Kommunikation von Zellen hat. In Experimenten konnte nachgewiesen werden, dass Embryonen, die man von all diesen Einflüssen künstlich abschirmt, sich nicht vollständig und richtig entwickeln. Das bedeutet nicht mehr und nicht weniger, als dass jedes Lebewesen in ein morphogenetisches Feld eingebunden ist und eingebunden sein muss, ganz wie der britische Forscher Rupert Sheldrake schon lange vermutet. Und dass ein Datentransfer stattfindet, weil er stattfinden muss. Jedes Atom schwingt und wird von den Schwingungen anderer Atome beeinflusst. Es gibt kein Entkommen. Das Leben muss damit zurechtkommen und hat sich auch darauf eingerichtet.

Damit aber haben wir schon dargelegt, dass der Informationsaustausch im Universum wirklich überall verteilt ist, die sogenannte „Matrix" ist die Summe aller Materie und Energie und somit logischerweise holographisch wirkend, also an allen Stellen in gleicher Form.

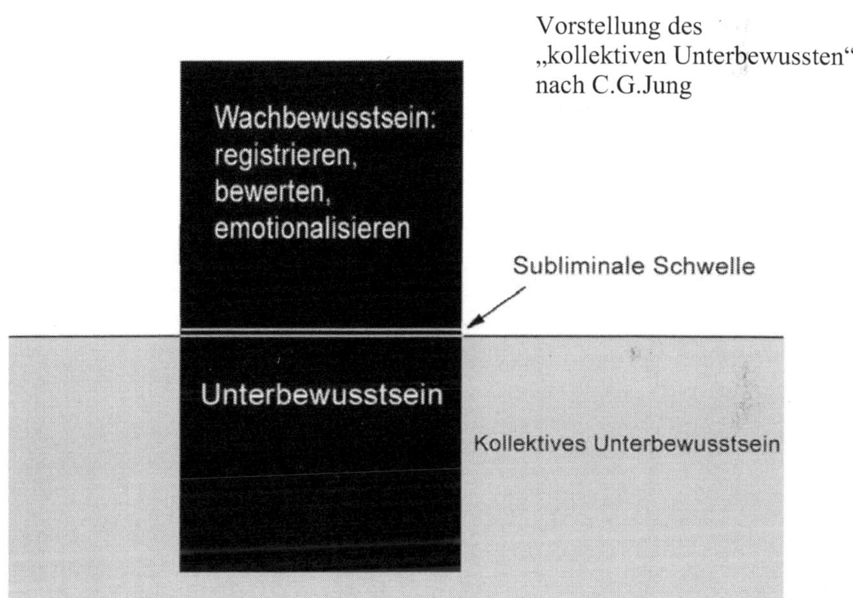

Jetzt fehlt uns aber noch die „Gleich-Zeitigkeit". Hier muss darauf verwiesen werden, dass längst nicht mehr von der alten Vorstellung eines linear in eine Richtung ablaufenden Vorganges gesprochen werden kann. Einige Forschungsergebnisse der Grundlagenphysik weisen darauf hin, dass das allgemein verbreitete Weltbild des 20. Jahrhunderts gründlich überarbeitet werden muss.

Inzwischen ist beispielsweise klar, dass es überlichtschnelle Wellen und Teilchen gibt, namentlich die Neutrinos; und Anfang 2000 gelang es in Innsbruck unter A. Zeilinger, ein Photon, also ein Lichtpartikel zu „beamen", d.h. in Nullzeit von einem Ort zum anderen zu transportieren. Allerdings darf man sich hierbei keinen Materietransport vorstellen wie bei „Raumschiff Enterprise". Übertragen wurde nur die „Information", also die Schwingungseigenart. Mehr aber wollten wir gar nicht.

Die Einsteinsche Relativitätstheorie führt die Lichtgeschwindigkeit als oberste Grenze der möglichen Geschwindigkeit ein. Bewegung in Null-Zeit kommt schon gar nicht in Frage, denn V = Weg pro Zeiteinheit, und wenn die Zeiteinheit gleich Null wird, bekommen wir für die Geschwindigkeit Unendlich. Der einfachste Schluss daraus ist, dass die bisherige Betrachtungsweise des Universums mangelhaft ist. Die derzeitige Betrachtungsweise des Atomaufbaus legt nahe, dass sich überall in unserem Universum durch permanenten Quarks-Zerfall unzählige, winzige Hyperraumkanäle, sogenannte „Wurmlöcher", bilden, durch die jede Art von Information ohne Zeitverlust von einem Ort zu einem anderen übertragbar wäre.

Vielleicht muss man die Betrachtung aber auch ganz anders angehen. Im Rahmen der Forschungen am SRI hat man im Laufe der ersten Jahren, so etwa bis 1976, festgestellt, dass für die Übertragung der extrasensorischen Informationen keine Wellen zugrunde liegen können, jedenfalls nicht solche, wie wir sie kennen. Denn Wellen kann man abschirmen oder stören. Das aber ist mit keinem Material gelungen, auch nicht mit dicken Bleiwänden. Und weil man ohnehin keine Strahlung messen konnte, war auch unklar, welche Störstrahlung man anwenden könnte.

Moderne Atomforscher haben eine neue Herangehensweise. Weil auch das Gravitationsphänomen sich der landläufigen Darstellung entzieht und man eigentlich nur „Schockwellen" misst, wenn man die Effekte eines viele Lichtjahre entfernten Phänomens empfängt, kam man auf die Idee, dass einige wichtige Phänomene sich unterhalb der Planck-Länge abspielen müssen.

Sie wissen ja: Das Plancksche Wirkungsquantum ist der kleinste feststellbare Teil unseres messbaren Universums. Die Größe liegt etwa bei 10^{-33} cm bzw. bei 10^{21} GeV (Gigaelektronenvolt). Wichtig ist hierbei, dass man kleinere Bestandteile des Universums deshalb nicht messen kann, weil sich die Plancksche Konstante auf das Verhältnis Energie zu Frequenz eines Photons bezieht. Informationen unterhalb der Größenordnung dieser Frequenz sind nicht möglich, sie können einfach nicht unterschieden werden. Nehmen Sie zum Beispiel einen Zollstock (auch Meterstab genannt), der als kleinste Einteilung Millimeter hat. Hundertstel Millimeter können so nicht festgestellt werden, weil es keine Einteilung gibt.

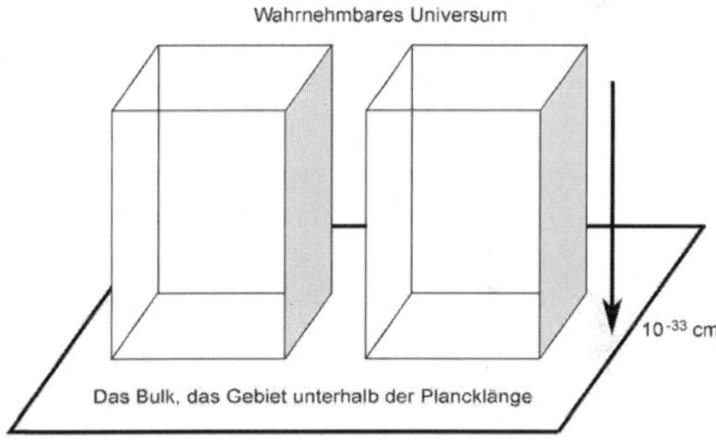

Eine Messung hängt also immer vom Messgerät ab. Unterhalb von dessen Messbereich können keine genauen Aussagen getroffen werden; also weiß man auch nicht, ob und was sich unterhalb der Plancklänge abspielt, auch wenn es Auswirkungen gibt, die durchaus mit herkömmlichen Instrumenten gemessen werden können. Oder sogar, wie bei Remote Viewing, mit den Sinnesorganen wahrgenommen werden.

Die Plancksche Konstante hat natürlich auch einen Zeitaspekt, wie man aus dem Frequenzaspekt sieht. Die Planckzeit liegt bei 10^{-43} Sekunden, was man auch als Frequenz verstehen kann.

Nehmen wir einmal an, Informationsaustausch würde sich unterhalb der Planck-Grenze abspielen, was die Schlussfolgerung von Experimenten mit synchronisierten Photonen sein kann, dann müssten Informationen auch nicht den bekannten Gesetzen von Raum und Zeit gehorchen. Sie wären also gleichzeitig überall. Hier sehen wir auch Überschneidungen zu Vorstellung von „Wurmlöchern", die im Prinzip auch eine Art „Feld" bilden. Und wenn Grundlagenforscher wie Zeilinger formulieren, dass jeder Quantenzerfall ein eigenes Wurmloch produziert, gewinnt die Beherrschung der Datenmenge mindestens eine gewisse Plausibilität. Informationssprung Zehn hoch 43mal in der Sekunde ist eine sehr hochfrequente Taktung!

Wie aber kommt nun das menschliche Gehirn an diese Informationen? Bei Untersuchungen an der Princeton University stellte man besondere Aktivitäten des Stammhirns, des entwicklungsgeschichtlich ältesten Teils des Gehirns, bei PSI-artigen Abläufen fest. Kann es somit sein, dass sowohl der Mensch als dann selbstverständlich auch jedes Tier sehr wohl über ein Empfangsorgan oder eine Antenne für eine Informationswelt verfügt, die den Sinnen übergeordnet ist? Was uns dann noch fehlte, wäre ein Übersetzungsmechanismus, der in der Lage ist, die eingehenden Signale in unsere Sprache zu transformieren.

Fakt ist, dass noch kein Gehirnforscher wirklich sagen kann, was für eine generelle Funktion die Zirbeldrüse (Epiphyse) hat. Dieses eichelförmige Organ unterhalb des zentralen Cortex ist lichtempfindlich, obwohl dort garantiert kein Licht ankommt. Entwicklungsgeschichtlich kann man dieses Organ als das „dritte Auge" ansehen, weil es mindestens bei Fröschen und Artverwandten noch durch Helligkeit durch die Haut erreicht wird. Die Zirbeldrüse produziert Melatonin, was aber andere Organe auch leisten. In der Natur ist aber nichts sinnlos. Selbst der Wurmfortsatz des Dickdarms hat eine Aufgabe, was man nach allzu vielen Extraktionen bei Entzündungen schließlich feststellte.

Die Zirbeldrüse produziert ebenfalls Serotonin, was als Botenstoff in alle Regionen transportiert wird.

Ob die Verbindung zu den Sehnerven außer für die Melatoninproduktion auch noch für andere interaktive Prozesse bereitsteht, ist leider noch nicht ausreichend erforscht.

Spannend wird die Recherche, wenn man herausfindet, dass die Epiphyse bereits seit dem Altertum für außersinnliche Tätigkeit verantwortlich gemacht wird. Die alten Ägypter haben sogar ein genaues Schnittbild des Gehirns mit Hervorhebung dieses endokrinen Organs und der Zuordnung von Sensorik hergestellt.

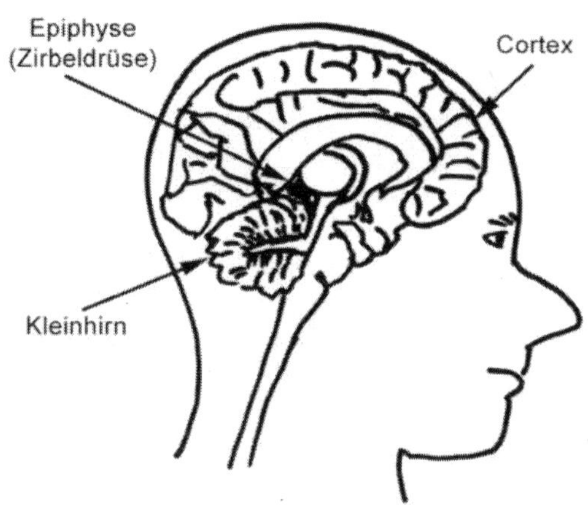

Aufmerksam wurde ich, als ich feststellte, dass die Epiphyse neben einer Vernetzung zu anderen Gehirnpartien auch eine Verbindung zum Kleinhirn (Cerebellum) also eben dem Stammhirn, hat. Das Cerebellum ist verantwortlich für die Steuerung von Bewegungen, das Gleichgewicht und den Spracherwerb, sagt die heutige Forschung. Alle diese Funktionen laufen jenseits unserer Verstandessteuerung ab.

Das Kleinhirn wiegt mit ca. 140 Gramm nur ein Zehntel des Großhirns. Aber durch seine Fächerförmige Struktur erreicht es ungefähr drei Viertel von dessen Fläche. Ich habe als junger Mensch im Antennenbau gearbeitet. Sicherlich ist der Vergleich der Anordnung mit einem Radargerät sehr naiv, aber ich wurde ihn einfach nicht mehr los.

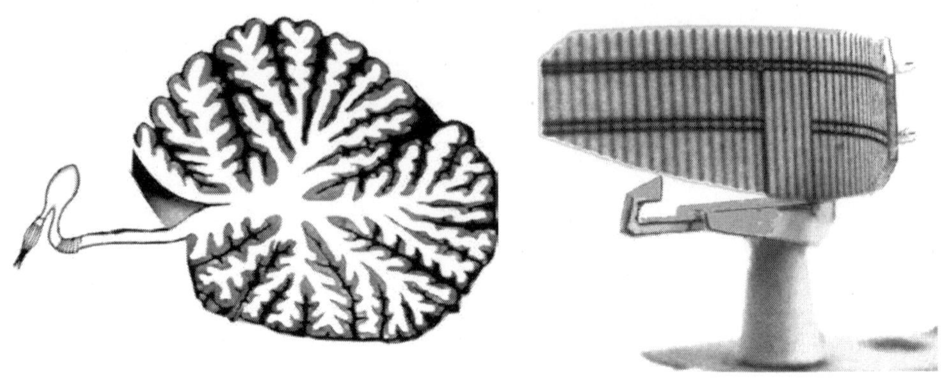

Epiphyse/Cerebellum: Vielleicht nicht ganz zutreffender, aber verführerischer Vergleich mit einer Radarschüssel. Mediziner mögen mir verzeihen.

Zumal mir bewusst wurde, dass eigentlich der willentlich ungesteuerte Krakel, das Ideogramm, wesentlich vom Kleinhirn und dessen unwillkürlicher Bewegungssteuerung beeinflusst sein muss.

Also gut, nehmen wir einmal an, hier hätten wir eine Art Antenne für Vorgänge unterhalb der Plancklänge, dann würde unser Gehirn aber noch ein Zweitsystem, außer unserem normalen Denk-Computer benötigen, das sich um die Verarbeitung dieser Daten kümmern kann.

Grundsätzlich sei gesagt, dass viele Eigenschaften unseres Gehirns inzwischen erforscht sind. Leider haben die Forscher noch die wenigsten Sinnzusammenhänge ermitteln können, obwohl schon Nervensignale von einem Gehirn zum anderen übertragen werden konnten.

Zum Beispiel ist nicht klar, wie es das Gehirn anstellt, die kognitive Reizüberflutung von Eindrücken aus der Umwelt, die sich mindestens im Terabite-Bereich abspielen müssen, so herunterzurechnen, dass der Flaschenhals unseres seriell umsetzenden Verstandes, der kleiner als 200 Kilobit pro Sekunde ist, funktioniert. Dafür würde man die Funktionsweise eines Quantencomputers benötigen. Zwar sind hier schon funktionsfähige Exemplare in Betrieb, die Rechenarbeit müssen aber extrem heruntergekühlte, supraleitfähige Elemente übernehmen. Und weil inzwischen die Funktionsweise von Quantenprozessoren und altmodischen binären Computern erklärbar ist, mutmaßt man, dass es der Natur gelungen ist, einen körperwarmen, nassen Quantencomputer konstruiert zu haben. Überlegen Sie mal, wie zum Beispiel optische Täuschungen zustande kommen: Das Gehirn sieht nicht das, was tatsächlich da ist, sondern eine hochgerechnete Näherungslösung, die auch noch mit den Kenntnissen von (Über-) Lebensstrategien verknüpft ist. Darwin hatte nicht ganz unrecht.

Ein normaler Computer arbeitet mit den Zuständen 0 und 1 (Bits), die nacheinander abgearbeitet werden und deshalb alle Rechenvorgänge in diese beiden Zustände zerlegt, also digitalisiert werden müssen. Für die das aufkommende Datenvolumen im Gehirn wäre solch eine Rechenplattform eigentlich viel zu langsam. Ein Q-Bit kann aber nicht nur zwei Zustände einnehmen, sondern alle möglichen. Die Verrechnung erfolgt durch deren Interaktion, sodass man sagen kann, solch eine Verrechnung erfolgt „gleichzeitig".

Vielleicht spielt hier auch der Energieaspekt der so genannten Seele eine Rolle. Interessant ist aber, dass alle nichtbewussten Prozesse in vielen gleichzeitigen Abläufen stattfinden. Zum Beispiel werden Gedächtnisfunktionen weder über eine einzige Signalbahn noch über die Eingabefunktion abgerufen, sondern sind über eine Vielzahl von vernetzten Wegen gespeist.

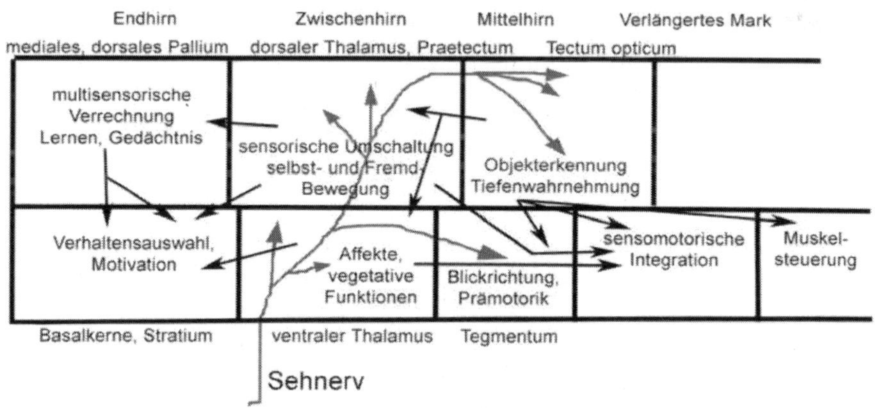

Grobe Darstellung der Informations- und Wirkungswege im Gehirn: Einerseits vielfältig gleichzeitig, andererseits reflexfähige Bereiche zuerst bedient.

Spannend ist auch, dass von einer Nervenzelle zur anderen nicht nur ein Impuls ausgetauscht wird, sondern ein ganzer Haufen von Molekülen, die auf sehr viele Rezeptoren treffen. Die vielbahnige Anlage von Informationsflüssen ist also ein Grundprinzip des Gehirns!

Jetzt wäre noch zu klären, ob und wie wir diese Funktion auch im Alltag nutzen, denn schließlich gibt es genügend Beispiele für „übersinnlichen" Informationstransfer. Gemeinhin wird dieser Aspekt auch Intuition genannt, weil man nicht weiß, wo die Signale plötzlich herkommen, die einen dazu bringen eine schnelle, richtige und überlebenswichtige Entscheidung zu fällen.

In vielen Fällen haben wir auch keine andere Chance als die Intuition, um zu überleben. Es gibt so viele Berichte, in denen jemand plötzlich eine Warnung vor einer unbekannten Gefahr verspürt hat, die hinter der nächsten Ecke oder in der nahen Zukunft lauerte. Beinahe jeder scheint es erlebt zu haben,

Wenn PSI der übergeordnete Sinn der Gefahrvorwarnung ist, dann stellt er ein angeborenes Instrumentarium für jedes Lebewesen dar, in dieser Welt seine Probleme zu lösen, wenn man mit den fünf normalen Sinnen nicht mehr weiterkommt. Wie soll eine Mutter wissen, was ihrem sprachunfähigen Baby fehlt oder am besten tut, wenn nicht durch übergeordnete Sensorik und die Möglichkeit, bei Bedarf wichtige Informationen zum Verstand hin „durchzuschalten"?

An dieser Stelle können wir endlich darüber nachdenken, was vermutlich bei einer Remote Viewing-Session passiert. Ein besonderer Teil unseres Gehirns hat nicht nur die Fähigkeit, die überall vorhandenen Informationen des Universums auszulesen, sondern diese Informationen auch weiterzugeben. Könnte es sein, dass dieser Quantencomputer mit seiner viel schnelleren, quasi gleichzeitigen, clusterartigen (= in Zusammenballungen organisierten) Datenverarbeitung dem funktional entgegenkommt und somit mit angemessenem Vorlauf für eine Handlung dem Verstand liefert? Dann käme genau das heraus, was wir mit PSI erleben.

Immer dann, wenn es brenzlig wird, oder in anderen, besonderen Zuständen wie Meditation, Abgelenktsein oder Beschäftigung fließen die „übersinnlichen" Daten in unser Wachbewusstsein, das vordringlich seine Informationen aus diesem System bezieht.

Warum dieses nicht immer und zu jeder Zeit passiert, können wir uns auch ohne Schwierigkeiten ausmalen. Würden wir in jedem Augenblick bewusst dem Strom dieser Informationen ausgesetzt sein, könnten wir das, was wir unter unserem normalen Leben verstehen, vergessen. Die Evolution hätte (und hat vieleicht) solche individuellen Fehlfunktionen eliminiert, weil zum Beispiel ein Jäger, der bei der Mammutjagd „hellsieht" mutmaßlich wenig erfolgreich sein wird.

Wie dieser Datenaustausch reguliert wird, erfuhren wir schon 1997 bei Reihenuntersuchungen an Remote Viewern im Institut für Kommunikation und Gehirnforschung in Stuttgart.
Günter Haffelder hatte ein neues Verfahren erarbeitet, mit dem er feststellen konnte, auf welche Art Defizite wie Lernschwäche oder auch mangelnde motorische Konfigurationen gemessen und behoben werden konnten. Dazu maß er die elektrischen Ströme (EEG) des Gehirns und stellte sie nach rechter und linker Hemisphäre getrennt dar.

Es zeigte sich, dass die rechte Gehirnhälfte in einer RV-Sitzung überproportional mehr in Aktion tritt als normalerweise, während die linke Gehirnhälfte sehr stark heruntergefahren wird.

Die linke Gehirnhälfte, so sagte er, übernimmt überwiegend die konkreten Bewusstseins- und Steuerfunktionen unseres Daseins. Vielleicht sollte man besser sagen, sie wird dafür benutzt, denn das Energiefeld unseres Bewusstseins „bewohnt" das ganze Gehirn. Aber für den „Alltagseinsatz" werden eher analytische, kalkulierende und steuernde Funktionen benötigt. Die Qualitäten der rechten, spiegelbildlichen Hemisphäre, die im künstlerischen, kreativen, unkonventionellen liegen, sind meist nur Beiwerk zur Entscheidungsfindung, außer, eine Situation wird wirklich kritisch.

Genau das ist aber die Funktionstheorie, die wir vordem als prinzipiell nötige Arbeitsweise für das Gehirn erkannt haben. Auch wenn die Prozesse nicht so genau in Hirnregionen zuordenbar sind, kann man ruhigen Gewissens im sprachlichen Umgang „linkshemisphärisch" für das serielle System und „rechtshemisphärisch" für das gleichzeitig arbeitende (Quanten-) System sagen.

Wenn wir uns plötzlich nicht mehr auf die Analyse verlassen können, um eine Entscheidung zu fällen, kommt die intuitive, verstandesmäßig unkontrollierte Funktionsweise zum Tragen. Die Erfahrung zeigt, dass es meist richtig war, eine Entscheidung „intuitiv" zu fällen.

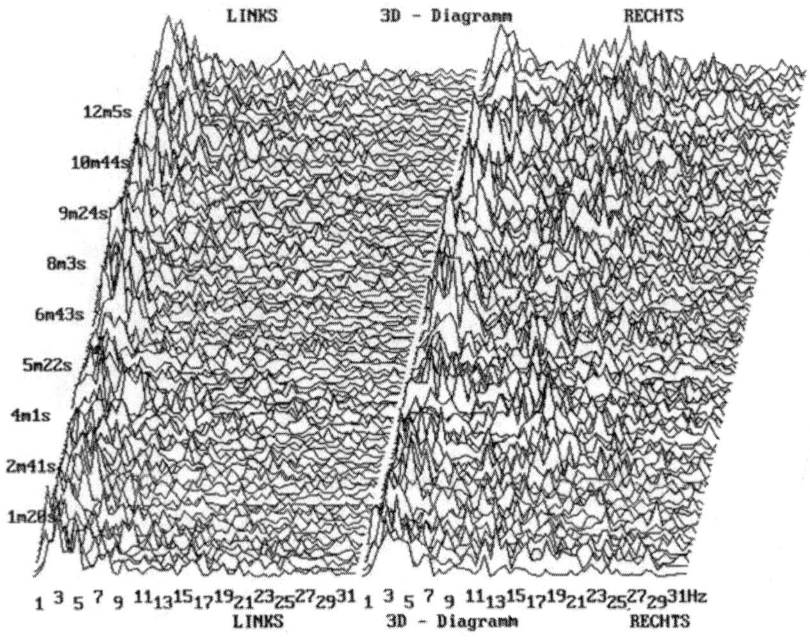

Links- und rechtshemisphärische EEG-Messung während einer RV-Session. Man sieht deutlich die größere Aktivität der rechten Gehirnhälfte.

Die Bewältigung des Alltags gründet sich weitgehend auf den Umstand, dass wir alles hintereinander erledigen. Eins nach dem anderen, wie das Sprichwort sagt. Ein ständiger, unkontrollierbarer Datenstrom aus dem galaktischen Irgendwo würde dieses System zum Kollaps bringen. Durch die Überladung wären wir einfach nicht mehr handlungsfähig.

Vielleicht würden wir erzählen, dass wir „Stimmen hören", oder dass wir genau wissen, wie Napoleon sich die Sache mit Russland dachte, oder wir würden vielleicht nur noch mit offenem Mund dastehen und starr staunend, vielleicht noch lallend, die durchfließende Datenvielfalt bewundern.

Sicherheitshalber werden solche „Fälle" von der Gesellschaft an besonderen Orten verwahrt, wo sie durch ihr Unvermögen in der Reaktion keinen Schaden anrichten können.

Was wir also brauchen, ist ein Hindernis, das uns vor diesem Strom an Informationen normalerweise bewahrt. Dieser Mechanismus wird „subliminale Schwelle" genannt, ohne dass man genau weiß, wie so eine Sperre funktioniert. Sind es Vernetzungen zwischen den Gehirnhälften (Corpus callosum), die bei Frauen so erheblich stärker ausfallen als bei Männern, die dann gesperrt oder abgeschaltet werden? Sind es chemische Substanzen, Botenstoffe, echte wandernde Moleküle, Ionen oder Vorgänge des bioelektromagnetischen Feldes, die dem Datenfluss im Normalfall den „Hahn abdrehen"? Oder sperrt sich die linke Hemisphäre allein durch ihre Aktivität gegen diese „unlogischen Daten"?

Vielleicht genau so, denn wenn man die linke Hälfte ablenkt, beschäftigt, oder herunterfährt, kommt man an diese Informationen. Natürlich nur, solange das Wachbewusstsein es zulässt. Kommt die Ablenkung aber aus dem Tritt, ist schwupp! die linke Hälfte wieder aktiv und blockiert, so gut sie eben nur kann.

Diesen Vorgang macht man sich nicht nur beim Remote Viewing zunutze. Medizinmänner und Schamanen, aber auch alle Glaubensgemeinschaften und letztlich auch kommerzielle Anbieter der Neuzeit arbeiten mit diesen Gegebenheiten.

In einem Radio-Feature über Schamanen hörte ich kürzlich genau diese Erklärung für außersinnliche Aktivitäten. Als wichtigstes Ritual beschrieb man hypnotisches Trommeln oder Rezitieren von immer den gleichen kurzen Wörtern, um dem Unterbewussten den Weg zu ebnen. Man müsse „die Ratio austrocknen", eine fürwahr bemerkenswerte Formulierung.

Ob es rituelle Tänze sind, das Beten eines Rosenkranzes, das stundenlange Deklamieren von Absätzen aus Heiligen Schriften oder das Bewegen zu 120 beats per Minute, das Wachbewusstsein wird mit hintereinander ablaufenden, man sagt dazu „seriellen" Handlungen beschäftigt und damit heruntergefahren. Auch das Remote Viewing-Protokoll macht sich diese Umstände zunutze. Hier geht man jedoch noch einen entscheidenden Schritt weiter: die seriellen, analytischen und konstruktiven Fähigkeiten der linken Hemisphäre verpuffen nicht im Weihrauch der Kirche oder im Flackerlicht der Diskothek, sie werden zum Formulieren und Niederschreiben der Daten benutzt. (Das ist eine ziemlich perfide Ausnutzung und Ausspielung der einzelnen Funktionsbereiches einschließlich der des Verstandes.)

7. Kapitel: Wie kommt das Gehirn gezielt zur Extrasensorik?

Der Umstand, dass genau die gefragten Informationen aus der schier unendlichen Informationsmatrix herausgepickt werden, ist und bleibt das große Wunder. Ich habe viele Jahre darüber nachgedacht und wissenschaftliche Arbeiten und auch Zeitschriften gewälzt, um diesem Vorgang auf die Spur zu kommen. Dabei habe ich auch gemerkt, wie sehr sich eine Anschauung von dem zeitgenössischen Stand der Wissenschaft ableitet. Deshalb muss man schon den angebotenen Forschungsstand interpretieren.

Ich will einmal zu bedenken geben, was ich im Laufe der Zeit zu einem Bild des Vorganges zusammengetragen habe. Dabei ging ich davon aus, dass ein besseres Verständnis der Vorgänge den Verstand befriedigt, worauf er sich leichter zurückziehen kann. Die ständig steigenden Erfolge von „Neulingen" scheinen diese Vorgehensweise zu bestätigen.

Das erste „Wunder" ist, dass aufgrund einer (gedanklichen) Verknüpfung mit Zahlen ein **Zielgebiet definiert** ist. Hierzu habe ich, zugegeben, noch keine schlüssige Erklärung. Bedenken sollte man jedoch, wie überhaupt Informationen jedweder Art irgendwo oder wie im Universum abgespeichert werden. Grundlage dafür ist, dass sozusagen jedes Ding, also auch ein Gehirnprogramm, nicht nur empfängt, sondern auch sendet. Wenn wir einen Quantenprozessor zugrunde legen, könnte man sagen, dass Quanten als kleinste „Teilchen" Mittler sind zwischen der Materiewelt und dem Raum unterhalb der Quantenebene, den amerikanische Forscher inzwischen „bulk" nennen. Quanten können, je nach Messung, mehrere Eigenschaften annehmen, z.B. die eines Teilchens oder die einer Welle. Als Welle sind sie über einen bestimmten Bereich „verschmiert". Ich fand das als Schüler damals sehr interessant, aber unser Physiklehrer war noch sehr in der Mechanik des Bohrschen Atommodells verhaftet, und so blieben mir nur die Antworten aus meinen Science-Fiction-Romanen. Interessant ist jedoch, dass heutzutage von ernsthaften Forschern hier die Möglichkeit interdimensionalen Austauschs postuliert wird. Das würde den Effekt des

„Tunnelns" erklären, durch den Quanten die Möglichkeit haben, Barrieren zu überwinden, für die sie eigentlich zu wenig Energie hätten. Welchen Zustand sie bei einer Quantenverschränkung annehmen, ist schwer zu definieren. Fest steht jedenfalls, und das ist für das Kapitel „Targeterstellung" wichtig, dass eine Verknüpfung von Koordinaten und dem Zielgebiet dann am wirkungsvollsten ist, wenn sie durch ein denkendes Wesen (Mensch am besten) hergestellt wurde, welches sauber und intensiv daran gedacht hat. Das bedeutet, dass die (Lebens-) Energie eines Individuums von großer Wichtigkeit ist.

Der zweite bemerkenswerte Aspekt ist, dass die **gefragten Informationen** unter den unendlich vielen in der Matrix abgespeicherten extrahiert werden. Wenn man sich vorstellt, wie groß die Menge der möglichen Informationen ist, scheint es eigentlich unmöglich, genau diejenigen herauszufiltern, die für die Lösung eines Problems wichtig sein können.

Einen Ansatz zum Verständnis dieses Umstands, den wir in der Session als gegeben hinnehmen, finden wir auch hier in der Quantenlogik.

Der Unterschied zu herkömmlicher binärer Logik mit nur 1 oder 0 besteht darin, dass ein Quantenbit viele verschiedene Zustände annehmen kann. Wenn sich die Effekte dieser „Superposition" mit denen des Tunnelns und der Verschränkung verknüpfen lassen können, wäre man in der Lage, Rechenoperationen erheblich schneller durchzuführen. In der Praxis ist es das vielmillionenfache und die tatsächlich von IBM und Microsoft gebauten ersten Geräte heißen Quantencomputer.

Leider sind die entstehenden Entscheidungen nur „wahrscheinlich", also sehr unscharf, sodass man noch ein paar Tricks anwenden muss, aber mittlerweile ist man auch hier zu realisierbaren Lösungen gekommen. Und weil Quanten auch noch mehrere Rechenoperationen gleichzeitig durchführen können, eröffnen sich für zukünftige Computer gigantische Möglichkeiten. Allerdings können diese Computer zurzeit nur tiefgekühlt funktionieren, weil sonst die Fehlerhäufigkeit durch Umgebungsvariablen derart ansteigen würde, dass Ergebnisse unbrauchbar wären.

Aber weil wir tatsächlich sehr schnell in einer Remote Viewing-Session die Informationen herausfiltern, die wichtig sind, muss hier ein ähnliches System an der Arbeit sein.

Immerhin gibt es bei allen Operationen eine gewisse Unschärfe, die dem Verstand zwar lästig erscheint, aber mit organischen Mitteln nicht eliminiert werden kann. Allerdings, wie schon im letzten Kapitel bemerkt, wird diese Auswahlfunktion genau so für die „normale" Kognition bzw. die Datenreduktion für die kleine Verstandesebene benutzt.
Dieser Umstand ist sehr bemerkenswert, wie wir gleich sehen werden.

Extrasensorische Wahrnehmung, in unserem Fall also Remote Viewing, beschäftigt sich aber nicht mit den Ergebnissen der normalen Gesichtssinne, sondern holt die Informationen aus der postulierten universellen Matrix.
Für diesen Vorgang haben wir schon angenommen, dass er durch ein extra Empfangsorgan durchgeführt wird, zum Beispiel die Zirbeldrüse.

Damit dies funktioniert, müsste man auf dieses Organ umschalten können – am besten immer, wenn man es braucht – und man müsste die Informationen auch verarbeiten können.
Zum Umschalten ließe sich eine vielleicht meditative Methode denken. **Damit ist aber nicht gesagt oder gar selbstverständlich, dass wir die Eindrücke, die über eine Extrasensorik hereinkommen, verstehen**.

Seit wir auf die Welt kamen, haben wir zum Zwecke des Umgangs mit Eindrücken, aber auch zur Verständigung mit anderen Menschen gelernt, Sinnesreize in Worte umzusetzen. Licht von der Wellenlänge 450 Nanometer, das unsere Netzhaut trifft, nennen wir „blau" während 650 nm doch ziemlich „rot" sind. Ein Ding, das aus der Erde wächst und sich nach oben verzweigt, ist „Baum" und überhaupt ist oben „oben".

Auch die Zusammenhänge der Eindrücke benötigen Zeit zum Lernen und be"greifen". Man muss sich als Erwachsener einfach einmal bewusst machen, was man als Kind alles „gelernt" hat. Beim einfachen Umschalten auf einen Extrasinn, der auch noch alle Sinne zugleich vertritt, ist nicht vorauszusetzen, dass diese Zuordnungen auch hier funktionieren.

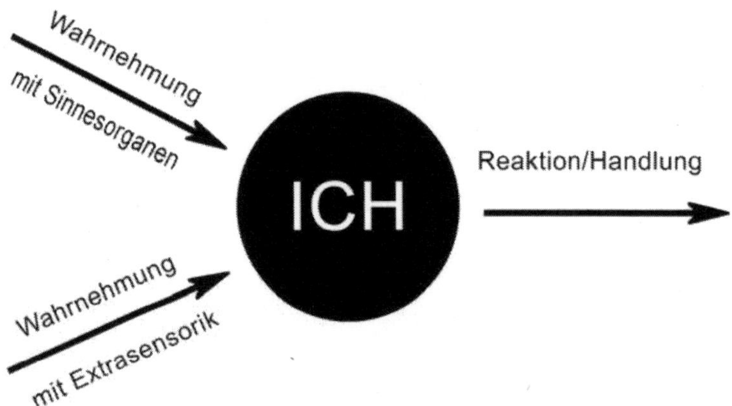

Wir müssten also alle unsere gelernten Einordnungen ebenfalls umschalten können. Das scheint sehr kompliziert. Wie soll das gehen? Aber, wie wir feststellen, Remote Viewing funktioniert ja. Also muss das Geheimnis im Ablaufplan, dem sogenannten Protokoll, stecken.

Wenn die Verarbeitung von sensorischen Daten schon so kompliziert ist, wie kann dann ein einfacher Ablauf, bei dem man einfach nur kritzelt und schreibt, solch eine gewichtige Rolle spielen?

Denn dass es ein Umschalten ist, war mir schon Ende der 90er Jahre klar. Die Frage war nur, wie das im Detail bewirkt wurde. Darin stecken ja bekanntermaßen die Schwierigkeiten.

Die Antwort fand ich, während ich ein Heft der Reihe „Spektrum der Wissenschaft" von 2001 durchlas[2]. Darin wurde von Forschungen an Amphibiengehirnen berichtet, die zwar erheb-

[2] „Wie das Gehirn eine Fliege erkennt" von Gerhard Roth, Ursula Dicke und Wolfgang Wiggers, Spektrum der Wissenschaft Digest, 2/2001, „Rätsel Gehirn", Spektrum Verlagsgesellschaft, Heidelberg

lich einfacher gestaltet wären, jedoch im Prinzip mit den menschlichen Anordnungen zu vergleichen seien.

Es ist nämlich **nicht** so, dass die Reize komplett und komplex in allen Gehirnregioneen aufbereitet und verwaltet werden. Der gesamte Prozess der Wahrnehmung ist eine Aneinanderreihung von mehreren einzelnen Kleincomputern oder Programmen mit sehr begrenzten Aufgaben. Und das hat einen Sinn, wie wir gleich sehen werden, der sich wiederum in der Nervenleitgeschwindigkeit begründet.

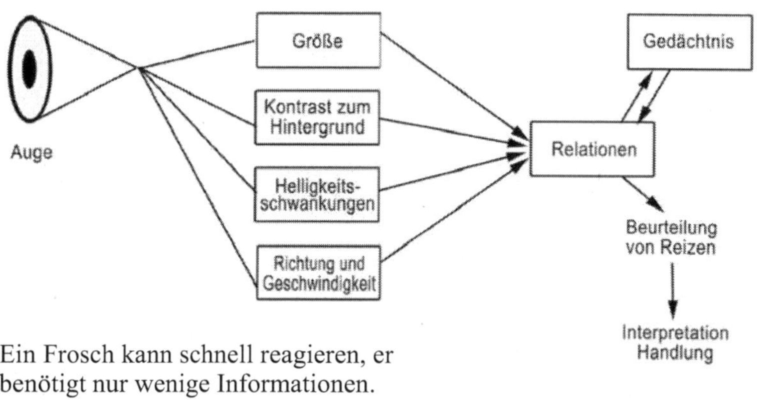

Ein Frosch kann schnell reagieren, er benötigt nur wenige Informationen.

Die erste Stufe des Amphibiengehirns beschäftigt sich mit sehr groben Zuordnungen. Bei einem Frosch zum Beispiel sind es lediglich die Zuordnungen von hell/dunkel, einfachen Größenverhältnissen klein/groß und deren Relativierungen, womit Bewegung erkannt wird.

Zwei Beispiele dazu: Nehmen wir einen kleine, dunklen Bereich, der sich auf einem größeren, helleren Bereich vor dem Frosch bewegt, so handelt es sich hier mutmaßlich um ein Insekt, also Beute. Reaktion: Zuschnappen. Sinn der Aktion: Überleben.

Wenn allerdings sich im oberen, hellen Sichtbereich ein größerer, dunkler Fleck zeigt, sich sozusagen „der Himmel verdunkelt", dann ist es höchste Zeit, ins Wasser zu springen und abzutauchen. Schlussfolgerung: Fressfeind. Sinn der Aktion: Überleben.

Mit diesen beiden Handlungen, die wegen der Einfachheit auch bei relativ langsamer Ionenwanderung in neuronalen Systemen sehr schnell vollziehen können, sprechen wir von einem Reflex.

Das kennen wir auch beim Menschen. Wir machen uns keine Gedanken über Typ und Hersteller eines Autos, wenn wir zurückspringen müssen, um nicht überfahren zu werden. Ursache dafür ist eine direkte Reiz-Reaktions-Schiene aus sehr einfachen Eindrücken, eben Reflex genannt.

Darüber hinaus weiß man inzwischen aus entsprechenden Forschungen, dass das menschliche Gehirn ungefähr 2,9 Sekunden benötigt, um sich von der Umgebung ein Bild zu machen. Dann hat man zum Beispiel eine Einschätzung, wie man sich einem zufällig begegneten anderen Menschen gegenüber verhalten sollte.

Bis dahin werden einige Verrechnungsstationen im Gehirn durchlaufen. Aber danach hört der Zuordnungsvorgang nicht auf, denn die Eindrücke müssen auch noch abgespeichert und an komplexeren früheren Ereignissen relativiert werden.
Alle diese Vorgänge müssten also in einem „**Umschaltplan**" für das Gehirn von normaler Sensorik auf eine Extrasensorik bewerkstelligt werden.

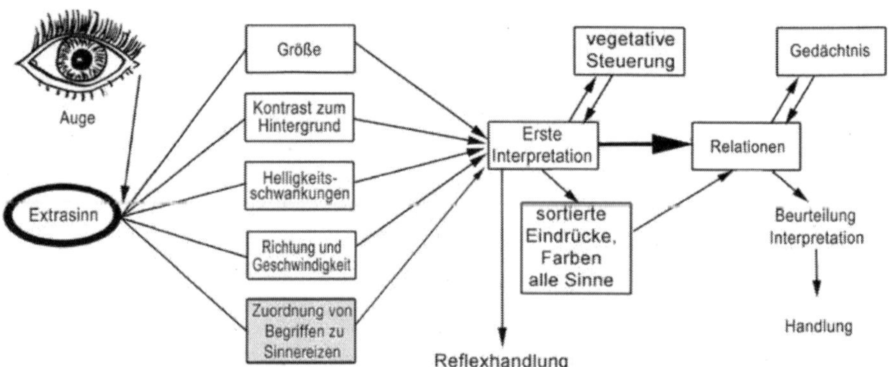

Die Umschaltung von normaler Sensorik auf Extrasensorik muss alle „Schaltstellen" berücksichtigen,

Tatsächlich, das CRV-Protokoll von Ingo Swann und Harold Putthoff macht genau das. Ich war umso erstaunte, je genauer ich diesen Vorgang verfolgen konnte.

In der ersten Stufe werden nur Eindrücke gewünscht, die sehr einfach sind. Im Amerikanischen heißt das: low level data. Hart/weich, hell/dunkel, groß/klein, Bewegung/Ruhe sind die Antagonisten, die zur Auswahl stehen. Weil das menschliche Gehirn doch etwas komplexer ist und auch, weil es unterschiedliche Vorerfahrungen im Umschalten hat (vorherige mediale Ausbildungen zum Beispiel), kommen dem Viewer auch Farben oder komplexere Eindrücke bis hin zu emotionalen Aspekten in den Sinn. Auch das Sprachzentrum will einbezogen sein.

Das sollte man jedoch nicht übertreiben, sonst verzettelt man sich. Man muss nicht alles Mögliche in der Stufe 1 bringen. Wichtig ist allein das Ansprechen der Umschaltfunktion. Drei bis fünf Eindrücke genügen.

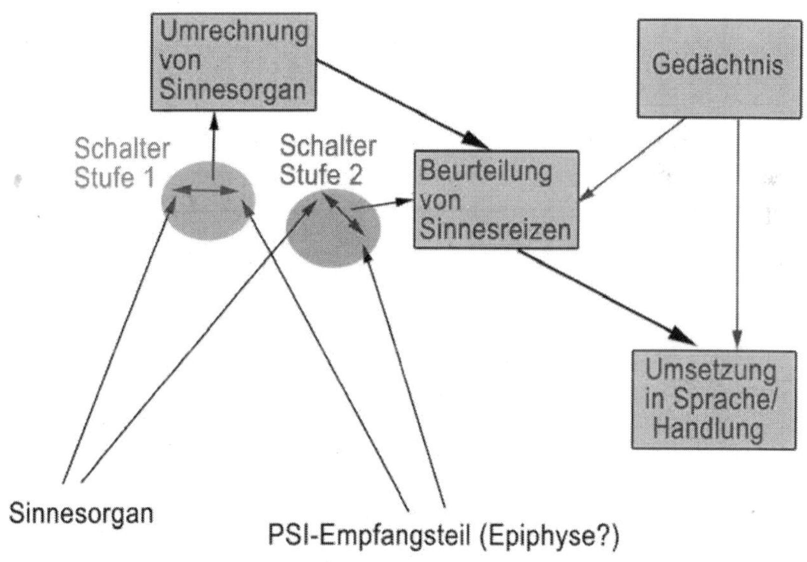

In der Stufe 2 werden die Eindrücke nach Sinnesorganen geordnet, was einem weiteren Verrechnungs- und Sortierprogramm in der Aufbereitungskette entspricht.

Das nächste Aufarbeitungsprogramm müsste die noch sehr isolierten Eindrücke zusammenführen und exakt das macht die Stufe drei. Vorausgegangen ist die Forderung nach ersten Verknüpfungen zwischen den sensorischen Daten im letzten Aspekt der Stufe 2: Dimensionen.

Ich persönlich würde dafür lieber den Begriff „Relationen" einsetzen, denn genau das sind Höhe, Länge, Breite, Bewegung und andere Attribute. Jeder Begriff wie *lang, breit, hoch* etc. benötigt mindestens zwei Aspekte, also von „hier bis dort" oder „das eine vom anderen überragend".

Mit solchen Aspekten leitet die Verrechnung über zur Kombination von Eindrücken, die man auch von anderen abgrenzen kann und die damit schon erste inhaltliche Beurteilungen zulassen. Das aber ist Stufe 3.

Hier beginnt man am besten mit der Eintragung dieser letzten Eindrücke. Es ist erstaunlich, wie schnell sich dann das Bild des Targets auf dem Papier zusammenfügt. Natürlich nicht als Bild, sondern als Beschreibung. Schon eine grobe Einteilung der einzelnen Flächen zeigt, wie nahe der Viewer dem Target ist.
Danach kann man die einfachen Sinneseindrücke *Farben, Oberflächen* usw. eintragen.

Mit Abschluss dieser Stufe kann man sich sehr gut ein erstes Bild vom Target machen. Das ist für den Monitor enorm wichtig. So kann er an diesem Punkt entscheiden, ob der Viewer *on target* ist oder ob man eventuell eine zusätzliche Zentrierung oder einen neuerlichen Zugang (Bewegungsübung) einleiten muss. Wichtig für Sessions, die gemonitort werden, ist die Orientierung des Monitors. Wenn dieser weiß, wo sich der Viewer befindet, kann mit diesem Wissen ein Viewer zielführender befragt werden.

Jetzt ist die Eingangsprozedur des Protokolls beendet und damit der Erklärungsbereich dieses Buches.

Die Frage, warum das Gehirn überhaupt auf solche Anforderungen eingehen kann, ist nun auch recht einfach zu beantworten.

Unser Verstand wird ohnehin von der Quantenlogik des übergeordneten Verrechnungsprogramms mit Informationen versorgt. Man kennt sich also und somit ist auch die rückbezügliche Aktion unseres seriellen Systems gewährleistet. Man sieht, dass das Wachbewusstsein, das wir für die Krönung unserer Existenz hielten, in Wahrheit das kleinere (und dümmere) System ist.

Wenn wir den Umschaltaspekt richtig verstehen, dann ist dafür eine gewisse „**Warmlaufzeit**" anzusetzen. Erst wenn alle Kleinrechenzentren der Sensorik durchlaufen sind, kann es ein einigermaßen koordiniertes „Hellsehen" geben. Das wirft ein erklärendes Licht auf alle Versuche von parapsychologischen Instituten, die immer nur sehr wenig Signifikanz aufwiesen. Wie man aus den Berichten ersehen kann, wurde eigentlich nie die richtige Vorarbeit für eine extrasensorische Leistung ermöglicht, die Probanden sozusagen „ins kalte Wasser geworfen". Dann kann auch nur wenig funktionieren und wir sehen ganz klar, dass die Ergebnisse sich kaum von zufälligen Treffern unterscheiden. Viel Geld wurde so zum Fenster hinausgeworfen.
Wie Sie sehen, ist eigentlich alles sehr einfach.

Wir müssen unser Gehirn *nur* Stück für Stück auf ein Extra-Sinnesorgan umschalten, um PSI betreiben zu können. Über die Einzelheiten dazu werden wir jetzt nicht mehr so viel nachdenken, aber vielleicht können Sie Remote Viewing fortan einigermaßen erklären, wenn Sie mal jemand danach fragt. Hoffentlich nicht Ihre Kinder.

Ich hoffe, hiermit allen anderen oder nachfolgenden Generationen von RV-Lehrern Erklärungsansätze für ihre Arbeit angeboten zu haben, die in der amerikanischen Literatur leider nicht zu finden sind.

8. Kapitel: Stufe 1 - der Einstieg ist das Wichtigste

Mit den theoretischen Erläuterungen der letzten Kapitel können wir auch die Funktion der Einstiegsstufe des Remote Viewing erklären, und das wiederum ist wichtig, um den Beginn einer Session so optimal wie möglich zu gestalten. Denn: Fehler, die man am Anfang macht, addieren sich nicht nur im weiteren Verlauf - sie multiplizieren und potenzieren sich.

Fassen wir also einmal zusammen, was wir für einen erfolgreichen Einstieg in eine Remote Viewing Session benötigen.

1. Ein ruhiges, gefahrensicheres Ambiente
2. Freiheit von momentanen Zwängen und Verpflichtungen
3. Wissen, dass die Methode funktioniert, sodass man sich ihr anvertrauen kann.
4. Ein Target bzw. eine Fragestellung
5. Eine Möglichkeit, die Session zu archivieren, um sie später wieder richtig einordnen zu können
6. Einen Ansatz, den Prozess des Auffindens gesuchter Informationen einzuleiten.
7. Eine Technik, den Kontakt zu Matrix-Daten herzustellen
8. Eine Form, die gewonnenen Daten niederzulegen,
9. Ein paar kleine Tricks, um nicht abzuschweifen oder das linkshemisphärische Erklärenwollen wieder zu aktivieren.
10. Einen Stift und Papier, nicht nur, damit wir noch einen Punkt 10 haben. Es gibt dazu tatsächlich auch etwas Inhaltliches zu sagen.

Bevor wir uns niederlassen, müssen wir diesen Punkt sowieso erst erledigen. Wir stellen keine sehr exotischen Ansprüche an das einfache Werkzeug, aber bedenken Sie bitte, dass ihre Aufzeichnungen gut lesbar sein sollen. Es wird zu Krakeleien und Entzifferungsproblemen kommen, so dass Sie froh sein werden, ordentliches, glattes, weißes DIN A4-Papier genommen zu haben, wie es für den Gebrauch in der Schreibmaschine, im normalen Druckerbetrieb oder für den Fotokopierer preislich sehr günstig zu haben ist. Vermeiden Sie irgendwelches Kunstdruck- oder Briefpapier der persönlichen Sorte, auch graues Umweltschutzpapier, wenn es zu grau oder rau ist, fördert nicht die Lesbarkeit der Aufzeichnungen.

Auch der Stift sollte Minimalansprüchen genügen: er sollte schreiben. Das ist keineswegs banal oder lächerlich, denn wenn mitten in der Session ein Kugelschreiber leer wird, führt das zu erheblicher Ablenkung. Ich empfehle einen **feinen** Tintenkugelroller, oder auch einen Inkballpen, wenn auf der Packung nichts Deutsches vermerkt ist. Diese Stifte gleiten schön über das Papier und machen einen durchgehenden Strich, wenn man ihnen nur eine entfernte Chance dazu lässt. Die Farbe ist nicht ganz unwichtig, ein ordentlicher Kontrast erhöht die Lesbarkeit. Deshalb macht sich Schwarz am Besten, Blau geht aber auch noch. Das ist leicht einzusehen.

Nun sitzen wir also an unserem Schreibtisch und haben einen kleinen Stapel Papier vor uns und den Stift in der Hand.
Das Zimmer ist ruhig und wir haben ein paar sehr aufdringliche Porzellanfiguren vom Schrank gegenüber entfernt. Punkt 1 ist also erfüllt.

Das Mittagessen liegt uns nicht mehr schwer im Magen, wir waren auf der Toilette und fühlen uns insgesamt ziemlich normal. Ein bisschen aufgeregt sein, macht nichts. Punkt 2 ist also abzuhaken.

Wir lehnen uns etwas zurück, der Stift liegt auf dem Papier, und wir versuchen unsere Gedanken zu ordnen und uns von unangenehmen Einflüssen zu befreien, ganz so, wie wir im Kapitel „Vorbedingungen" durchgesprochen haben. Wir werden vielleicht nicht die innere Stille eines Zen-Mönches erreichen, aber es genügt, wenn wir uns ein wenig bemühen. Den Rest trägt das Protokoll. Glauben Sie mir: die doppelte Ausführung der Stufe 1 wirkt oft Wunder!

Von Punkt 3 gehen wir zu Punkt 4 über: wir holen das Target hervor und legen es irgendwo vor uns auf den Tisch.

Es sollte natürlich vom Viewer ungesehen in seinem Umschlag stecken und wir sollten keine Ahnung haben, was es sein könnte. Das muss in der Vorbereitungsphase sichergestellt worden sein.

Kommen wir zu Punkt fünf. Eine wichtige Erfahrung im Umgang mit Remote Viewing ist, dass man später noch einmal die Einzelheiten einer Session in einem anderen Bezugsrahmen überprüfen möchte, denn die meisten Sitzungen werden zu Themen gemacht, an denen noch andere Viewer arbeiten. Es kann aber auch sein, dass man eine Session auf ein zukünftiges Ereignis gemacht hat und, wenn die Zeit da ist, nachschauen möchte, wer wann was vorausgesagt hat. Oder einfach nur: man möchte eine Sitzung archivieren. Dann sollten die wichtigsten Rahmeninformationen irgendwo vermerkt sein, möglichst auf der Session selbst. Deshalb dachte man sich schon früh während der Entwicklung von Remote Viewing ein System aus, das alles das leistete und nebenbei noch dem Viewer eine erste Einführung geben konnte. Ich sehe keinen Grund, dieses Konzept nicht zu übernehmen, auch im Hinblick darauf, dass es sich schon sehr etabliert hat und deshalb für andere, die diese Session einmal in die Finger bekommen, ebenfalls nicht gewöhnungsbedürftig ist. Ein Standard, wie man so schön sagt.

Wichtig ist beispielsweise der Name des Viewers, der von ihm/ihr selbst in die rechte, obere Ecke des ersten Blattes geschrieben wird. Damit wird dem Bearbeiter auch das Signal gegeben, „Achtung, jetzt wird es ernst. Was jetzt kommt, gilt!" Das hilft bei der Konzentration.

Darunter schreiben wir das Datum und darunter wiederum die aktuelle Uhrzeit. Nicht nur, an welchem Tag die Session gemacht wurde, kann irgendwann hinterher von Interesse sein, auch der Zeitpunkt, an dem begonnen wurde, ist nicht ohne Belang.

Russische Forscher haben herausgefunden, dass PSI- Ereignisse am besten funktionieren, wenn der Punkt der Erdoberfläche, an dem sich der Viewer befindet, den weitesten Abstand vom Zentrum unserer Milchstraße hat. Was das im Rahmen der Erkenntnisse, die wir über das Schwingungsverhalten des Universums im letzten Kapitel erhalten haben, bedeutet, kann heute noch nicht gesagt werden. Vielleicht benötigen wir die Erde als Dämpfer für kosmische Strahlen, vielleicht ist auch etwas viel Banaleres der Grund.

Aber auch um festzustellen, wie lange die Session gedauert hat, müssen wir den Zeitpunkt des Anfangs festhalten. Meistens wird der Monitor diese Angabe schon während der Session abfragen, um herauszufinden, wieweit er den Viewer belasten kann. Eine Sitzung sollte eigentlich nicht länger als eine Stunde dauern.

Natürlich gab es schon längere, aber dann war dem Viewer die Belastung auch deutlich anzumerken, zumal das Wachbewusstsein nach ungefähr einer dreiviertel Stunde manchmal mit Macht versucht, seine ursprüngliche Position wieder einzunehmen. Sie werden es merken, wenn der Viewer massiv beginnt, herumzunörgeln und immer weniger Lust zeigt, diesen Remote Viewing- Quatsch zu machen.

Auch unsere Gestimmtheit, unseren körperlichen Zustand, kurz alles, was uns im Moment der Session als Status bekannt ist, können und sollten wir gleich zu Anfang vermerken. Zum einen ist es natürlich wichtig, jetzt oder später zu wissen, was den Viewer bewegt hat und eventuell einen Einfluss auf seine Arbeit hatte. Zum anderen hat der Viewer die Möglichkeit, alles aufzuschreiben, was ihn stört oder auch nur bewegt, und es dann als abgehakt abzulegen und in der Session nicht mit einfließen lassen zu müssen. **Wir schreiben also in der Mitte oben auf das Blatt: PI (für persönliche Impressionen) und darunter, wie es uns geht.**

Wenn Sie wollen, können Sie auch hier abfragen, ob der Viewer einen Verdacht bezüglich des Targets hat. Das muss unbedingt herausgeschrieben werden, damit es nicht die ganze Zeit über im Hintergrund mitgeschleppt wird. Behandeln Sie es wie eine im nächsten Kapitel erklärte Analytische Überlagerung, also streichen Sie den Begriff durch. Fragen Sie aber nicht zu lange nach solchen Vorstellungen, sonst kommen Sie genau durch diesen Prozess erst recht zu Voreinstellungen!

Diese Abarbeitung zu Beginn stellt eine sehr wichtige Maßnahme für den Sessionablauf dar.

Wir werden noch weiterhin sehen, wie uns das Protokoll hilft, in der „Zone“ zu bleiben und den PSI-Kontakt zum Zielgebiet nicht zu verlieren.

Manche Viewer notieren übrigens auch noch am rechten Rand, wer ihnen als Monitor zur Seite stand. Das ist manchmal sehr hilfreich, denn dieser kann sich wiederum an Vorkommnisse erinnern, die dem Viewer aufgrund seiner Beschäftigung völlig entgangen sind.

Nach dieser Vorarbeit sind wir bereit für die Aufgabenstellung. Haben wir einen Monitor, so wird er sie jetzt die Koordinatenverlesen. Trainieren wir solo, ja, dann müssen wir zwangsläufig die Koordinaten von dem vor uns liegenden Umschlag ablesen und in die linke obere Ecke schreiben.

Warum in die linke, obere Ecke? Ganz einfach. Nach dem Aufschreiben wird von uns die Erstellung des Ideogramms erwartet. Die meisten Viewer sind Rechtshänder, sie werden also in der geforderten unwillkürlichen Krakel-Reaktion von links oben, egal, was für Schnörkel sie unterwegs machen, nach rechts unten abdriften. Dann sollte dort noch Platz auf dem Papier sein.

Was aber machen Linkshänder? Wir können davon ausgehen, dass ihr schulisches Training sie in vielen Jahren dazu gebracht hat, ebenso zu krakeln wie Rechtshänder. Sollte es aber wirklich ein Problem geben, schlage ich vor, dass Sie als ausgeprägte Linkshänder bei den Protokollformalien einfach links gegen rechts tauschen.

Wenn Sie die Niederschrift der Koordinaten beendet haben, sollte jetzt eigentlich die unwillkürliche Armmuskelzuckung eintreten, deren Abbildung wir dann als Ideogramm-Krakel auf dem Papier wiederfinden.

Vielen Viewern, besonders bei energiereichen Targets, reißt es den Stift schon beinahe bei der vorletzten Ziffer davon. Dass die letzte Ziffer in das Ideogramm übergeht, ist keine Seltenheit. Wenn Sie für die Linie neu ansetzen, ist alles in Ordnung, nur wenn Sie gar nichts produzieren, wenn Ihr Stift wie vernagelt ruhig bleibt, müssen wir etwas unternehmen.

In Amerika verwendet man viel Zeit auf das „Archetypenüben“[3], also wie auf Seite 28 vorgestellt das schnellstmögliche Archetypenschreiben. Das können Sie noch einmal wiederholen.

[3] Es bring nur in bestimmten Protokollauffassungen etwas, schränkt dann jedoch die weitere Erwartung ein.

Oder überhaupt sinnlos und schnell leere Blätter voll krakeln. Es gäbe natürlich auch die Möglichkeit, auf einer neuen Seite, die wir aber oben -2- nennen, noch einmal die Koordinaten hinzuschreiben und auf eine Reaktion zu warten.

Es ist natürlich anzumerken, dass der Viewer nicht warten soll, bis irgendetwas geschieht. Er soll diesen Krakel machen ohne darüber nachzudenken. Wie immer im Verlauf der Session kommt es darauf an, einfach auszuführen, was jetzt im Programmablauf an der Reihe ist. Die Abfolge der Tätigkeiten ist optimal ausgeklügelt, um ein Maximum an Informationen zu erreichen.

Schon vor einigen Jahren wurde den Remote Viewing-Trainierenden erzählt, das Ideogramm erfülle genau die Anforderungen, die wir in Punkt 6 formuliert haben, nämlich die Kontaktaufnahme mit den anvisierten Informationen. Sicherlich werden Sie jetzt genauso gespannt darauf sein, zu erfahren, wie diese Behauptung von mir begründet wird. Als ich das erste Mal mit dieser Technik konfrontiert wurde, war ich genauso skeptisch. dass dieser Krakel ziemlich automatisch und unwillkürlich ausgelöst wird, muss ja nichts bedeuten.

Man kann viele Arten von unbewussten Reaktionen antrainieren, das wissen nicht nur die Sportler. Bei der Auslösung des I-deogramms machte man sich in der Geschichte der amerikanischen Forschung die schon erwähnte Beobachtung zunutze, dass bei vielen Medien eine hellsichtige Aktion von Körperzuckungen begleitet wird. Der britische Forscher René Warcollier hat diese schon seit Ende des 19. Jahrhunderts bekannte Eigenart in seinem Buch, das allerdings erst 1936 erschien, beschrieben[4].

Personen, die in einem Remote Viewing-Training dieses I-deogramm produzieren, ahmen damit mindestens das Verhalten eines natürlichen Mediums nach. Wie wir jedoch mittlerweile wissen, ist eigentlich jeder Mensch mehr oder weniger mit der PSI-Gabe gesegnet, nur dass sie in unserer sehr nüchtern eingestellten Zeit mehr als früher verdrängt wird. Wir merken

---

[4] René Warcollier: Mind to mind, published as paperback by Hampton Roads Publishing Company, New York

bald, dass das Antrainieren der automatischen Reaktion auf die sogenannten Archetypen, das wir eingangs schon hinter uns gebracht haben, bald in eine wirklich unwillkürliche Schreibreaktion übergeht. Wir tun bald nicht mehr so, als wären wir ein Medium, wir stoßen unsere verdrängten Kräfte an und sie äußern sich nach etwas Übung in genau dem von Warcollier beschriebenen Maße.

Was aber bewirkt diese merkwürdige Zuckung, wie kommt sie zustande, und vor allem, was, wenn überhaupt, beinhaltet sie?

Natürlich ist es sehr schwierig nachzuweisen, was hier als Antwort zur Verfügung steht, das muss ganz offen gesagt werden. Die sich bietende Erklärung ist eher eine interpretatorische, aber sie hilft uns, die Vorgänge zu optimieren, wenn auch nicht ganz zu verstehen. Das ist nicht unredlich, denn so verfahren heute immer noch Heerscharen von Wissenschaftlern besonders aus den Naturwissenschaften. Fragen Sie ruhig einen Atomphysiker, was ein „Strange-Quark" wirklich ist, Sie werden staunen, wie gut man mit indirekt bewiesenen Teilchen, einmal benannt, umgehen kann. Psychologie, Biologie und Chemie bieten viele ähnliche Beispiele.

Wie also könnte man sich die Funktion des Ideogramms vorstellen? Wenn der Viewer die Koordinaten genannt bekommt, ist das sozusagen die Übergabe der Aufgabenstellung. Wenn wir davon ausgehen, dass das Unterbewusstsein durchaus in der Lage ist, diese Aufgabe zu lösen, weil es ohnehin ständigen Kontakt mit der universellen Informationsmatrix pflegt, dann muss es in solch einem ernsthaften Fall auch reagieren. Wir haben uns solche Mühe gegeben, die Session einzuleiten, haben vielleicht eine Cool-down-Phase durchgeführt sowie die Eingangsformalitäten, dass einfach klar ist: Was jetzt kommt, ist von einiger Bedeutung. Also wird die Verbindung zum *Großen Speicher* hergestellt und die Reaktion darauf ist dann logischerweise ein Datentransfer in unser Gehirn. Da es sich hier um einen energetischen Vorgang handelt, können wir durchaus die Muskelzuckung als Abfallprodukt davon verstehen. Die plötzlich aufgeladenen Neuronen der beteiligten Gehirnbereiche geben

einen Überschuss an die anderen Bereiche ab, auch die der Nerven, die die Muskelkontraktion steuern. Wir erinnern uns: Die Zirbeldrüse hat eine direkte Verbindung zum Muskelsteuernden Kleinhirn. Damit hätte der niedergebrachte Krakel durchaus einen Zusammenhang mit den empfangenen Daten.
Die Amerikanische Erklärung, die ich noch gelernt habe, geht wie folgt:

Man könnte die Vorgänge dieser Informationsübertragung mit dem Herunterladen von Informationen aus dem Internet in den angeschlossenen Computer vergleichen. Hier finden sich ein paar sehr bezeichnende Parallelen, die durchaus dazu beitragen können, sich eine persönliche Vorstellung der Vorgänge zurecht zu zimmern. Daten aus dem Internet, wenn es sich um größere Mengen wie Programme, Bilder oder sogar Filme bzw. Musik handelt, speichern wir zunächst auf einer Festplatte. Nach dem Einwählen folgt der Datenfluss, der auf einem freien Speicherplatz abgelegt werden muss, wenn wir damit etwas anfangen möchten. Der Internet-Explorer, unser Kontakt - Programm kann das nicht.

Aus Gründen der Wirtschaftlichkeit und Zeitersparnis sind die begehrten Daten auch noch auf eine bestimmte Weise komprimiert, und wir müssen sie für eine spätere Verwendung zunächst dekomprimieren. Im Computerbereich kennen wir den Vorgang, wir weisen das Programm WINZIP an, die Daten zu entpacken. Erst dann können wir sie verwenden. Aus einem kleinen Packen wird eine große Datei, der wir natürlich auch eine Zuordnung, ein Aktenzeichen geben, um sie wiederzufinden: eigentlich auch nur ein paar Krakel, ganz wie ein Ideogramm.

Wir können den Krakel auch als direkte Abbildung dieser Daten interpretieren. Eine schöne Hilfserklärung fand ich in diesem Zusammenhang in der Vorstellung, sich die empfangenen Infor-mationen als ein mehrdimensionales Knäuel vorzustellen, durch das man ein imaginäres Licht scheinen lässt. Das Ideogramm wird dann zur zweidimensionalen Abbildung dieser mehrdimensionalen Daten, ähnlich wie ein Schattenspiel auf der Wand Teile eines dreidimensionalen Spielers repräsentiert.

Im Laufe meiner eigenen Forschungen habe ich allerdings festgestellt, dass Remote Viewing auch dann funktioniert, wenn der Viewer seinen Krakel bewusst hinmalt oder er einen Krakel von jemand anderem zu diesem Target benutzt. Allerdings läuft es mit dem Spontankrakel am besten, besonders wenn er einigermaßen abwechselungsreich ist.

Im Prinzip bedeutet das aber, dass der wichtigste Aspekt die serielle Tätigkeit ist, also dem Prozess, dem System immer wieder mitzuteilen, dass es umschalten, also eine andere Sensorik zu benutzen soll.

Und eigentlich ist das Herunterladen eines Paketes von Informationen nicht mit den Erfahrungen in Einklang zu bringen, dass man Viewer in der Stufe 6 praktisch in alle Szenarien schicken kann, auch wenn sie mit völlig anderen Fragen verknüpft sind. Meine Schlussfolgerungen daraus waren deshalb, dass der Viewer sowieso einen ständigen Datenaustausch mit dem „kosmischen Internet“ hat, und die wahre Arbeit die des Umschaltens und Aussortierens ist.

Und für diese fast unendliche Datenmenge brauchen wir wahrlich eine Art Quantencomputer.

Dieser scheint auch völlig unabhängig zu arbeiten. Wir sind sozusagen immer online und unser System filtert die irgendwie relevanten Daten aus. Somit erklärt sich auch die Gefahrenvorwarnung, von der viele Menschen berichten.

An dieser Stelle ein kleiner Seitenhieb: Wenn Sie nur eine einfache Frage quält, brauchen Sie nicht unbedingt eine Session. Machen Sie Hausarbeit! Bügeln, Staubsaugen, Flächen abwischen, aber auch joggen und duschen sind serielle Tätigkeiten, die einen gezielten Durchgang zum Quantenprozessor vermitteln.

Sie müssen allerdings dazu unbedingt **vorher Ihr Problem definieren**. Und die einströmende Lösung ist sehr themenzentriert und gehört dann auch schnell aufgeschrieben oder sonst wie überprüft. Zum Beispiel, wenn man etwas vermisst und danach sucht: Autoschlüssel, Dokumente oder die Fernbedienung.
Wir machen aber Remote Viewing, um mehr und vom Thema abweichende Informationen zu erlangen. Dazu müssen wir viel

mehr und eine gezieltere Datenübertragungen erreichen. Das erreichen wir nur, wenn wir unsere gesamte sensorische Verarbeitung nutzen können. Und damit kehren wir zurück zum Umschaltplan.

Es lässt sich leider nicht mehr durch direkte Befragung bestätigen, denn Ingo Swann ist seit 2013 verstorben, aber es sieht nicht so aus, als hätte er wirklich gewusst, was er mit seinem CRV-Protokoll in die Welt gesetzt hat.

Tatsache ist aber, dass wir seinen Ablaufplan immer besser erklären können. Denn es setzt effizient und vollkommen die nötigen Vorgänge um.

Zum Beispiel, dass man unterschiedliche, einander abwechselnde Techniken benötigt. Dies zu ordnen, führte Swann die Stufen (stages) ein, was man einwenig mit den „levels" bei Videospielen vergleichen kann.

Auch die anderen Remote Viewing Protokolle bieten zur optimalen Durchführung eine stufenweise aufbauende Struktur, die generell vom Einfachen zum Komplexen und vom Allgemeinen zum Besonderen geht. Das ist auch die Grundregel, die als große Überschrift über der Erkenntnisgewinnung durch Remote Viewing steht.

Und auch das erklärt sich aus der schon vorab diskutierten Vorgehensweise zur Aufbereitung von sensorischen Eindrücken mittels Umschaltung.

All diese Erklärungen sind zwar nicht wissenschaftlich bewiesenb, helfen uns jedoch nachweislich, die Remote Viewing Session zu optimieren.

Damit haben wir jetzt Punkt 7 unserer Liste von Anforderungen erreicht.

Nun zur Praxis.

Wenn wir das Ideogramm niedergekritzelt haben, machen wir uns an die Bearbeitung. Sieht man sich die Anweisung dafür an, entdeckt man den ersten Schalter.

Zunächst schreiben wir ein großes A hin. Dann beschreiben wir, was wir sehen. Das ist eine Anweisung an das Gehirn: „Achtung, es geht um Wahrnehmung!" Die verstandeskontrollierte, „linkshemisphärische“ Betrachtungsweise produziert natürlich nichts anderes als „Kleiner Haken, Kurve nach oben und rechts, enge Kurve nach links unten, gebogen“ oder so ähnlich. Die genaue Wortwahl bleibt Ihnen überlassen. Hauptsache, Sie haben den Verlauf komplett erfasst.

Dann tippen wir mit dem Stift auf die Kurve, gern an mehreren Stellen oder fahren die Kurve noch einmal ab.

Die Fragestellung lautet jetzt: „Wie fühlt es sich an? Welche einfachen Eindrücke spürst du, die sich auf das Target beziehen?“

An sich eine recht alberne Frage, denn da ist ja nichts als ein Krakel. Tatsächlich kommen den Probanden aber Worte in den Sinn, deren Herkunft den Beteiligten ein großes Rätsel sind. Man erlebt, dass das kognitive System reagiert, so merkwürdig das auch erscheint. Die Viewer „wissen“ plötzlich, was dort im Target los ist und fragen dann oft, ob sie irgendwann einmal tatsächlich „sehen“, was sie da beschreiben.

Die Antwort darauf lautet klar: „Kann sein.“

Die Menschen sind derart unterschiedlich, dass man niue sagen kann, wie sich jemand entwickelt. Manche „wissen“ nur immer, manche meinen, sie beschrieben etwas wie im Traum. Diesen Effekt der „inneren Leinwand“ hat ein anderes Protokoll aufgegriffen, die Hawaiianische ERV-Variante, die später noch besprochen wird. Diese Konzentration auf ein eventuell erscheinendes Bild ruft aber den Verstand auf den Plan, zumal es nach meiner Erfahrung längst nicht bei jedem funktioniert.

Auch aus diesem Grund finde ich weiterhin das originale CRV-Protokoll richtungsweisend, welches dem Viewer die Einschätzung offen lässt. Für den Außenstehenden sieht es ohnehin gleich aus, weil als Ergebnis immer ein Wort hingeschrieben wird.

Auf jeden Fall sollen es einfache Begriffe. Wir erinnern uns: das ist die erste Stufe der sensorischen Umrechnung, wofür man auch den Begriff Kognition verwendet, befasst sich mit sehr einfachen Eindrücken.

Damit haben wir einen Schalter umgelegt vom normalen zum extrasensorischen Wahrnehmen.

Nun brauchen wir noch eine Reset-Funktion. Die finden wir in dem darauf folgenden B.

Hier dürfen wir dem noch immer lauernden Verstand einräumen, eine Beurteilung abzugeben. Dies tun wir mit nicht zu eindeutigen Bildern, nämlich den Archetypen. Sie finden eine Liste im Anhang des Buches.

In der amerikanischen Forschung wurde hier verlangt, dass bei angemessenem Training diese Eindrücke richtig sein müssen, weil die Geheimdienste, die zumeist die Auftraggeber waren, schon ganz zu Anfang tragfähige Informationen wollten. Noch heute werden in den USA sklavisch diese Archetypenanwendung geübt, obwohl das Gehirn an dieser Stelle noch gar nicht komplett umgeschaltet haben kann. Aber, wie es so ist, das sieht man dort nicht so und trainiert weiterhin wie besessen, diesen Anspruch zu verwirklichen.

Aus meiner Erfahrung von über zwei Jahrzehnten Ausbildung kann ich sagen, dass mit den neuen Verfahrensweisen die Viewer schneller und um Klassen besser werden. Es scheint so, dass wir mit den neuen Erklärweisen auch den Verstand befriedigt haben und eben auch dem cerebralen System Zeit eingeräumt wird, umzuschalten.

Und damit wir mehr Möglichkeit haben, den Umschaltprozess optimal durchzuführen, schaffen wir uns mehrere Schalter in der Stufe 1 und teilen deshalb das Ideogramm mehrfach ab.

Die beste **Verfahrensweise** dafür ist:
Fahren Sie zunächst mit dem Stift oder dem Finger das gesamte Ideogramm ab und nehmen Sie dessen Bewegung wahr. Dann stellen Sie fest, wie weit Sie von einem anfänglichen Schwung getragen werden und machen einen Strich (siehe Abbildung). Der entstandene Abschnitt kann sehr kurz oder recht lang erscheinen. Aus praktischen Gründen, zum Beispiel wegen des Zeitmanagements, denn wir haben insgesamt nur eine Stunde für die Session, sollten es nicht mehr als vier Teilstriche sein. In der Regel sind es zwei bis fünf Teile, wozu sich Viewer entschließen. Diese Teile nummerieren wir durch und fügen an un-

ser großes „A" die entsprechende Nummer als Index hinzu. Das können wir auch für den „B"-Aspekt tun.

Auch diese Technik ist nicht Bestandteil aller Protokollformen, hat sich in der Praxis aber als sehr Effizienz verstärkend herausgestellt.

Viele Viewer sind unsicher, wie sie am besten herausfinden, wo genau sie auftrennen sollten.

Dabei ist es eigentlich gleichgültig, ob man das Ideogramm als komprimierte Abbildung der Zielgebietbeschreibung auffasst und sich vorstellt, dass ein gleichzeitiges Dekodieren des gesamten Linienverlaufs die Möglichkeit unserer linken Gehirnhälfte überfordern würde, solche Datenmengen zu übertragen, oder ob wir einfach nur mehr „Schalter" einbauen möchten.

1. Die „**technische**" Einteilung. Bei Betrachtung des Gesamtverlaufs können wir bestimmte Teile als Archetypen ansehen und machen einen kleinen Querstrich auf das Ideogramm, wo wir meinen, dass hier solch ein Abschnitt zu Ende ist und ein neuer archetypischer Inhalt anfängt. Diese Aufteilung kann sofort für das gesamte Ideogramm, oder nach und nach, jeweils wenn ein Abschnitt bearbeitet wurde, durchgeführt werden. Manchmal sind sich Viewer erst dann sicher, wo ein Teil zu Ende ist, wenn sie es bearbeitet haben.

Mit dieser Art der Aufteilung sind wir in Zweifelsfällen oder bei noch mangelnder Übung „auf der sicheren Seite". Wir erzielen handliche, für das Wachbewusstsein „überschaubare" Teilstücke ohne allzu sehr Gefahr zu laufen, wichtige Informationen zu übergehen. Und meist stimmt auch die Archetypen-Aussage, aber nehmen Sie das bitte nicht als der Weisheit letzter Schluss, denn der Verstand ist noch zu sehr beteiligt.

2. Die Aufteilung wird durch **Hineinfühlen** bestimmt. Wir fahren die Linie entlang und versuchen wahrzunehmen, wann sich der Eindruck, den dieser Vorgang macht, verändert.

Dabei hat sich herausgestellt, dass sehr ähnliche Abteilungen wie in der Archetypenversion aufgefunden werden. Obwohl meiner Meinung nach das sichere Gefühl der gerade das Ideogramm abarbeitenden Person letztlich entscheidend ist, bitte ich den Viewer, sich in Zweifelsfällen eher an solchen Vorgaben zu orientieren. Ein Archetyp ist die kürzeste Form einer kompletten Information, die wir kennen gelernt haben. Vermeiden sollte man auf jeden Fall, innerhalb einer Kurve, Schlinge oder Ecke zu unterteilen, da sich hier die wichtigsten Eindrücke verbergen. Und man kann es auch fühlen, wenn man sich in den Schwung hineinbegibt. Dann merkt man sehr wohl, ob man noch über eine Wendung oder Spitze des Ideogramms hinweggetragen wird.

Letztlich entscheidend ist das sichere Gefühl des Viewers, das sich erst einmal heranbilden muss. Allerdings ist es immer wieder erstaunlich, wie schnell Trainierende eine Entschiedenheit entwickeln, ab wann das Ideogramm sich zu ändern scheint.

Nun arbeiten wir jeden Abschnitt, wie vordem beschrieben, ab. Das Abfahren der Linie, sozusagen die Kontaktaufnahme mit der Matrix, kann man auf unterschiedliche Weise durchführen. Die allermeisten Leute benutzen dazu ihren Stift. Manche bleiben mit diesem in der Luft. Hinterher sieht man nichts von ihrer Aktion.

Vielen genügt aber diese eher indirekte Beziehung nicht. Deshalb tippen sie direkt auf die Linie und/oder fahren sie mit dem Stift nach, wobei sie aber meist etwas daneben geraten. Diese Art der Bearbeitung sieht man deshalb hinterher deutlich und es scheint auch, dass durch den direkten Kontakt mit dem Papier eine bessere Informationsübertragung stattfindet.

Umgekehrt kann man natürlich Viewer, auf die zu viel auf einmal einströmt, anweisen, den Stift-Kontakt nicht so intensiv zu gestalten.

Manche Viewer schwören darauf, dass nur der direkte Kontakt des Fingers mit der Linie auf dem Papier die „richtigen" Eindrücke produziert. Es scheint, als ob sie so die Oberflächen im Zielgebiet direkt abtasten könnten.

PI
Persönliche Einstellung

Name
Datum
Uhrzeit

123456
654321
(Koordinaten)

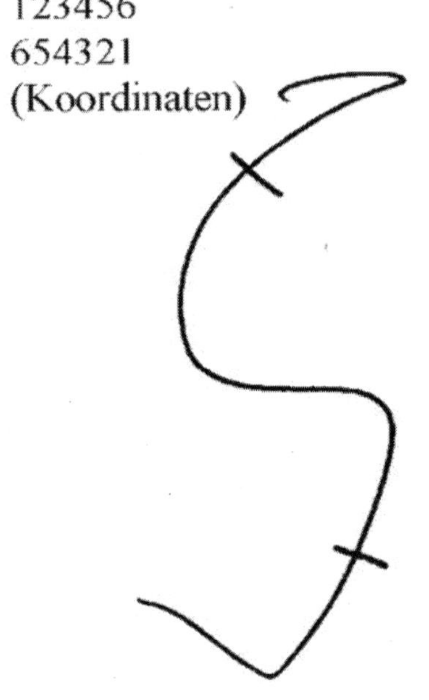

A:

- Verlauf der Kurve (Beschreibung)
- Gefühl der Kurve (hart, weich, fest, flüssig, gasförmig, etc.)

B:

- Schlussfolgerung (erste Analyse)

AULs und AIs rausschreiben!

Die Koordinaten möglichst zweimal abarbeiten.
(Wenn nötig neue Seite)

Unter „PI" nicht vergessen, Verdachtsmomente des Viewers hinsichtlich des Targets abzufragen.

Mit einiger Übung kommen die meisten Menschen recht schnell in einen Fluss, das heißt, sie schreiben hintereinander ohne Pause mehrere Eindrücke auf.

In diesem Rahmen kann es vorkommen, dass die Eindrücke zu schnell „angeliefert werden". Wir müssen ja aus einem praktisch gleichzeitig agierenden Quantencomputer in die serielle Funktion unseres Wachbewusstseins übersetzen. So können sich zu viele Eindrücke am Flaschenhals unserer Aufmerksamkeit drängeln. Dann ist es sehr schwierig, alle diese Begriffe aufzuschreiben. Unser Verrechnungssystem wendet dann aber einen Trick an: es verpackt die Eindrücke in Bilder. Dieser Vorgang befindet sich völlig im Einklang mit Überlebensstrategien. Je schneller wir komplexe Erklärungen für unser Handeln finden, desto robuster sind unsere Erfolgschancen.

Solche Bilder treffen aber in der Regel nicht zu, es sind nur Näherungslösungen unseres Denkapparates für einen schnellen Gebrauch der Eindrücke. Remote Viewer nennen das „AUL" für „analytische Überlagerung, also eine durchdachte Einsortierung in bekannte Denkweisen. Der verwertende Verstand, darum haben wir uns ja durch die Kodierung bemüht, weiß ja nicht, was das Target wirklich ist.

Wir schreiben diese „falschen" Bilder aber trotzdem auf. Die richtigen Eindrücke, die zgu diesem AUL geführt haben, können wir wieder hervorlocken, indem wir sie dann darunter aufschreiben, nämlich mit der Ansage: „Welche einfachen Eindrücke sind in diesem Bild enthalten?"

Dazu tippen wir, analog zur Ideogrammbearbeitung, mit dem Stift auf dieses geschriebene Wort.

Mehr zu AULs im nächsten Kapitel.

Hier noch einmal der genaue Ablauf unserer Tätigkeit, welche die eingangs geforderten Punkte 7-9 in der ersten Stufe erfüllen. Die Wiederholungen dabei helfen beim Einprägen.

1. Nachfahren des Ideogramms mit dem Stift. Wir fokussieren unsere Aufmerksamkeit und nehmen Kontakt mit dem in

Frage kommenden „Datensatz" auf. Man könnte auch sagen, wir gehen in Resonanz zu ihm.

2. Beschreibung des Ideogramm(teil)s

Wir schreiben A(mit Index) und dahinter zunächst ganz diszipliniert, das was wir sehen. Die Beschreibung der Linie sollte auf einfache Worte beschränkt sein, die nur den Verlauf der Linie betreffen. Die linke Gehirnhälfte wird zusehends beschäftigt. Wir versuchen hier, keine Interpretation hineinzulegen, jedoch wird Ihnen das nicht immer gelingen. Tatsächlich ist es so, dass schon hier gespürt wird, ob eine Kurve lang oder kurz ist, auch wenn sich das nicht wirklich aus der Ansicht ergibt. Oder schnell erscheint, an anderer Stelle vielleicht langsam oder sogar mühsam, herauf und herunter, obwohl das so nicht zusehen ist. Sie sehen daran, dass der Umschaltprozess kein harter Schalter ist, der nur Ein und Aus kennt.
Auf jeden Fall gibt es einen Achtung!- Effekt für den bearbeitenden Geist. Das kognitive System ist jetzt in den Prozess einsortiert. Wir werden solchen Ankündigungsmitteln (Aufforderungscharktere) später noch öfter begegnen.

3. Beschreiben der Eindrücke im Target.

Man kann an dieser Stelle durchaus den Begriff „hineinfühlen" verwenden, auch wenn es eher ein „Zulassen von Gefühlseindrücken" oder ein „Abhorchen" von im Inneren auftretenden Eindrücken ist. Auch die schon wahrgenommenen Bewegungseindrücke aus der Ideogrammbeschreibung können wir verwerten. Wir verstärken also unsere „Öffnung" und lassen jetzt eindeutig die ersten intuitiven Eindrücke aus der rechten Gehirnhälfte zu. Dabei ist es wieder wichtig, den aufsteigenden Eindrücken keinerlei persönliche Wertung oder Interpretation zukommen zu lassen. Wir verhalten uns wie bei der Zen-Meditation oder wie es auch die Chinesen dafür vorschreiben: wir lassen den Geist zu einer leeren Fläche werden und schreiben auf, welche Eindrücke durch die Beschäftigung mit dem Ideogramm drauf hervorrufen werden. Die Begriffe sollen so einfach wie möglich formuliert sein.

4. Abladen von Schlussfolgerungen.
Wenn wir bis hierher vorgedrungen sind, haben wir die linke Gehirnhälfte zwar schon erheblich beschäftigt, noch aber ist sie über die Beschäftigung mit dem Protokoll hinaus sehr aktiv. Unsere Beurteilungsmechanismen haben durch die ersten Eindrücke Schlussfolgerungen gewonnen, weil das im normalen Leben ihre Funktion ist. Wir müssen im Alltag ständig beurteilen, was wir erleben, um uns die jeweilige Situation zu erklären. Beim Remote Viewing sollen wir zu Beginn ohne diese Beurteilungen auskommen, ja, uns davon wegbewegen. Das ist am Anfang noch selten perfekt, gern werden „Erklärbilder" präsentiert. Um diese Spannung zu entlasten, geben wir dem Verstand hier bewusst Raum zur Beurteilung.
Wir schreiben also am Anfang B) und tragen dann unsere Schlussfolgerungen zu dem bisher bearbeiteten Ideogramm auf. Damit bieten wir der Ratio eine Ventilfunktion an, Arbeitsspeicher zu entladen, **bevor** es zu komplexeren Bildern kommt, die man oft sehr schwer wieder loswerden kann. Auch hier unter B sollen möglichst einfache Begriffe verwendet werden. Hier kann man die schon erwähnten Archetypen verwenden, die noch keine sehr präzise Stellungnahme bedeuten. Dabei kann man sich zum Beispiel an dem Aussehen des Ideogramms orientieren, das durchaus einer Form unserer Archetypenliste gleichen kann. Wenn uns solch eines auffällt, tragen wir hier diesen Begriff ein, z.B. Berg, Wasser, Struktur, Land und so weiter. Das kann durchaus tatsächlich etwas mit dem Target zu tun haben, muss aber nicht. Wer es einfach mag, kann sich auch mit „künstlich" oder „natürlich" zufrieden geben.

Allzu genaue komplexe Eindrücke
Sollte aber doch ein richtiges Bild vor unserem inneren Auge auftauchen, vielleicht weil uns „Wasser" an unseren letzten Badeurlaub erinnert, dann schreiben wir das natürlich auch auf. Zum Beispiel „Der Strand von Mallorca", das können wir uns für 99,99 aller Fälle denken, hat nichts mit dem tatsächlichen Target zu tun. Deshalb setzen wir auch hier die Buchstaben AUL =

Analytische **U**eberl**a**gerung[5] davor, um ihn als Phantasieprodukt oder bildhafte Schlussfolgerung zu kennzeichnen. Mehr zu die diesem Thema, das eingangs unter Punkt 9 angesprochen wurde, finden Sie im nächsten Kapitel.

Für diese beschriebenen Abschnitte A und B habe ich für Sie im Anhang des Buches eine Liste von möglichen Worten, Begriffen und Formulierungen. Beachten Sie bitte, dass diese Vorgabe nur beispielhaft erfolgt, damit Sie einen Eindruck davon bekommen, was hier genau gemeint ist. Entscheidend ist, was Sie selbst empfinden und aufschreiben, man sagt hier auch „wegschreiben" möchten.

Da die 1. Stufe die wichtigste im Remote Viewing Protokoll ist, kann ich Ihnen nur deutlich raten, diese und die folgenden Erklärungen und Anweisungen genau zu beachten, da es sonst sehr schnell zu den schon beschriebenen Ungenauigkeiten und Fehlleitungen bei der intuitiven Annäherung an das Target kommen kann.

[5] im englischen **AOL** wegen „**O**verlay"

9. Kapitel: Störfaktor Mensch - Phantasie und Urteil

Wenn wir einen Vergleich verschiedener Arten von Remote Viewing - Protokollen durchführen, müssen wir feststellen, dass die Inhalte des vorhergehenden Kapitels schon ausreichen, um bei einigen Varianten die Einführungsarbeit zu beschreiben. Dem gegenüber verfügen die verschiedenen Abwandlungen des Coordinate Remote Viewing - Protokolls über einige Möglichkeiten, die für meine Begriffe größten Probleme dieser Technik zu korrigieren. Diese möchte ich ebenfalls aufgreifen.

Der schlimmste Feind für die richtigen Ergebnisse einer Session ist der Viewer selbst, bzw. die über die Lebensjahre gelernten Schlussfolgerungen seines Denkapparates. Wie wir gesehen haben, ist diese angepasste Arbeitsweise für den Alltag sehr richtig. Wenn wir jedoch unsere PSI- Eindrücke nicht stören wollen, müssen wir diese Wirkungsweise für die Dauer der Session aufheben.

Je länger wir uns mit Remote Viewing befassen, je mehr Sessions wir machen, je mehr Training und Erfahrung wir haben, desto besser werden wir hier zurecht kommen. Wir werden für diese Funktionsweise unseres Gehirns bestimmte, wenig ausgeprägte Bahnen verstärken und auch neue neuronale Verknüpfungen herstellen.

Dieses geschieht bei jeder neuen Fertigkeit, die wir erlernen, nicht nur beim Remote Viewing. Auch bei vielen anderen Tätigkeiten, die uns neu fordern, wie Auto fahren lernen oder Computerkurse absolvieren, haben manche Leute zu Beginn Kopfschmerzen. Mindestens aber stellen wir fest, dass es am Anfang eine Weile braucht, bis wir einen befriedigenden Status erreicht haben. Üben, üben und nochmals üben, lautet deshalb die überall zitierte Devise. Besonders das Legen von neuen Bahnen benötigt Zeit und Kraft.

Zum Glück können wir ja unseren Biocomputer jederzeit in erstaunlichem Umfang neu programmieren, und man hat auch herausgefunden, dass gerade dieser, manchmal mühselige Prozess dazu beiträgt, jung zu bleiben und Alzheimer zu verhindern.

Diese Umorientierung vom Denken zum Fühlen, die mit viel Praxis diese Bahnen einfährt, ist Bestandteil jeder Remote Viewing Methode und bei einigen Protokollarten lässt man es damit bewenden, wie ich schon erwähnt habe und später noch genauer ausführen werde. Gut, im Laufe der Zeit wird man immer sicherer und weiß, welche einströmenden Daten „intuitiv" sind. Es ist für meine Begriffe aber sehr mühsam, denn das Wachbewusstsein wird ständig und unverhofft versuchen, seine nur begrenzt freiwillig durchgeführte Unterdrückung zu durchbrechen.

Man kann sich zu Beginn einer Session soviel Disziplin vornehmen wie man will; diesen natürlichen Vorgang wird man nie sicher abstellen können. Die Entwickler des CRV-Protokolls fanden einen sehr eleganten Ausweg aus diesem Dilemma: sie bezogen diese Äußerungen des Wachbewusstseins ausdrücklich und bewusst in das Protokoll mit ein.

Die konkrete Handlungsweise dazu sieht für den Viewer wie folgt aus: alles, was in den Sinn kommt, wird aufgeschrieben. Aus den Darstellungen im letzten Kapitel geht hervor, dass wir den einfachen Daten, die wir in der ersten Stufe bekommen, einigermaßen trauen können.

Treten komplexere Eindrücke auf, werden sie als solche extra markiert, da man mit großer Wahrscheinlichkeit annehmen muss, dass hier ein Orientierungs- oder Beurteilungsvorgang des Wachbewusstseins zugrunde liegt.

Nehmen wir zunächst den Aspekt der Orientierung. Oft genügt schon ein völlig unbedeutendes Wort, ein komplexes Szenario von Bildern in Gang zu setzen. Bei „steil abwärts" fällt uns der Skiurlaub ein, bei „flach auslaufend" womöglich ein Strand, an den Wellen leise plätschern. Unser Verstand ist so trainiert, dass er sich bemüht, aus unvollständigen Eindrücken treffende Bilder zu konstruieren oder zu assoziieren, aber was macht das für einen Unterschied? In jedem Fall dürfen wir der Zugehörigkeit solcher Eindrücke zum Target durchaus misstrauen.

Wir schreiben also **AUL** davor oder dahinter, was die Abkürzung für **A**nalytische **U**eber**l**agerung ist.

Das Target ist ein Geschäft mit hellblauer Markise.

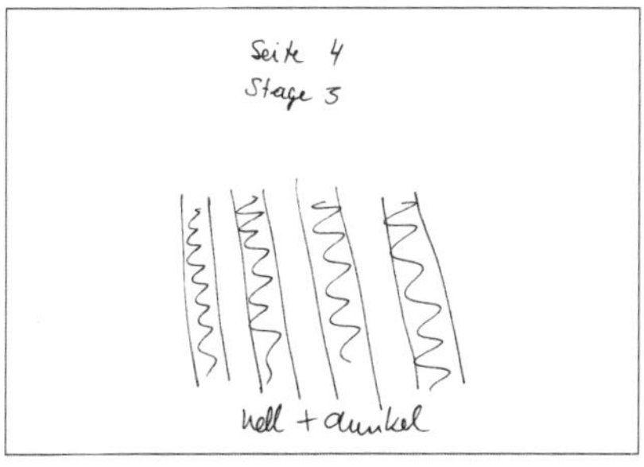

Der Remote Viewer sieht richtig die hellen und dunklen Streifen.

In diesem Moment springt die Phantasie ein und „hilft" mit einer Assoziation aus:
Das muss ein Zebra sein!
Typisches AUL, sagt der Remote Viewer.

Damit erklärt sich der Begriff auch von selbst, eben als Überlagerung der „empfangenen" Daten durch unsere Assoziationen und Bewertungen.

Als Remote Viewing über den großen Teich nach Deutschland kam, hielt man es für angebracht, zunächst die englische Sprache beizubehalten, um die Funktion nicht zu verlieren. In älteren Sessions findet man deshalb noch den englischen Begriff **AOL** für „**A**nalytical **O**ver**l**ay"

Remote Viewing funktioniert aber in allen Sprachen, am besten natürlich in der Muttersprache des Viewers. Es gibt daher keinen ernsthaft anzuführenden Grund, warum man in Deutschland nicht **AUL** schreiben sollte, womit wir uns auch in ein eigenes, regionales Arbeitsfeld begeben, was noch vorteilhafter ist.

Wenn wir auf solch einen Phantasie- oder Interpretations-Begriff stoßen, legen wir nach der Niederschrift den Stift auf den Tisch, machen eine Pause und trennen uns sozusagen auch in der physischen Operation von dem kritischen Eindruck. Wir beschließen, ihm keine weitere Beachtung zu schenken. Dem „ich-weiß-was"- Vordrängeln des Wachbewusstseins ist entsprochen worden, es hat seinen Senf dazu geben dürfen, nun „gehen wir hindurch", wie ein Viewer einmal formulierte und lassen das Bild hinter uns. Es ist ja nur ein **AOL**, bzw. ein **AUL**, und führt mit seiner eigenen Bedeutung in den allermeisten Fällen sehr weit vom Target weg.

Manchmal allerdings kommt hier schon der exakte Targetbegriff durch, wir nennen das später in der Auswertung dann AOL/AUL-"Treffer".

In den vielen Jahren der Anwendung von Remote Viewing habe ich allerdings festgestellt, dass AULs auch anders interpretiert und bearbeitet werden können, und das sogar viel effizienter, als uns die amerikanischen Vorgaben andienen. Ein AUL ist nämlich immer auf richtigen Eindrücken aufgesetzt. Würden wir nun dieses AUL einfach mit völliger Nichtbeachtung strafen, würden wir auch die darin enthaltenen richtigen Eindrücke wegwerfen. Die Erfahrung zeigt, dass das Verschwendung wäre, weil danach diese Eindrücke oft nicht wiederkommen.

Wir streichen deshalb den niedergeschriebenen AUL-Begriff nicht sofort durch, sondern „entpacken“ ihn. Diese Technik wurde eigentlich nur für sehr hartnäckige AULs zur Beseitigung empfohlen. Davon später mehr.

Zunächst zum praktischen Nutzen.

Wenn wir unter das AUL alle die Eindrücke schreiben, die für uns als Viewer in diesem Wort enthalten sind, retten wir diese Eindrücke sozusagen vor dem Mülleimer. Oft sind es sehr spezielle Wahrnehmungen, auf die man nicht wieder kommt.
Die Praxis zeigte nämlich, dass Viewer nicht unbedingt beliebige Worte beim „Entpacken“ hinschreiben, die alle irgendwie auf den Eindruck passen, sondern solche, die **genau** passen. Und im allgemeinen werden auch nicht eine größere Zahl von Begriffen entpackt, sondern in der Regel nur zwischen zwei und vier. Danach zucken die Viewer meist mit den Schultern und sagen „Ja, das war’s!“

Manchmal ist es sehr spannend, welche Begriffe dabei genannt werden, nämlich solche, die man nicht sofort aus Gründen der Logik mit dem AUL verbinden würde. Hauptsache ist natürlich, wie immer am Beginn einer Session, dass es einfache Eindrücke sind. („Low level data“ sagt man in Amerika.)

Nun können wir den AUL-Begriff getrost durchstreichen, denn wir haben ja gerettet, was am Flaschenhals unserer Aufmerksamkeit (siehe Kapitel 6, Seite 102) zur Beseitigung eines Pfropfens in ein Bild umgewandelt wurde.

Wenn man aber sieht, oder dem Viewer sofort klar ist, dass ein AUL aus den schon geschriebenen Eindrücken resultiert, also nur eine Erklärung des lauernden Verstandes darstellt, eine schnelle Geschichte abzuliefern, dann streichen wir das AUL ohne Abarbeitung sofort aus.

So haben wir nichts von den ankommenden Daten verworfen oder gar weggeworfen bzw. unterdrückt. Alles Wichtige ist damit integriert. Wir haben den freien Strom aller Eindrücke sichergestellt, lediglich vermerkt, dass bestimmte Informationen gesondert, also auch kritisch zu betrachten sind. Damit haben wir uns für den erprobten Ablauf des langsamen Hineinarbeitens entschieden, der zu Beginn einer Session fordert, erst einmal einfache Daten zu sammeln.

Im amerikanischen Original wird AOL zusammen mit einer nachfolgenden Unterbrechung (engl. Break) verwendet. Die Erklärung dazu ist, es sei nötig, dem Viewer klarzumachen, dass er sich wieder neu ausrichten muss. Diese Pausen finden wir auch in anderen Remote Viewing Konzepten wieder, sie werden dort auch „Stops" genannt. In der Praxis habe ich festgestellt, dass nach einer Abarbeitung eines AULs Pausen eher hinderlich sind. Zu anderen Protokollen später mehr.

Ein großer Teil dieser ästhetischen Überlagerungen kommt allerdings nicht wie ein fertiges Bild daher, man könnte fast sagen, sie repräsentieren eine Vorform dazu. In solchen Fällen stellt der Viewer an entsprechender Stelle fest, er hätte einen Eindruck, der sei **wie** etwas, was er kennt und beschreiben kann. Ein Beispiel wäre die Äußerung: „es fühlt sich haarig an, wie ein Fell..." Die Ursache dieses Eindrucks mag tatsächlich ein Tier im Zielgebiet sein, aber auch eine Rasenfläche, die sich ja ebenfalls „haarig" anfühlen kann. Es ist klar, dass wir uns besonders am Anfang, wenn wir noch den Kontakt zum Zielgebiet aufbauen, allzu sehr festfahren und beeinflussen ließen, würden wir uns nicht klarmachen, dass dieser Eindruck eine Interpretation unseres Intellektes sein kann. Also müssen wir alle diese Eindrücke als *möglicherweise nicht den tatsächlichen Verhältnissen im Zielgebiet entsprechend* deklarieren. Bevor der Viewer durch einen möglicherweise durchaus korrekten Eindruck vom Target dazu verleitet wird, unangebrachte Schlussfolgerungen zu ziehen, schreibt er in solchen Fällen der Hilfs-Erklärung AUL/S an seine Aufzeichnung und macht wie üblich eine kurze Pause, um sich diesen Umstand noch einmal zu vergegenwärtigen. Das „S" in der Abkürzung bedeutet „Signallinic", weil man am Anfang der Erklärungsversuche noch davon ausging, dass diese Eindrücke entlang der berühmten „Signallinie" direkt aus der Matrix kamen, aber nicht richtig verstanden wurden.

Ich halte ein AUL/S einfach nur die (momentane) Unfähigkeit eines Viewers, einen Eindruck in genau die richtigen Worte umzusetzen. Das kann allein schon daher rühren, dass jemand einen eingeschränkten aktiven Wortschatz hat.

Lächeln Sie nicht! Das kann jedem passieren. Beim Praktizieren des Remote Viewing-Ablaufes stellen die meisten Menschen mit Erstaunen fest, dass sie zwar viele Worte kennen (passiver Wortschatz), aber nur sehr wenige für den aktiven Gebrauch verfügbar haben. Das erklärt sich aus dem Alltag, wo man, Beruf oder Familie, meist nur immer dieselben Worte benutzt. Um sich hier zu orientieren, lesen Sie bitte die Wortvorschläge im Anhang.

Neben den AULs gibt es noch eine weitere Kategorie von Reaktionen, zu denen das Wachbewusstsein während einer Session fähig ist, nämlich das „**AI**“, die **Ä**sthetische **I**mpression, englisch **A**esthetic **I**mpact (oder **I**mpression). Es handelt sich hierbei um eine Stellungnahme zu den Eindrücken vom Target, sozusagen ein Gefühl, das ein Zielgebiet beim Viewer auslöst. Hierbei müssen wir uns darüber klar sein, dass mindestens am Anfang, in den ersten Stufen, eine **AI** eine Reaktion auf alles sein kann, was bisher passiert ist. Es kann eine emotionale Stellungnahme zu tatsächlichen Targeteindrücken sein, genau so wie zu AULs. Mit AI bezeichnen wir Eindrücke wie z.B. „das ist aber schön“, „kommt mir ziemlich interessant vor“, „macht ein sehr angenehmes Gefühl“, „da krieg ich Angst, da möchte ich nicht sein“ oder „das ist groß und bedeutend“.

Natürlich kann ein AI auch eine Reaktion auf unsere Tätigkeit während der Session sein. Manchmal verläuft eine Session so, dass wir aufgrund der für uns scheinbar abstrusen Daten verunsichert sind und uns durch den Kopf schießt: „was für ein Blödsinn, was tue ich hier eigentlich?!“ Solche Äußerungen können den Ablauf der Session durchaus stören. Also müssen wir sie integrieren, um weitermachen zu können. Wir schreiben sie deshalb auf, vergessen aber nicht, davor oder dahinter „AI“ zu vermerken, als Hinweis auch für uns selbst, dass wir den Charakter dieser Eingabe erkannt haben und wir ihn entsprechend abgelegt haben. Damit befreien wir uns auch von jeder Beziehung oder Wertschätzung, und genau das ist ja für PSI gefordert: der möglichst unberührte (ungerührte) Umgang mit den Daten, der

Geist als eine leere Fläche, auf der Informationen unverändert kommen und gehen können.

Wir werden später feststellen, dass es einige Targetkategorien gibt, für deren emotionale Inhalte wir diese Technik dringend benötigen werden, und in die man auch trotz sorgfältiger Vorbereitung unversehens hineintappen kann.

Auch ein AI wird sehr spontan geäußert, ja im besten Sinne hervorgestoßen. Solche Äußerungen sind sehr hilfreich, denn sie entlasten den Verstand, der bei Remote Viewing wegen der nützlichen Funktionen des Schreibens und Ordnens nie ganz ausgeschaltet wird, sondern nur unter der Oberfläche des bestimmenden Einflusses gehalten wird.

Die Kenntnisnahme einer AI wird durch eine Pause begleitet. Diese Art von Unterbrechungen bringt den Viewer durchaus nicht aus dem Ablauf. Man erkannte ganz im Gegenteil schon früh bei der Entwicklung der Protokoll-Struktur, dass dadurch zunächst eine Abarbeitung der Störung und dann eine Korrektur, eine erneute Hinwendung zum eigentlichen Target möglich wird. Man muss sich sozusagen erst einmal abwenden können, bevor man weitermacht. Dieser Vorgang ist vielleicht mit einem „Reset" beim Computer zu vergleichen. Der Viewer geht danach erneut an den Start, nimmt erneut Anlauf, das Zielgebiet zu bezwingen.

Deshalb benutzt man am Ende einer Stufe ein AI, diesmal angefordert, auch gern als Reset für das System, bevor die neue Stufe angegangen wird.

Nicht nur AULs oder AIs können zu einer Unterbrechung des Ablaufes führen. Als erstes ist es natürlich möglich, dass ein Viewer von einem AUL zum nächsten angeregt wird, und sich aus diesem Vorgang eine Kettenreaktion ableitet, aus der er schließlich nicht mehr allein herauskommt. In solchen extremen Fällen bietet sich oft kein anderer Ausweg, als durch einen tatsächlichen Neustart, also durch die erneute Gabe der Koordinaten und die darauf folgende Stufe-1-Abarbeitung, den Viewer wieder „auf Kurs zu bringen". Manchmal hilft auch das nicht, die Sitzung muss abgebrochen werden. Im Amerikanischen spricht man hier von AOL DRIVE BREAK oder von PEACOCK

AOL BREAK, also von Überlagerungen, die sich letztlich wie der Schwanz eines Pfaus entfalten und keine Chance mehr für eine adäquate Annäherung an das Zielgebiet übrig lassen.

Den gleichen Effekt kann der Viewer erleben, wenn sich die Pausen häufen. Er kommt aus dem Tritt, verliert sozusagen den Kontakt zur viel zitierten „Signallinie", beziehungsweise unterbricht zu stark den Vorgang, den Verstand zu beschäftigen. Wenn dieser sich dessen bewusst wird, drängt es wieder in den Vordergrund. Manchmal hilft hier nur noch die Wiederholung der Koordinaten, also eine „Bewegungsübung", wie ich sie später beschreiben werde, um dieser Störung beizukommen.

Natürlich ist auch der umgekehrte Fall möglich. Die zur Äußerung drängenden Eindrücke können derart zunehmen, dass sich der Viewer überfordert fühlt, auch nur eine Formulierung niederzuschreiben. Wir haben uns schon klargemacht, dass wir durch den ausgeklügelten Ablaufplan einer Remote Viewing Protokollstruktur dem Wachbewusstsein Gelegenheit geben, sie sortiert und Stück für Stück abzuarbeiten. Ist aber der Ansturm von Daten zu groß, kann auch dieses Schleusensystem sozusagen überrannt werden. Das Einzige, das hier hilft, ist eine nicht zu knapp angesetzte Pause. Und das schreiben wir auch auf: ZU VIEL - Pause (TOO MUCH BREAK). Haben sich die Eindrücke wieder etwas geordnet, in ihre Warteschlange eingereiht, können wir **weiter**machen, und das schreiben wir auch auf, in solchen Zusammenhängen auch üblicherweise komplett mit der jeweiligen Uhrzeit. Die Pause sollte dann auch nicht zu lange währen, obwohl auch erzählt wird, dass selbst nach einer vollen Stunde Unterbrechung die Sitzung in vollem Umfang wieder aufgenommen werden konnte.

Eine Unterbrechung und damit zwangsläufig auch eine Pause im Sessionablauf ist natürlich auch durch jede Art von Außenumständen möglich, genau jenen, die wir ganz zu Anfang abzustellen beschlossen haben. Wenn also doch jemand an der Tür klingelt, draußen auf der Straße Lärm entsteht, vielleicht durch einen Unfall, oder sich doch und unabweisbar die Blase meldet, nicht so schlimm, mach mal Pause, take a break. Wichtig ist, dass wir es notieren und auch den Grund nicht vergessen. Zu letzterem notieren die Amerikaner „Confusion Break", womit sie jede Art von Verwirrung durch Außenumstände meinen. Verwirrung ist ein gut gewählter Begriff. Tritt nämlich eine Störung auf, die so stark ist, dass sie den Viewer aus dem Ablauf holt, kann man gut beobachten, wie dieser tatsächlich verwirrt aus seiner linksseitigen Vollbeschäftigung auftaucht und einigermaßen orientierungslos ist, bis er kognitiv wieder voll zurechnungsfähig ist. Dann aber ist der Viewer „draußen" aus der Session.

Der in Anweisungen immer wieder geäußerte Ratschlag für die Aufrechterhaltung einer Sitzung trotz Störungen und Pausen ist, in der Struktur zu bleiben. Gemeint ist damit die Struktur des Remote Viewing Protokolls, die, wie wir gesehen haben, über genügend Mechanismen verfügt, den Viewer „in der Zone" zu halten.

Davon sollte man für den Anfang noch zwei nennen:

1. Sprechen Sie beim Schreiben. Sie beschäftigen Ihre linke Hemisphäre zusätzlich und wenn Sie mit einem Monitor üben, weiß dieser immer, wie weit Sie sind und wie er sich verhalten muss.

2. Verharren Sie nicht, wenn Sie keine Pause machen. Verschiedene Untersuchungen an Psychologischen Instituten haben belegt, dass in etwa 2,9 Sekunden sich der Mensch ein „Bild von seiner Umwelt" macht. Dies bedeutet, dass man ziemlich genau drei Sekunden benötigt, um seine Sinneseindrücke zu verrechnen und einzuordnen, um eine Entscheidung für weiteres Vorgehen treffen zu können. Im Alltag hat dies seine Bedeutung, wenn man noch unbekannten Menschen gegenübertritt, an der Haltestelle aussteigt oder auch eine Filmszene betrachtet. Nach dieser Zeit haben wir ein Urteil zur Hand, können das Gesehene bewerten. Wir wissen ungefähr, ob uns jemand anderes sympathisch ist, und was in unserer Umgebung zu beachten ist. Will man diese Bewusstmachung unterlaufen, muss man diese drei Sekunden unterbieten. Das geschieht in Actionfilmen und Werbeclips, aber auch im Remote Viewing Protokoll hilft es, uns nicht unnötig zielfernen Hoch-

rechnungen auszusetzen. Wenigstens müssen wir uns hier nicht zum Ankauf einer Ware entscheiden, die wir nicht brauchen oder für die wir eigentlich kein Geld haben. Dass wir die Session machen wollen, dazu haben wir uns schon vorher entschlossen. Und so lautet auch der Merksatz der amerikanischen Remote Viewing-Entwickler: keep moving, don't think, take a break, stay in the form und damit ist auch das Entscheidende kurz formuliert. Fortfahren und nicht besinnen, nicht nachdenken, nötigenfalls Pause machen und in der Protokoll-Struktur bleiben.

Wenn Ihnen gar kein Eindruck gelingen will, hilft es, nach drei Sekunden **einen kleinen Strich als Ersatz für eine Äußerung** zu machen. Manche Viewer haben mehrere Striche benötigt, um wieder „in Fahrt" zu kommen.

Abschließend zu diesem Kapitel noch ein Wort zu jenen, die niemand in ihrer Umgebung gefunden haben, der mit ihnen üben kann oder möchte. Verzagen Sie nicht. Remote Viewing geht natürlich auch allein. Wenn Sie niemanden haben, der Sie durch das Protokoll führt, müssen Sie sich all die Punkte stichwortartig aufschreiben, die hier besprochen wurden. Wenn Sie am Anfang auch manchmal (oder auch öfter) auf diesem Spickzettel, der natürlich die Form der einzelnen Stufen enthalten sollte, nachschauen müssen, macht das nichts; es beschäftigt Sie auch und bald haben Sie die Abläufe ebenfalls verinnerlicht.

Das Wichtigste ist, dass Sie nicht schummeln und tatsächlich keine Ahnung haben, was sich hinter den zufällig ausgewählten Koordinaten aus Ihrem Pool verbirgt. (Später, mit sehr viel Übung, ist auch das nicht mehr so eng zu sehen, aber zu Beginn ist hier der falsche Platz für Experimente.)

Natürlich führt dies, eben wegen der genannten Details, zu mehr Pausen und deshalb zu mehr AULs. Wenn Sie alles sorgsam aufschreiben, haben Sie die besten Voraussetzungen, sich trotzdem erfolgreich an das Zielgebiet heranzuarbeiten.

Lediglich der Wille, Remote Viewing zu lernen und sich alle diese Prozeduren anzutun, muss ganz erheblich stärker ausgeprägt sein und darf auch nicht wanken. Nun, Sie werden schon sehen.

Beispielhafter Leitfaden des Vorgehens in Stufe 1 für den Monitor in wörtlicher Rede. (Die vorgeschlagenen Formulierungen sind völlig ausreichend. Auch wenn Sie es als unhöflich empfinden, so karg mit dem Viewer umzugehen, glauben Sie mir: alle weitschweifigen Umschreibungen nerven den gespannten Geist.)

- ✍ Hier ist ein neues Target. Bist Du bereit?
- ✍ Bevor wir beginnen, kannst Du Dich jetzt einstimmen. Weise allen Eindrücken und Stimmungen dieses Tages einen unbedeutenden Platz zu. Versuche, Dich leer zu machen.
- ✍ Wenn Du dann bereit bist, beginnen wir die Session. Hier ist das Target. Nur dieses Target ist wichtig. Sonst nichts. Nichts auf diesem Tisch, nichts in diesem Raum.
- ✍ Dann beginnen wir. Rechts oben: Dein Name. Darunter das heutige Datum. Darunter die augenblickliche Uhrzeit.
- ✍ Oben mittig schreibe bitte hin, „PI:" und wie Du Dich gerade fühlst. Musst du vielleicht auf Toilette?
- ✍ Darunter: Hast Du irgendeine Ahnung, was das Target ist? Wenn ja, bitte hinschreiben. Gehe hindurch. Es ist nicht wichtig. Lasse es hinter dir.
- ✍ Jetzt gebe ich Dir die Koordinaten. Es sind zwei (drei) Reihen von Zahlen. Danach bitte sofort das Ideogramm.
- ✍ Erste Reihe: 736948, darunter 201022, darunter 318761. Ideogramm! (Die Zahlen sind Beispielzahlen!)
- ✍ Gut. Fahre bitte mit dem Stift entlang dieser Linie. Wo beginnt sie für Dich?
- ✍ Folge dem Verlauf der Linie. Wo spürst Du eine Veränderung, ab wo meinst Du beginnt eine neue Passage, ein neuer Inhalt? Mache dort einen kleinen Strich. Nummeriere die Abschnitte.
- ✍ Setze den Stift auf die Linie in diesem ersten Bereich. Fahre sie nach und beschreibe sie unter einem großen A auf einem freien Bereich dieses Blattes. Beschreibe ihren Verlauf.
- ✍ Fahre noch einmal, nicht zu langsam, diesen Bereich ab.
- ✍ Wie fühlt er sich an? Schreibe diese Eindrücke unter die des Verlaufs.

✍ Hast Du alles aufgeschrieben, was es zu dem Gefühl dieses Teils zu sagen gibt? Warte bitte nicht länger als drei Sekunden. Wenn nichts mehr kommt, gehe weiter. Bitte aber mindestens drei Eindrücke.

✍ Schreibe ein großes „B“ unter die bisherigen Begriffe. Dann schreibe auf, was für Rückschlüsse du aus Deinem Gefühl ziehst. Künstlich oder natürlich oder irgendein Archetyp? Nimm noch einmal mit dem Stift Kontakt zu dem Linienteil auf!

In dieser Art geht es weiter, ein Teil nach dem anderen, immer durchnummeriert als Index beim „A“, bis zum letzten Teil. Der Monitor fragt ab, ob es für den Viewer eindeutig der letzte Teil des Ideogrammes ist. Wenn der Viewer mit der Abarbeitung der ersten Seite fertig ist, nimmt der Monitor ein neues Blatt und legt es vor den Viewer.

✍ Schreibe bitte oben in die Mitte eine Seite 2. Ich gebe Dir noch einmal die Koordinaten und wir verfahren noch einmal wie eben.

Am Ende jeder Stufe 1 sollte der Monitor eine Ästhetische Impression (AI) abfragen.

10. Kapitel: Sortierung der Eindrücke - die Stufe 2

Der Umstand, dass Remote Viewing in Amerika, dem Heimatland unserer Nachkriegskultur, entwickelt wurde, führt gelegentlich zu einigen Schwierigkeiten in der Übertragung von Anweisungen und Sinnzusammenhängen in die Deutsche Sprache. Die Technik des Remote Viewing zu übertragen, ist, wie wir wissen, deshalb wichtig, weil in der Muttersprache der einfachste Vorgang der Verknüpfung von Eindrücken mit Worten vonstatten geht. Leider müssen wir aber auch Handlungsanweisungen und Benennungen der Methode übersetzen. Im Rahmen des Anspruchs, kompatibel zu bleiben, das heißt in diesem Fall, die Anforderung zu erfüllen, dass ausgebildete Remote Viewer auf der ganzen Welt eine Session aus einem anderen Land lesen können, (sofern sie die verwendeten Worte übersetzen können,) bedeutet nicht nur, eine Protokoll-Struktur wiederzuerkennen, sondern auch einzelne Bezeichnungen und demzufolge Abkürzungen auf Anhieb zu identifizieren.

Deshalb habe ich mich bemüht, vorhandene Vorgaben nach Möglichkeit beizubehalten und z.B. für eingeführte Abkürzungen eine deutsche Erklärung zu finden, die nicht zu weit von den eingeführten Standards abweicht. Bei „I" für Ideogramm gibt es keine Probleme, die **A**estethische **I**mpression geht in unserer latein-würdigenden Gesellschaft grade eben noch durch, und bei der **A**nalytischen **U**eber**L**agerung haben wir uns nicht allzu sehr verbiegen müssen. Aus O wird eben U.

„Break" durch „Pause" oder andere Begriffe zu ersetzen, wird auf Schwierigkeiten der Wiedererkennung stoßen. Hier empfehle ich einfach das Wort „Stop", ohne auf irgendwelche neuen Rechtschreibformen einzugehen. „Stop" wird in einigen internationalen Protokollen benutzt und darf damit als eingeführt gelten, zumal es für mich das gleiche Gefühl wie „Break" erzeugt. Die weiteren „Break"-Klassifizierungen weigere ich mich einfach zu übersetzen oder die Abkürzungsvorgaben zu übernehmen. Wenn wir uns angewöhnen, den Grund der Pause bzw. des Stopps niederzuschreiben, ist nicht nur der Form Genüge getan, sondern der Viewer wurde auch beschäftigt und wenn jemand die Session übersetzen muss, wird dieses auch kein Problemfall werden.

Viele andere Begriffe, die außerdem auftauchen, können in einem Land wie Deutschland, das nach der Computerrevolution erst recht mit Anglismen leben muss, durchaus übernommen werden. Menschen jenseits der Pensionsgrenze müssen sich damit abfinden, wollen sie weiterhin am gesellschaftlichen Leben teilhaben. Früher in Preußen war Französisch halbe Amtssprache. In diesem Sinne versuche ich einen nicht zu verklemmten Mittelweg für die Eindeutschung der „Fernwahrnehmung" zu finden und habe deshalb keine Scheu, die ganze Technik „Remote Viewing" zu nennen und trotzdem ein „deutsches morphogenetisches Resonanzfeld" zu beschwören.

Die Fortführung der Darstellung eines beispielhaften Remote Viewing Protokolls führt uns zwangsläufig in die Stufe 2. Wir haben zweimal hintereinander die 1. Stufe mit der Niederlegung des Ideogramms und dessen Dekodierung durch ein AI abgeschlossen, damit einen Break, eine Pause, eben einen Stop, gehabt und nehmen uns (bewusstgemacht) eine neue Seite vor, die wir wie immer ganz oben auch durchnumerieren. Je nachdem, ob wir das Ideogramm wiederholt haben, wie klein unsere Handschrift ist oder wie ausführlich unsere Stellungnahme ausgefallen ist, wird jetzt zumeist „Seite 3" oder gar „Seite 4" darüber stehen.

In der Stufe 2 ist der Viewer zum ersten Mal in der Lage, sensorische Eindrücke den Verrechnungseinheiten der einzelnen Sinnesorgane zuzuordnen. Damit werden sie erheblich präziser und die Auswahl der Begriffe wird auch umfassender. Wir tun hier so, als könnten wir unsere Sinnesorgane vor Ort nutzen. Allerdings ist der Viewer wie in Stufe 1 auch hier nicht zu einer Orientierung fähig, sondern übermittelt nur sehr einfache Eindrücke" von irgendwoher im Target. „Daten auf niedrigem Level" ist meinetwegen auch richtig, aber es geht doch auch mal ganz in Deutsch.

Was gibt es also für Eindrücke, die wir mit unseren Sinnesorganen vor Ort aufnehmen könnten, gesetzt den Fall, wir wären anwesend?

Nun, es sind die immer wieder beschworenen fünf Sinne des Sehens, Hörens, Riechens, Schmeckens und Tastens, die im Remote Viewing Protokoll meist wie folgt aufgearbeitet werden:
Farben
Oberflächen
Gerüche
Geschmackseindrücke
Temperaturen
Geräusche
Dimensionen

Die Reihenfolge ist typisch für das CRV-Protokoll, wird jedoch weitgehend auch von anderen Strukturierungen übernommen. Dabei kommt der Haut als komplexem Sinnesorgan die Ehre zu, zweimal als Wahrnehmungsfunktion vertreten zu sein: einmal mit dem Tastsinn, später aber auch mit der Temperaturwahrnehmung.

Nach meiner Erfahrung gibt es erhebliche Schwierigkeiten für Remote Viewing Trainierende, sich diese Abfolge zu merken. Lassen Sie mich hier kurz auf eine Eselsbrücke eingehen, die mir anfangs ebenfalls half, mich zu orientieren.
Wir nehmen unseren Finger und halten ihn vor unser wichtigstes Sinnesorgan, die Augen. Was sehen diese am einfachsten, wenn sie nicht scharf sehen? Farben. Und damit beginnen wir.
Unser Finger fährt herab auf die vorspringende Nase: Oberflächen.

In der Nase: Gerüche.
Darunter: der Mund mit dem Geschmackssinn.
Dann geht es über die Wangen, die Temperaturen fühlen, wenn wir aus dem Haus gehen hoch zu den Ohren: Gehör. Schließlich noch die allgemeine Ausbreitung: Dimensionen. Diese Fingerreise hört sich etwas albern an, aber sie hilft. Wenn Sie die Spur des Fingers aufzeichnen würden, ergebe sich ein V-artiger Haken. Leicht zu merken, oder?

Ich orientiere mich immer noch gern daran, wenn ich im Laufe des Monitoring durch andere Überlegungen abgelenkt wurde.

Mit anderen Remote Viewern habe ich oft diskutiert, ob die Reihenfolge der Sinneseindrücke im RV- Protokoll wirklich wichtig ist. Dabei tauchte die Ansicht auf, dass man, wenn dieser PSI-Sinn wirklich stammesgeschichtlich weit zurück installiert wurde, vielleicht mit den Sinnen, mit denen Tiere die meisten Informationen einholen, beginnen sollte. Das wären dann mindestens der Geruchssinn und das Gehör. Auch das Schmecken sollte man nicht verachten. Fakt jedenfalls ist, dass Menschen bei „Richen“ und „Schmecken“ beim Punkt „Geräusche“ die meisten Viewer förmlich „anspringen“ und von diesem Moment an wie von einem starken Sog erfasst werden, hinein in die „Zone“, hin zum Target.

Das (freigegebene) amerikanische Handbuch zum RV-Protokoll begründet die Reihenfolge mit einem notwendigen Durchlauf durch die einzelnen Stationen, so dass sich „die Blende öffnet“ und am Ende der Stufe 2 schon bewertete Eindrücke durchlässt, wie sie unter dem Aspekt „**Dimensionen**“ zu finden sind.

Verfolgen wir meine neuere Erklärung der Umschaltung des Systems, so wird hier klar, dass nach Abhandlung der Sinnesorgane nun eine Verrechnung, ein In-Beziehung-setzen möglich ist. Die nächste Schaltstelle des Gehirns ist erreicht.

Alle Eindrücke hier beziehen sich auf einen Vergleich mit einem anderen Eindruck, stellen so also einen Betrachtungsort fest und ermöglichen eine Perspektive.

„Groß, weit, klein und eng“ sind Eindrücke, die sich auf solch einen Vergleich beziehen. Dazu muss tatsächlich einige Vorarbeit im kognitiven System geleistet werden.

Im Laufe der Jahre kam ich auf zusätzliche Hilfen für den Viewer, um hier optimale Ergebnisse zu bekommen. Natürlich können Sie weiterhin aufschreiben, was Ihnen so gerader einfällt. Viel besser ist es jedoch, getreu dem Konzept der Methode, auch hier zunächst allgemeine Daten zu erheben, sich also zunächst um den Gesamteindruck zu kümmern, z.B. weit oder begrenzt oder gar eng, leer oder gefüllt, hoch oder niedrig oder sogar tief. Hat man sozusagen den Hintergrund ermittelt, kann man sich dem Inhalt eines Szenarios widmen: Gibt ein oder mehrere Objekte, stehen sie still oder bewegen sie sich, haben sie sonst irgendwelche Eigenschaften?

An dieser Stelle fällt es schon überraschend leicht, Größenverhaltnisse herzustellen, Bezüge zuzuordnen und einen Betrachtungsstandpunkt des Viewers festzustellen.

Als letztes unter „Dimensionen" kann man alles eintragen, was in die vorherigen Zuordnungen nicht hineinpasst. Eine Schublade „Verschiedenes" sozusagen. Darunter fallen zum Beispiel alle emotionalen Eindrücke des Viewers (AIs) und auch solche, die man im Target verortet hat und möglicherweise dort ein Lebewesen hat. Ganz beliebt bei Fahrgeschäften in Vergnügungsparks ist: „Da wird mir schlecht, wenn ich da hineintippe!" oder: „Mir macht das ja nichts aus, aber denen da drin geht es richtig schlecht!"

Wenn Sie diese Reigenfolge unter „Dimensionen" eingehalten haben, bildet sich die Stufe 3 wie von selbst, wenn Sie mit der Übertragung der Daten in dieser Kategorie beginn.

Wie sieht es aber bei den anderen Remote Viewing- Protokollarten aus?

Das Scientific-Protokoll (SRV) stammt direkt vom CRV-Protokoll ab, also im Prinzip gibt es keinen Unterschied. ERV(Extended)-Protokolle ähneln trotz der verlängerten Stufen diesem Urmodell sehr stark, hier finden wir aber eine andere Reihenfolge:
Farben
Sichtbares
Geräusche
Gerüche
Geschmäcker
Temperaturen
Oberflächen (Texturen)

Deutlich wird, dass auch hier die eher *bewerteten* Eindrücke am Schluss stehen. Ganz ohne Zweifel wird in beiden Strukturen der Umstand, dass der Mensch mit den Augen die weitaus meisten Informationen aufnimmt, zum Anlass genommen, diesen Sinn an den Anfang zu rücken.

Es folgt dann eine Abfrage des Tastsinnes, kombiniert mit dem Sehen. Oberflächen sind nicht nur glatt oder rau, weich oder hart, sondern vielleicht auch durchsichtig oder irgendwie gemustert.

Mit dem Tastsinn wird schon gleich zu Beginn der vielleicht älteste Sinn angesprochen. Seine Verknüpfung mit dem wichtigsten, komplexesten Sinn stellt eine gute Möglichkeit dar, die in der rechten Hirnhälfte angestauten Daten loszuwerden, sie abfließen zu lassen.

Das ist sehr wichtig, denn die wartenden Informationen sind aus verschiedenen Gründen, z.B. auch wegen der quantencomputerähnlichen, parallelen Arbeitsweise der rechten Gehirnhälfte, in Clustern organisiert. Zu übersetzen ist dieser Begriff mit „Anhäufung" oder „Zusammenballung", das heißt, wir haben es hier mit Bündelungen von Informationen zu tun, die gleichzeitig verarbeitet werden wollen. Remote Viewing, das sehen wir hier wieder, ist hauptsächlich ein Trick, mit unseren begrenzten kognitiven Möglichkeiten übersinnliche Geschehnisse zu handhaben.

Mit der Stufe 2 bekommen wir insgesamt ein Werkzeug in die Hand, mit dem wir diesen Prozess detailliert beginnen können. Von der globalen Betrachtungsweise in der Stufe 1 kommen wir nun zur Verarbeitung eines begrenzten Betrachtungsfeldes, was uns wiederum hilft, uns in dieser Phase an dem noch recht aufmerksamen Wachbewusstsein „vorbeizumogeln".

Während dieses zunehmend beschäftigt wird, lässt es, ohne sich besonders zu Äußerungen genötigt zu fühlen, Eindrücke durch, die den echten sensorischen Informationen sehr ähnlich sind. Die Täuschung findet durch die Ankündigung der Bereiche statt, und der Viewer bemüht sich ja auch, solche jeweils dort einzuordnenden Eindrücke ausfindig zu machen. Deshalb kommt es in der Stufe 2 auch seltener zu AULs, zumal die sensorischen Daten noch sehr alleinstehend, unscharf, verschwommen und flüchtig sind.

Das führt auch zur klaren Unterscheidung von AULs, denn hier handelt es sich um scharfe bildhafte Eindrücke.

„Immer wenn es ein richtiges Bild ist, ist es ein AUL!" lautet so die Daumenregel.

Wenn der Viewer in den einzelnen Kategorien seine Begriffe niederschreibt, kommt es nicht selten zu Mehrfachnennungen. Dies ist nicht etwa ein Fehler, den es zu unterbinden gilt, sondern hier macht sich, neben der Datenfülle, wieder eine Eigenart der clusterartigen Beschaffenheit der PSI-Daten bemerkbar.

Nehmen wir an, das aufzusuchende Zielgebiet sei ein Löwe in der Steppe, dann dürfen wir schon im Bereich Farben nicht überrascht sein, wenn „gelb", „braun", „ocker" oder „sandfarben" mehrmals genannt wird, einmal für den Löwen, einmal für das trockene Gras, das ihn gut tarnt und auch noch für den sandigen Untergrund, auf dem er sich bewegt. Möglicherweise hat er auch noch einen Begleiter(in) oder die ganze Löwenfamilie ist unterwegs.

Hier zeigt sich schon in einer frühen Phase einer Remote Viewing Session, dass wir es beim Anpeilen eines Zieles immer auch mit dessen Umgebung zu tun bekommen. Dazu gehören beim *Eiffelturm* die Straßen drum herum mit Autos und Souvenirläden, beim *Matterhorn* mit dem Schnee auch die Bergsteiger oder Skifahrer darauf und möglicherweise ein besonders emotional aufladendes Ereignis wie ein Unfall, und beim Target „abgestürztes Flugzeug XY" auch die Insassen mit ihren Schicksalen.

Dies gibt mir an dieser Stelle schon einmal Gelegenheit, darauf hinzuweisen, dass man sich sehr gut überlegen sollte, was man als Target auswählt. Es gibt natürlich Übungen im Laufe einer Session, sich auf das tatsächliche Ziel zu konzentrieren und sich von den umgebenden, oft recht unangenehmen Informationen zu lösen. Aber besonders, wenn Sie allein trainieren, kann das eine Weile dauern. Einige dieser Eindrücke sind sehr anziehend, besonders, da durch den Remote Viewing - Ablauf die Abgrenzungsmöglichkeiten durch den Willen und das Wachbewusstsein auch mit heruntergefahren sind. Auch der Vorsatz, alles an ein „Höheres Selbst abzugeben", führt nicht unbedingt zur Beschwerdefreiheit. Die hier eingeschlossene kleine Warnung gilt damit im Besonderen auch für den Monitor bzw. den Prozess, sich dafür jemanden auszusuchen.

Mit der fortlaufenden Abarbeitung des Remote Viewing Protokolls steigt deshalb auch die Möglichkeit, mehr und stärkere AIs zu empfangen. Ein AI ist ja die persönliche, spontane, gefühlsmäßige Reaktion auf ein Zielgebiet; werden alle Schranken heruntergefahren, kommt es besonders bei gefährlichen, ausgefallenen oder emotional ansprechenden Targets zu plötzlichen Rückkopplungen. Obwohl diese Abläufe auch beim Remote Viewing stark von der individuellen Einstellung einer Person abhängen (manche reagieren stark, manche kaum), findet sich zu vielen Zielgebieten eine einheitliche Reaktion, z.B. „Vakuum - da möchte ich nicht sein!“

Gegen Ende der Stufe 2 gelangt das RV-Protokoll zum Betrachtungsaspekt „Dimensionen“. Wie schon erwähnt, sind hier die komplexesten Eindrücke der Stufe 2 zu finden, weil sie auf Zuordnungen basieren. Deshalb würde ich eigentlich lieber „Relationen“ dazu sage, das wäre einleuchtender.

An dieser Stelle angekommen ist der Viewer deshalb jetzt bereit für die Stufe 3 zu sein, in der Zuordnen die wichtigste Rolle spielen wird. Für alle Bereiche der Stufe 2 finden Sie in einem Appendix am Schluss des Buches Auflistungen mit Begriffsvorschlägen.

Wir beschließen die Stufe 2 mit einer AI und fragen den Viewer: wie findest Du das (bis zu dieser Stelle)? Vielleicht ist er engagiert dabei und antwortet: „interessant“, aber das ist nicht immer der Fall. Manchmal ist er „verwirrt“, manchmal hat er ein gutes oder schlechtes Gefühl bei der Sache, aber wir sollten ihm auch „keine Ahnung“ oder „weiß nicht“ durchgehen lassen. Schließlich sind es seine Empfindungen, und es ist durchaus im Sinne der Methode, wenn er anzeigt, dass die Bedeutung des Targets für ihn unklar ist. -

Wenn Sie als Monitor trainieren, wird Ihnen die Theorie nicht erspart bleiben. Vielfach wird unter Remote Viewern die Meinung vertreten, dass derjenige, dem die Rolle des Monitors zugedacht wurde, den schwierigeren Job erwischt hat.

In der Tat muss er eine Doppelrolle durchstehen. Natürlich ist er auf der einen Seite der Interviewer, der Vertreter der heruntergefahrenen linken Gehirnhälfte des Viewers, der den Überblick zu behalten hat und später in Stufe 6 den effektivsten Weg zu möglichst vielen Informationen im Zielgebiet herausfinden muss. Das ist an sich schwierig genug. Es bedeutet, dass er Abläufe und Eigentümlichkeiten, Tricks und auch das Verhalten des Viewers gut überblicken muss. Er hat auch zu bedenken, dass eine strikte Kommunikationsregel zu beachten ist. Seine Äußerungen müssen so neutral wie möglich ausfallen, er hat zu vermeiden, dass er in Kenntnis des aktuellen Targets durch ungeschicktes Fragen oder Bestätigen den Viewer beeinflusst.

Gut - am Anfang ist es durchaus von Nutzen, wenn der Viewer Bestätigung und Erfolgs-Feedback während der Session bekommt. Später aber soll er selbst entscheiden können, was da aus dem Irgendwo in sie/ihn einströmt.

So gilt also für den Monitor eine genaue Sprachregelung. (Oft läuft es dann auf ein unbestimmtes „Hm-hm“ in den ersten Stufen hinaus, lediglich um den Viewer zu einem Fortfahren zu ermuntern und der eigenen Präsenz zu versichern.) Solange ein Viewer noch nicht den Ablaufplan auswendig durchführen kann, muss der Monitor die entsprechende Hilfeleistung geben und, ganz wichtig, er muss darauf achten, dass die kritische 3-Sekunden-Grenze für neue Eindrücke nicht überschritten wird. Ich möchte hier noch einmal darauf hinweisen, dass, falls so eine Informationsstrom-Verzögerung auftritt: lassen Sie den Viewer einfach einen Strich machen. Damit wird der verstrichene Zeitraum zu den Akten gelegt und der Viewer kann von neuem in sich hineinhören. Keine Panik, wenn es mehrere Striche hintereinander gibt, der Viewer aber durchaus noch den Eindruck hat, „da käme noch was“. Diese Striche stimulieren durchaus das „Lauschen“ des Viewers, also das Herüberströmen der Informationen bzw. unterstützen die serielle Einarbeitungsweise. Allerdings, wenn nichts mehr zu kommen scheint, sollte man auch Schluss machen können und sich dem nächsten Abschnitt zuwenden.

Nicht genug aber damit, dass der Monitor hier eine sehr komplexe Arbeit mit hohem Aufmerksamkeitsgehalt zu leisten hat, man kann sich inzwischen auch vorstelle, dass sich sein Unterbewusstsein in der Sitzung mit dem des Viewers verbindet, und somit beide an der Lösung des jeweiligen Problems arbeiten. Man mag hier einwenden, dass das den Wert von Remote Viewing entscheidend schmälern würde. Dem kann nicht zugestimmt werden. Sicher ist es im Training so, dass der Monitor die Aufgabenstellung kennt und der Viewer sich seine Informationen aus dem Bewusstsein seines Interviewers holen könnte. Das aber wäre auch schon PSI, der Viewer lernt also durchaus, übersinnliche Informationsermittlung zu betreiben, und wenn er dabei den einfachsten Weg geht, muss man einsehen, dass das eben in der Natur der Sache liegt. Später aber wird dem Monitor höchstens die Aufgabe als Formulierung bekannt sein, wenn überhaupt, und die Lösung wird etwas sein, was vielleicht noch niemand weiß. Dann ist es eine gute Idee, einen Mitstreiter zu haben und wenn wir C.G. Jungs Vorstellung vom „Kollektiven Unbewussten" teilen, dann werden vielleicht auch alle anderen Mitmenschen bzw. ihre Unterbewusstseine bemüht, eine Lösung zu finden.

Die Erfahrung zeigt jedoch, dass sich die Viewer nie nachweislich etwas aus dem Wissen des Monitors abholen, sondern eigentlich immer „in die Matrix gehen", wobei natürlich dort auch der Monitor vorhanden ist. Inzwischen hatte ich viele Beispiele dafür. Nicht nur, dass der Monitor die Antwort auf eine Frage selbst nicht wusste (deshalb machen wir ja RV), sondern dass die Anfangsannahme eines Projektes völlig anders war, als das, was die Viewer dann herausfanden. Und – die Viewer hatten regelmäßig recht.

Ihm Rahmen dieser einsehbaren Arbeitsbelastung sollte der Monitor eigentlich nur maximal vier bis fünf Sessions am Tag leiten. Ein geübter Trainer muss natürlich mehr leisten können, aber auch hier gibt es eindeutige Grenzen, besonders dann, wenn es üb er die Stufe 3 hinausgeht.

Was den Viewer selbst anbelangt, so sollte er am Anfang vielleicht auch nicht mehr als zwei Sessions bis Stufe 3 am Tag machen, eher weniger, zumal ja, wie schon angeführt, dem bekannten Lernverhalten entsprochen und die betreffenden Reizleitungsbahnen im Gehirn erst einmal gelegt und eingefahren werden müssen. Hier sollte man sich nicht überfordern, sonst gibt es tatsächlich Kopfschmerzen.

Und wir wollen uns doch den Spaß an Remote Viewing erhalten.

Beispielhaftes Vorgehen als Monitor in Stufe 2 (wörtliche Rede)

- ✍ Wir gehen jetzt in Stufe 2. Hier ist ein neues Blatt. Trage bitte oben die Seitenzahl ein, darunter „Stufe2".
- ✍ Nimm jetzt mit Deinem Stift wieder Kontakt zu Deinen Ideogrammen auf. Fahre sie kurz nach. Welche **FARBEN** fallen Dir ein? Trage sie links untereinander auf dem Blatt ein.
- ✍ Achte auf die drei Sekunden. Fällt Dir nicht sofort etwas ein, mache einen waagerechten Strich. Fallen Dir gar keine Farben mehr ein, gehen wir über zu **OBERFLÄCHEN**. Mache einen längeren Strich unter die Farben. Schreibe darunter Deine Eindrücke von Oberflächen.
- ✍ Wenn Dir keine Oberflächen mehr einfallen, mache einen längeren Strich und zähle **GERÜCHE** auf, die Deiner Meinung nach mit dem Target zu tun haben. Nimm immer wieder mit dem Stift Kontakt zu Deinen Ideogrammen auf.
- ✍ Wenn Du ein AUL hast, schreibe es bitte heraus. Geh hindurch und lasse es hinter Dir. Es ist nicht wichtig für den Fortgang der Session.
- ✍ Wenn Du alle Gerüche aufgeschrieben hast, mache einen Strich. Jetzt kommen **GESCHMACK**seindrücke.
- ✍ Nach den Geschmäckern kommen wir zu den **TEMPERATUREN**. Welche Temperaturen gibt es im Zielgebiet. Es können mehrere, auch unterschiedliche sein.
- ✍ Jetzt kommen die **GERÄUSCHE**. Hörst Du etwas im Zielgebiet?
- ✍ Als letztes die **DIMENSIONEN**. Schreibe sie untereinander auf. Nimm immer wieder Kontakt mit allen Ideogrammteilen auf. Ist es innen oder außen? Oder beides?
- ✍ AI: wie findest Du das?

Oben: 729982 / 421011 Tempel der Dämmerung, Bangkok

Unten: 945623/110661 City von Frankfurt zur Zeit der Aufnahme

11. Kapitel: Stufe 3, oder: was ist ein abstrakter Sketch?

Jede Stufe des Remote Viewing Protokolls ist in Darstellung und Funktion einzigartig und als solche wichtig für die erfolgreiche Durchführung einer Session. Trotzdem fällt die Stufe 3 aus mehreren Gründen auf und aus dem Rahmen.

In der dritten Stufe ist der Umschaltvorgang des Viewers bzw. das Herunterfahren seiner Abgrenzung gegen PSI-Vorgänge soweit fortgeschritten, dass er zum ersten Mal Zuordnungen feststellen kann. Diese werden auch durch Zuhilfenehmen von Linien durchgeführt. Trotzdem aber, und das ist kein Widerspruch, bleibt seine „Sichtweise" noch weitgehend unorientiert. Entfernungen, Dimensionierungen und Maßstäbe wie auch Perspektiven und geographische Lagen sind nur in Ausnahmefällen möglich. Eine Stufe 3 ist ähnlich einem „beschriebenen Bild", ohne dass man die Verhältnisse allzu sehr auf die Goldwaage legen sollte. Es findet hier zwar eine Orientierung im Zielgebiet statt, Proportionen und Perspektiven sind aber oft sehr eigenwillig. Nicht selten gibt es Verdrehungen und Spiegelungen oder Höhen werden in die Grundebene geklappt.

In manchen Protokollarten wird die Stufe drei lediglich dazu benutzt, die bisher ermittelten Erkenntnisse über das Zielgebiet zueinander einzuordnen.

Beim Training stellt der Beginn der Stufe 3 oftmals eine nicht zu unterschätzende Klippe dar, besonders, wenn jemand allein trainiert. Der Ausspruch eines Viewers, „Das ist die Qual des leeren Stück Papiers!" bleibt mir noch eindringlich im Ohr.

Eigentlich soll der Viewer damit beginnen, Linien, die für ihn etwas mit dem Zielgebiet zu tun haben, aufzumalen. Dabei wird ausdrücklich darauf hingewiesen, dass diese Linien keinen Sinn ergeben müssen, ja oft geradezu willkürlich und zufällig aussehen (dürfen). Manchmal sind es nur Abgrenzungen eines Aspekts zum nächsten, in anderen Fällen wird tatsächlich eine Kontur hergestellt, wie sie aus irgendeiner Perspektive wahrgenommen werden kann. Diese Perspektiven können außerordentlich verschoben sein, so dass man tatsächlich beim besten

Willen kein „Bild“ entdecken kann. Deshalb nennen wir die Arbeit in Stufe 3 einen „**abstrakten Sketch**“ zeichnen.

Es gibt aber keinerlei besondere Anforderungen an den Viewer, außer der, sich mit der Lösung dieser Stufe bzw. deren Bearbeitung zu beschäftigen. Wie man oft sehen kann, stimuliert sich der Viewer während der Durchführung aber soweit selbst, dass ihm fast immer noch neue Aspekte einfallen.

Den Umstand, dass dem Viewer sofort etwas einfällt, dass er sofort beginnt, Linien auf das Papier zu bringen, nennen wir einen „**spontanen Sketch**“. Vielfach gibt es bei erfahrenen Viewern kein Rückbesinnen auf die in den vorhergehenden Stufen erarbeiteten Daten. Der Viewer malt zügig vor sich hin und stimuliert sich durch dieses beständige Malen immer weiter selbst. Das ist sehr schön und durchaus anstrebenswert für einen Trainierenden und kann durch eine kleine Ermunterung angestoßen werden. Oft hat der Viewer schon am Ende der Stufe 2 durchaus Vorstellungen von Zusammenhängen und Strukturen im Zielgebiet, traut sich aber noch nicht, diese zu Papier zu bringen.

Dann fällt es nicht mehr schwer, die bereits angesammelten Daten an entsprechenden Stellen anzuordnen, und es werden dabei oder daraufhin weitere Informationen generiert. Das geschieht so lange, bis der Viewer den Eindruck hat, alles herausgeschrieben zu haben, was ihm auf dieser Stufe der Session einfiel und wichtig war.

Was aber, wenn der Viewer vor dem weißen Blatt Papier sitzen bleibt und darauf starrt wie das sprichwörtliche Kaninchen auf die Schlange? Wenn er sich womöglich verkrampft und schließlich weigert, diesen Blödsinn weiterzumachen?

Für diesen Fall, wenn wir das Wachbewusstsein wieder mehr einbeziehen, d.h. beschäftigen müssen, hält das RV-Protokoll die Variante „**analytischer Sketch**“ bereit. Wir beziehen uns auch hier wieder auf die Eindrücke, die der Viewer schon einmal hatte. Wir verlangen ja keine ordentliche Zeichnung, sondern „nur“ ein abstraktsymbolisches Profil des Zielgebietes, damit auch der Monitor erkennt, ob der Viewer im Zielgebiet ist. Die frühere Durchführungsweise war, sich wieder auf die Stufe 1 zu beziehen. Dort haben wir bereits Äußerungen des Zielgebietes, denn das Ideogramm wurde durch Nennung der Koordinaten, also der Aufgabenstellung, spontan hervorgerufen.

Also fahren wir dort die wichtigsten Teile nach und versuchen sie, in die Stufe drei herüber zu transformieren. Das Zuordnen der sensorischen Eindrücke der Stufe 2 ist dann auch nicht mehr so schwierig, denn auch diese Daten hatten wir uns wiederholt durch das „Hineinfühlen" mit dem Stift in die entsprechenden Ideogrammteile im ersten Anlauf eingeholt. Wenn wir diese Zuordnung jetzt wieder herstellen, ist es natürlich zum Einen eine Wiederauflage der bereits durchgeführten Vorgänge, bringt aber durchaus neue Verknüpfungen und stimuliert die weitere Informationssammlung.

Das Zusammenspiel der Bewegungskomponenten aus der Stufe 1 und der Dimensionseindrücke aus der Stufe 2 ist dabei der stärkste Anstoß. Andere Eindrücke hängen sich dann sehr einfach daran an und schon nach kurzer Zeit herrscht beim Wachbewusstsein wieder Vollbeschäftigung und der Viewer arbeitet sich zügig und ungeniert voran.

Für diesen Ablauf ist besonders die Sprachregelung des Monitors zu beachten. Seine Aufforderung und die Handlungsanweisungen sollten so neutral wie möglich ausfallen. Dabei können durchaus die schon niedergelegten Eindrücke der Stufe 2 benannt werden, es kommt nur darauf an, durch die Formulierung keine neuen Inhalte hinein zu bringen, sondern lediglich das abzufragen, was formal an der Reihe ist.

In der Realität könnte das auf folgende Formulierungen hinauslaufen:

„Schau mal nach in Stufe 1, welche Ideogrammbewegung erscheint Dir am wichtigsten?
Übertrage sie bitte auf die Seite vier (in die Stufe 3).
Passt etwas dazu von Deinen Dimensionseindrücken?
Wo soll das zugeordnet werden?
Schreib es dort hin, wo Du meinst.
Gibt es andere Eindrücke, die dazu passen?

Gehen wir Deine Farben durch. Wo ist es Deiner Meinung nach gelb?
Gibt es andere Farben, die noch nicht benannt sind?
Wohin passen Deine anderen Eindrücke?
Gehen wir die Oberflächen durch. Wo ist es glatt?
Wo ist es rau?"
Dann können alle anderen Eindrücke folgen.

Und so weiter. Mit diesem Sprachkodex können wir alle Aktionen formulieren, die nötig sind, Daten zuzuordnen, aber auch neue Daten zu finden. „Gibt es noch etwas, das Du hinzufügen möchtest? Fahr mal mit dem Stift über das Papier, sind da noch Eindrücke, die dort noch hin sollen?"

Auf diese neutrale Art der Fragestellung und Navigation kann der Viewer eigentlich nur mit eigenen Eindrücken reagieren und selbst interessierte Betonungen des Monitors können eigentlich nicht zu bestimmten neuen Details führen. Später, bei der Durchführung von Projekten, weiß der Monitor ohnehin genau so viel über das Target wie der Viewer und das, was er sich ausdenkt, ist letztlich nur eine Strategie, hin zu den gefragten Daten zu kommen.

In der Entwicklung der Ausbildung in Deutschland kam ich für Anfänger auf eine **dritte Variante der Erstellung einer Stufe 3,** die auch den Gesetzen der Logik gehorcht und so im Zusammenspiel der Gehirnprogramme gut angenommen werden kann. Zunächst einmal kann man Schreibhemmungen dadurch minimieren, dass man den Viewer fragt, ob er/sie einen Rahmen benötige oder auch nur gut fände. Im Prinzip ist es ein psychologischer Trick. Ein Rahmen ist zwar keine wirkliche Information über das Zielgebiet, aber nun steht schon mal etwas auf dem Papier; es ist nicht mehr ganz leer. Außerdem erinnert ein Rahmen daran, dass sich in dem Umschlag ein Bild befindet, das ja auch begrenzt ist.

Mit wachsender Übung kann man den Rahmen dann weglassen bzw. er wird von Viewern nicht mehr angefordert.

Dann schauen wir, was unter „Dimensionen" in der Stufe 2 genannt wurde. Wenn wir dort gut sortiert haben, stehen am Anfang allgemeine Informationen wie z.B. „weit". Diesen Begriff kann man gut eintragen. Oder wenn es „begrenzt" heißt, ist es gut einsetzbar, wo und wie der Targetbereich begrenzt ist. Damit ist auf dem Papier schon eine fundamentale Zuordnung geschaffen, in die man fortlaufend die anderen relativen Eindrücke eintragen kann und danach auch die restlichen Sinneseindrücke. Durch diesen Ablauf lässt sich nicht nur das Blatt leicht füllen, auch als Monitor erhält man sehr schnell einen Eindruck, ob ein Viewer on target ist und wo er/sie sich befindet und auf das Zielgebiet schaut.

Wichtig: Obwohl in der Targetformulierung[6] enthalten, muss sich ein Viewer nicht an den Ort des jeweiligen Fotografen begeben. Geübte Viewer nehmen nach einiger Zeit eine Art Vogelperspektive ein, aus der sie bequem alles überblicken können.

Während der Trainingsphase darf der Monitor, der Interviewer oder wie immer der fragende Partner in den verschiedenen Protokollarten genannt wird, auch gelegentlich bestätigen, dass der Viewer einen richtigen Eindruck hatte. Der Trainierende soll ja herausfinden, wie er mit den einströmenden Daten umgeht. Trotzdem wird der Monitor keine komplexen Gegenstände wie Häuser, Autos oder Landschaften hinzufügen können, wie es von Skeptikern oft vorgeworfen wird. Der Grund ist die Struktur des Protokolls, die nur einfache Daten und einen langsamen Aufbau zulässt. Und während der Viewer an der Arbeit ist, das wird jeder bestätigen, der sich einmal dieser Mühe unterzogen hat, hat er genug mit der Tätigkeit als solcher zu tun. Er kommt kaum dazu, den Monitor und seine Reaktionen zu beobachten und eventuell minimale Einzelheiten seiner Körpersprache unterschwellig zu interpretieren. (In einer operationalen Session weiß der Monitor ohnehin nicht, was herauskommen soll, er kennt nur das Zielgebiet!) Wenn man sich etwas Mühe gibt, ist es gar nicht so schwer, **neutrale** Formulierungen zu verwenden.

[6] „zum Zeitpunkt der Aufnahme und vom Standpunkt des Fotografen aus"

Wenn der Viewer fragt: „blau?“ - wird er vom Monitor in der Regel lediglich zu hören bekommen: „Schreib es hin.“ Oder: „Ist es das Empire State Building?“ Antwort: „Schreib hin: AUL Empire State Building.“ (Im Training kann es zur Unterstützung heißen: „Nein, ist es nicht. Vergiss es. Das ist ein AUL!“)

Natürlich führt das dazu, dass der Viewer sich anfangs öfter beklagt, er fühle sich so allein gelassen. Wenn er sich aber in die Arbeitsabfolge des Protokolls einarbeitet, sinkt die Relevanz dieser Umstände schnell und drastisch. Und wenn der Monitor den Wunsch verspürt, dem Viewer im Sinne eines Erfolgs-Erlebnisses zu helfen, dann muss eben der Monitor einsichtig sein und noch selbst etwas trainieren. Nach einiger Praxis, mit wachsender Erfahrung, ergibt sich dann wie von selbst die Erkenntnis, dass man dem Viewer gar nicht helfen muss. Er kommt schon von selbst drauf.

Die Aussagekraft einer Stufe 3 ist, mehr als in den vorhergehenden Abschnitten, individuell sehr unterschiedlich. Dieser Umstand verwirrt besonders am Anfang eines Trainings oft die Interessenten. Haben sie einmal eine sehr detailreiche und in den Zusammenhängen sehr gut erfasste Skizze gefertigt, sind Sie verständlicherweise enttäuscht, wenn bei der nächsten Session vielleicht nur zwei oder drei Linien und höchstens ein halbes Dutzend Begriffe aufgezeichnet und zugeordnet werden können.

Es kommt hier besonders darauf an, sich solche Abweichungen als natürliche Auswirkungen von der Verschiedenartigkeit der Zielgebiete wie auch der Einstellung des Viewers dazu, und, - nicht zu vergessen- auch seiner Tages- bzw. Augenblicksform, klarzumachen.

Auch der gleiche Viewer wird mit demselben, noch einmal dargebotenen Target anders umgehen, als zuvor. Jede neue Session ist immer wieder ein Neuzugang zu dem entsprechenden Zielgebiet, folglich wird der Viewer auch immer wieder an einem etwas anderen Punkt dort landen, aus dessen Datenfülle er dann wieder nach momentanem Konzept auswählt. Es ist immer nur ein relativ kleiner Ausschnitt, der so beschrieben wird, und man muss dankbar sein, wenn der Viewer auf Anhieb eine Betrachtungsposition findet, die für den Fortgang der Session von Nutzen ist. Diese optimale Kombination von „so nah wie möglich mit soviel Überblick wie nötig“ wird aber selten erreicht.

Es ist ebenfalls klar, dass zu keinem Target jemals ein Viewer alle Eindrücke niederschreiben könnte, auch wenn er die Session auf mehrere Stunden auszudehnen vermag. Das ist auch nicht die Anforderung an diesen Teil einer Session.

Im Gesamtzusammenhang wird vom Abschnitt 1-3 die Identifikation des Targets verlangt, damit also die klare Feststellung, dass sich der Viewer „on Target“, also da, wo man ihn hinhaben möchte, befindet. Denn in weiteren Stufen soll er nun beschreiben, wie die speziellen Informationen beschaffen sind, die man über das Target haben möchte. Deshalb ist die Stufe 3 auch unter dem Blickwinkel von Effizienz und Logistik fürs Ganze zu betrachten, und da reicht es völlig, das Zielgebiet so zu beschreiben, dass man den Viewer dann, spätestens in Stufe 6, an die wirklich gewünschten Informationen heranführen kann.

Leider sind die damit zusammen hängenden Lehrinhalte so komplex, dass hierfür in einer Einführung wie dieser kein Platz ist. Wer aber dennoch schon in der Stufe 3 differenziertere Informationen haben möchte, kann den Eingangsabschnitt einer Session durch bestimmte, allgemeingültige Herangehensweisen aus verschiedenen Protokolltypen ganz erstaunlich optimieren. Ich habe Arbeiten von Leuten gesehen, die lediglich bis Stufe drei ausgebildet waren und doch sehr wichtige Einzelheiten zu einem Target herausfanden. Es gibt Protokolltypen, die eigentlich nur bis zu Stufe drei gehen.

Die darin enthaltenen Vorgehensweisen oder „Werkzeuge“ finden Sie im nächsten Kapitel.

Gelegentlich finden sich auch Personen, die aufgrund ihrer „Begabung“ in der Stufe 3 schon so dicht im Zielgebiet „einschlagen“, dass ihre unorientierten, abstrakten Skizzen nach wenigen Minuten der Beschäftigung zu eindrucksvollen Bildergeschichten mutieren, die eine Stufe 6 von anderen Viewern durchaus in den Schatten stellen können. So begeisternd das oft ist, muss man hier aber besonders aufpassen, ob der Viewer nicht irgendwohin, weit weg vom Ziel, abgleitet. Dies kann sich sehr schnell durch das Einlocken auf einen komplexen Eindruck ergeben, der aber auch nur ein AUL sein kann, manchmal sogar ein AI.

Die Stufe drei ist sozusagen die „Ein-Nordung", wie es im Sprachgebrauch von Landkartenbenutzern heißen würde. Der Zugriff ist noch nicht genügend kanalisiert, der Viewer noch nicht ganz „auf den Pott gesetzt". Es gibt noch genügend Hochinteressantes am Wegesrand, das auch gern betrachtet werden möchte. Zum Glück kann man in einem Training, und darin befinden wir uns hier, gut üben, damit umzugehen. Schließlich kennt der Monitor das Target und kann in solchen Fällen sehr schnell eingreifen. Hier kann er auch selbst lernen, über Körperreaktionen des Viewers verdeckte, ungenannte AULs zu erkennen und identifizieren zu lassen und deren Benennung zu fordern.

Die Fähigkeit, ab Stufe 3 Eindrücke von Zusammenhängen empfinden zu können, führt beim Viewer zwangsläufig zu eigenen Stellungnahmen. Wenn ein Ziel sehr hoch ist oder sehr tief, der Viewer sich demgemäß sehr klein oder sonst irgendwie stark vom Zielgebiet eingenommen fühlt, dann hat er fast immer eine Ästhetische Überlagerung (AI). Manche Personen richten sich plötzlich auf und sagen: „Oh! Das ist aber toll (großartig, unangenehm, miserabel, wunderbar etc.)!"

Je bemerkenswerter die Targetvorlage und je sensibler der Viewer, desto stärker ist natürlich diese Reaktion. Diese AI ist ein Kennzeichen, dass der Viewer tatsächlich einen sehr guten Kontakt zum Zielgebiet erreicht hat.

Für ein Training wählt man demgemäß auch Ziele, die solche beeindruckenden Aspekte enthalten, so dass AIs leicht ausgelöst und erkannt werden.

Schöne (Übungs-)Beispiele dafür sind, falls Sie die entsprechenden Postkarten oder Bilder auftreiben können:
der Mount Everest, (hoch)
die Erde aus dem All betrachtet, (tief, schön)
der Grand Canyon, (beeindruckend)
ein Formel-1-Rennwagen in Aktion, (schnell)
Eisschollen im Polargebiet, (kalt, einsam)
das Innere eines U-Bootes,(eng, beklemmend)

Kriegsszenarien, (Vorsicht, keine tödlichen Kampfhandlungen!)
Kläranlagen oder Bauern beim Gülleverbringen,
Kunstflieger mit haarsträubenden Manövern,
Tier- und Menschenkinder,
besonders schöne Architekturen oder Landschaften, usw.
Schön ist es auch, wenn Sie Ihre Trainingstargets in so bunter Reihenfolge wählen. Es kommt dem individuellen Wunsch nach Abwechselung und Ernsthaftigkeit im Training sehr entgegen.

Wichtig ist dabei, dass die emotionalen Reaktionen des Viewers unbedingt erkannt und herausgeschrieben werden. Es ist klar, dass sich hier leicht eine versteckte Stellungnahme und Betrachtungsposition für den Viewer aufbauen kann, von wo aus er dann alle weiteren Daten betrachtet. Das kann gut gehen und zu einem besseren Modus führen, sollte aber nicht zu sehr intensiviert werden.

Auf jeden Fall müssen diese AIs erkannt werden. Der Viewer muss die Gelegenheit bekommen, durch Nennung seines Eindrucks sich auch wieder davon lösen zu können, um ungerührt etwas anderes zu betrachten. Behält der Viewer weiterhin unerkannt diesen Eindruck im Sinn, kann man sich kaum auf eine weitere Objektivität der Informationen verlassen. Herausrechnen nützt oft nichts, weil sich so auch die ganze Betrachtungsrichtung ändern kann, und das in einem völlig unerwünschten Ausmaß. Bis das erkannt und korrigiert ist, vergeht oft kostbare Zeit - wenn der Fehler überhaupt bemerkt wird.

So etwas ist natürlich sehr häufig möglich, denn die oben beschriebene Ah! und Oh!- Reaktion kommt nicht so häufig vor. Erheblich öfter, da man es bei den Trainierenden meist mit einem völlig „normalen" Menschen zu tun hat, kommt es zu Reaktionen, die lediglich wie ein Kommentar zu den Eindrücken aussehen. Oder die AI ist so schwach, dass sie vom Viewer überhaupt nicht wahrgenommen wird. Oder aber sogar verdrängt. Natürlich kann es auch sein, dass eine Emotion genannt wird, die im Target vorhanden ist. Das muss man unterscheiden.

Deshalb ist eines der wichtigsten Lernziele beim Training der Stufe 3 das Erkennen der AI durch den Viewer und sollte intensiv geübt werden.

Wenn Sie zu zweit trainieren, sollte Sie dabei nicht verwundern, dass Ihr Partner zum gleichen Target völlig andere AIs produzieren kann. Auch hier, da es sich ja um eine persönliche Reaktion handelt, gilt das alte mundartliche Sprichwort „Wat den eenen sin Uhl, is den andern sin Nachtigall".

Eine unberührte Natur kann der eine als schön und verlockend ansehen. Jedoch, wenn es sich um sibirische Weiten und Alaskas Einsamkeit handelt, kann solch ein Ort auch als beklemmend empfunden werden, besonders von eingefleischten Großstadtbewohnern. Da ist vielleicht ein einsamer Palmenstrand gerade noch erträglich. Man weiß ja, die nächste Disco ist sicher nicht weit.

Nach dem Niederschreiben der AIs machen wir jeweils wieder eine kurze Pause, einen „Break", wie die Erfinder des Remote Viewing es nennen, um uns von dem Eindruck zu lösen. Denken Sie hierbei vielleicht wieder an das schon vorher genannte „Hindurchgehen". Werfen Sie keinen Eindruck weg, legen Sie ihn einfach ab, und zwar indem Sie ihn aufschreiben. Dann legen wir den Stift kurz auf den Tisch.

Ganz ähnliche Anmerkungen wie zu den AIs muss man demgemäß auch zu den AULs auf der Stufe 3 machen.

Da sich die Wahrnehmung des Viewers hier sehr stark ausgeweitet und differenziert hat, haben auch die Analytischen Überlagerungen eine gute Gelegenheit zum Auftreten. Wenn sie erkannt und aufgeschrieben werden, haben wir auch hier unser Trainingsziel erreicht. Zum Glück sind diese Eindrücke leichter zu identifizieren als AIs. Hier kann es mittlerweile zu ganz interessanten Effekten kommen, die gemeinhin mit „AUL-Treffer" benannt werden. Wenn der Viewer schon sehr viele Einzeleindrücke von einem Target hat, formt sich ein Bild, das an ein ganz bestimmtes Zielgebiet erinnert, das der Viewer kennt, das aber nicht gemeint ist. Beispielsweise erinnert der Kölner Dom einen Ulmer an sein Münster, die „Lousitania" oder die „Andrea Doria" kann für die „Titanic" gehalten werden oder der Fujiyama für das Matterhorn.

Der Viewer muss nun lernen, diesen Eindruck abzulegen, obwohl er durch seine assoziative Nähe sehr stark ist. Gelingt ihm das nicht, kann es zu den gefürchteten AUL- Schleifen führen, in denen der Viewer in seinen Assoziationen hängenbleibt oder immer neue produziert.

In solch einer Situation ist es einsichtigerweise schwer, wieder zum normalen Ablauf zu finden. Eine längere Unterbrechung ist oft die nicht zu umgehende Maßnahme. Die Verfasser des CRV-Protokolls schlagen vor, dass der Viewer sich seine Daten anschaut, um herauszufinden, ab wann sie auftrat und was der Auslöser für diese Schleife war, um dann auf dem Status davor fortzufahren.

Erfahrungsgemäß tun sich Viewer mit diesem Prozess meist sehr schwer. AUL-Schleifen haben die unangenehme Eigenart, von boshafter Hartnäckigkeit zu sein. Oft wird nichts anderes übrigbleiben, als sich mit einem neuerlichen Ideogramm (Koordinaten oder Bewegungsübung) daraus zu befreien.

AIs und AULs kommen in der Stufe 3 auch deshalb recht häufig vor, weil der Viewer schon eine begrenzte Möglichkeit hat, sich zu bewegen, sozusagen sich „umzuschauen". Von der einfachen Frage „Was für einen Eindruck hast du an dieser Stelle?" bis zu solchen Erkenntnissen wie „Das ist aber nur eine Seite, die andere sieht ganz anders aus!", kommt es für den Viewer zu Umorientierungen, die schnell auch Assoziationen und Stellungnahmen auslösen oder fördern können.

Auch der plötzliche Drang, irgendeine Struktur oder eine Einzelheit zeichnen zu müssen, kann diesen Vorgang auslösen.

Wenn man das Herausschreiben von AULs und AIs gut im Griff hat, kann man Sessions, die nur bis Stufe drei führen, auch sehr weit und detailreich führen.

Bedenken Sie aber bitte, dass Stufe 1-3 nur zur Manifestation der systemischen Umschaltung dient. Zum „Hineinkommen" sozusagen. Remote Viewing ist aber viel mehr und wird in den dann folgenden Stufen abgewickelt. Wenn Sie also im Internet Beispiele sehen, wo jemand zum entsprechenden Target 1:1 die genaue Zeichnung in der Stufe drei abgeliefert hat, meinetwegen das Capitol oder das Atomium in Brüssel, dann lächeln sie und kommentieren es für sich als „naja, ganz nett, aber nicht gefragt".

Das Target „Wirbelsturm“ 180497 / 001001 und die Ergebnisse von vier verschiedenen Viewern. (Drei Frauen, ein Mann.)

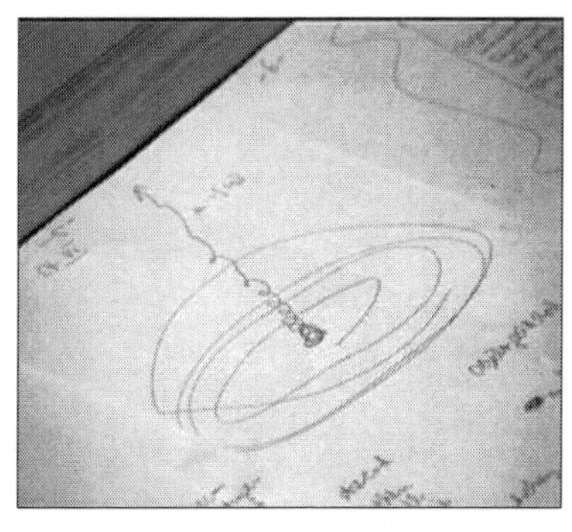

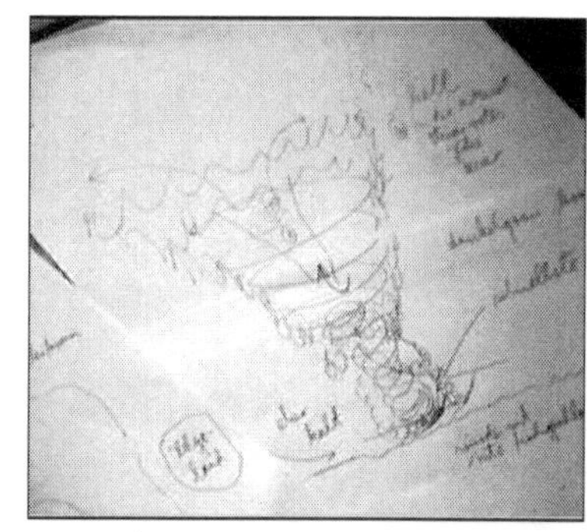

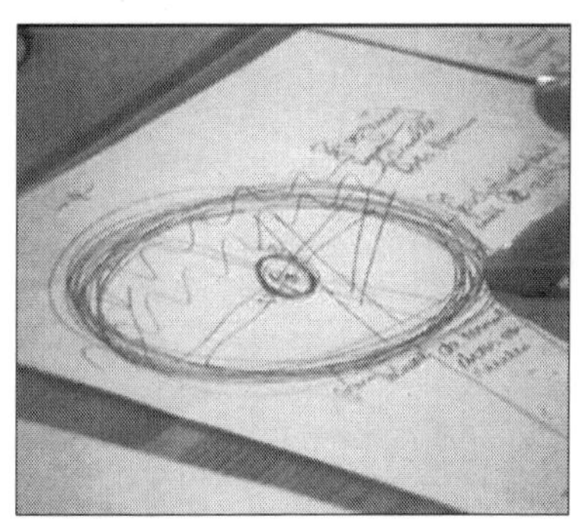

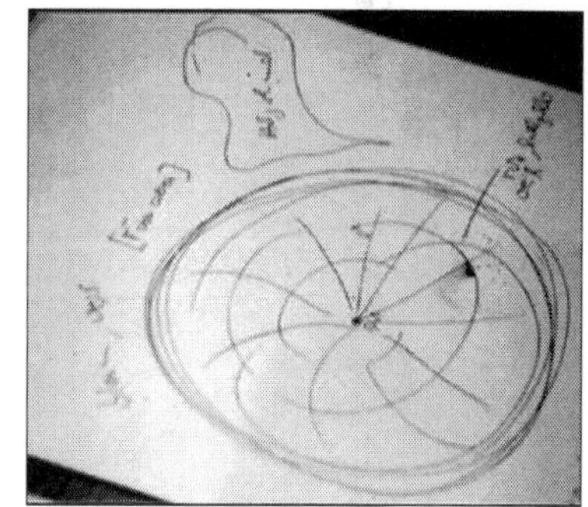

Denn solch eine genaue Zeichnung, die zu einem AUL führt, ist im Gesamtkontext nicht hilfreich, auch wenn es sich um einen „AUL-Treffer“ handelt.

Nach diesem Treffer ist der Verstand so sehr im Vordergrund, dass es fast unmöglich ist, relevante Informationen zu bekommen, die NICHT im Gedächtnis des Viewers abgespeichert sind, z.B. solche aus der Zukunft.

Und es wäre ja auch nur die Beschreibung des Bildes in dem Umschlag. Deshalb muss man kein Remote Viewing machen.

Ingo Swann kommentierte das bekanntermaßen sehr richtig mit den Worten „Wenn ihr wissen wollt, was in dem Umschlag ist, dann macht ihn doch auf!“

Remote Viewing ist die Ermittlung dessen, was auch der Monitor nicht weiß, das sollten wir uns immer vor Augen halten.

Wenn dem Viewer in dieser Stufe nichts mehr einfällt, beschließen wir sie wieder mit einem abgefragten AI. Sollte hier die ganze Session zu Ende sein, schreiben wir ganz unten auf die letzte Seite das Wort „Ende“ und die momentane Uhrzeit. Dann fordern wir als Monitor den Viewer auf, sich insgesamt von diesem Vorgang zu lösen.

Dem guten Brauch, dass der Viewer dann als erster ganz real in den Umschlag schauen darf, sollten wir auch Genüge tun.

12. Kapitel: Der (Scharf-)Schütze und die Bewegungsübung – Zielen, Treffen, Nachjustieren.

Die größte Frage des Remote Viewing ist meiner Meinung nach immer noch: wie trifft der Viewer eigentlich sein Zielgebiet? Und vor allem, wo trifft er es?

Seit man begann, diese PSI-Methode zu entwickeln, ist man der Antwort kaum näher gekommen. Im Laufe der Zeit konnte man lediglich Techniken entwickeln, die zwar funktionieren, aber eher empirisch als aufgrund einer gesicherten Theorie entstanden.

Um uns das etwas klarer zu machen, schauen wir uns in diesem Rahmen einmal die Entwicklungsgeschichte von Remote Viewing an.

Die amerikanische Geschichte der Methode begann mit dem Forscherteam Putthof/Targ am Kalifornischen Stanton Research Institut.

Die ersten Versuche, die man machte, mündeten schließlich in das Outbounder Remote Viewing Protokoll. Hierbei wurde eine Versuchsperson (Outbounder) durch zufällige Auswahl an einen entfernten Ort geschickt, den eine daheim gebliebene Versuchsperson beschreiben sollte.

Man nahm damals an, dass, wenn es eine Datenübertragung der parapsychologischen Art geben sollte, sie in der Form von Sender und Empfänger stattfinden würde. Man ging davon aus, dass hierbei beide beteiligten Menschen nötig seien.

Dass diese Frühform des Remote Viewing funktionierte, schien diese Annahme einer Art Telepathie zu bestätigen.

Im weiteren Verlauf des Projektes stellte sich natürlich die Frage, wie viel Sinn eine PSI-Methode hatte, die immer jemand am Ort des Geschehens benötigte, welches beschrieben werden sollte. Die damals damit Beschäftigten witzelten zwar, dass sie in Kalifornien langsam keine interessanten Ziele mehr fanden und für weite Reisen kein Budget vorhanden sei, aber der wahre Grund lag natürlich ganz woanders.

Um weitere Förderungen zu bekommen, musste man den Geheimdienst ausreichend interessieren. Was aber nützte diesem ein „Outbounder Remote Viewing" wirklich? Für die Kommunikation mit Agenten hatte man schon ausreichende Informations-Übertragungsmethoden entwickelt, und für alle anderen Anwendungen gab es noch die Reporter, die sich auch recht schnell ans Telefon hängen konnten. So erstaunlich die Experimente waren, mit der herkömmlichen Technik erhielt man die möglichen Ergebnisse ebenso.

Der Durchbruch in dieser Hinsicht stellte dann die Erkenntnis dar, dass man auch jeden anderen Ort auf dieser Welt durch einen Viewer beschreiben lassen konnte, wenn man ihm die geographischen Koordinaten gab. Es heißt offiziell, dass man großes wissenschaftliches Interesse daran hatte, was diesen Remote Viewing-Effekt auslöste. Zum Beispiel, so sagte man, wollte man wissen, ob die Entfernung eine Rolle spielte. Damit meinte man beides, die geographische und die zeitliche.

Ich möchte an dieser Stelle behaupten, dass man genau zu diesem Zeitpunkt die ganze Tragweite des Remote Viewing-Effektes durchschaute. Jedenfalls gab es 1973, nachdem man festgestellt hatte, dass es funktionierte, eine groß angelegte Pressekonferenz, in der genau das Gegenteil erzählt wurde.

Warum, fragt man sich; denn nur der Umstand allein, dass hier zwei Menschen in Gedankenkontakt treten konnten, wird wohl nicht der alleinige Auslöser gewesen sein. Tatsächlich muss zu diesem Zeitpunkt etwas viel Gravierenderes erkannt worden sein, an dem man in Ruhe forschen wollte. Umstände übrigens, die sich mit europäischen Entwicklungen durchaus deckten. Im Freiburger PSI- Forschungsinstitut hatte man, wie schon erwähnt, bei Versuchsreihen, die das Übermitteln von Symbolen (Skatkarten etc.) beinhalteten, festgestellt, dass Sender und Empfänger nicht austauschbar waren. Was bedeutet dies?

Nehmen wir an, in der Konfiguration „Sender" A und „Empfänger" B tritt eine signifikante Erfolgsquote auf. B trifft überdurchschnittlich viele Aussagen richtig. Umgekehrt aber ist die Trefferrate genau im Rahmen der Wahrscheinlichkeit, manchmal sogar schlechter. Konnte jetzt A besser senden oder B besser empfangen? Die schlechte Ausbeute im Gegenversuch mit vertauschten Rollen klärt es nicht, beweist aber, dass eine Version richtig ist. Welche?

Zur gleichen Zeit gab es psycho-physikalische Beeinflussungs-Experimente in Deutschland, aber wesentlich mehr wurde hinter dem Eisernen Vorhang geforscht. Hier bei uns wurden zufällige Molekülströme beeinflusst oder bespielte Tonbänder gelöscht bzw. mit einem Rauschen versehen. Aus der damaligen Sowjetunion drangen später Informationen herüber, die auch mit Filmaufzeichnungen belegt wurden, dass es Personen gab, die Gegenstände nur mit Geisteskraft bewegen konnten. Und aus USA schließlich drang die Kunde von hochoffiziellen „Löffelbieger-Parties", Veranstaltungen, in denen, oft bezeugt und von vielen Leuten aktiv durchgeführt, auch Materie physikalisch beeinflusst wurde. Nämlich ein handelsüblicher Löffel erheblich deformiert.

Das aber ist durch reines „Empfangen" schlecht möglich.
Mit dieser Schlussfolgerung muss man aber eine PSI-Aktion als aktiven Akt definieren, was nicht unerhebliche Auswirkungen hat. Sogar Ingo Swann, der Verfechter der „neutralen" CRV-Methode ließ dies in seinem Buch „Geheimsache Mond" unter Berufung auf die Unerschrockenheit, die man im hohen Alter gewinnt, erst 1999 als bisher streng gehüteten Fakt heraus.

Eigentlich wird jedem Beteiligten eines Remote Viewing Trainings bald klar, dass das sogenannte „Herunterladen von Daten aus einer kosmischen Informationsmatrix" kein passives „Empfangen" allein sein kann. Alles Vorgenannte und der Vorgang des Aussortierens, den man unweigerlich beim Viewen vornimmt, sprechen dagegen.

Wer sagt denn der Matrix, „Hallo, jetzt bitte die Daten senden?" Es ist doch wohl so: der Viewer greift hinein und holt sich seine Informationen und wenn er mit den Schwingungen des Seins genügend in Resonanz ist, (was eigentlich immer der Fall ist, sonst würden wir nicht existieren,) kann er sich sozusagen „überall hin resonieren" und letztlich sogar anderen Bereichen seine Modulation aufdrücken und damit seine Umgebung verändern. Das bedeutet aber auch, dass das, was er tut, er überall und zu jeder Zeit tun kann, weil er es aktiv tut und nicht auf die Freundlichkeit der Matrix warten muss.

Also kann er sich auch an jeden Ort in diesem Universum begeben, von dort berichten und dort auch etwas anrichten, bzw. sich manifestieren. Er „geht" also dorthin und „schaut" sich um.

Dann muss man ihm nur noch einwandfrei sagen, wohin er seinen Blick wenden soll. Die logische Konsequenz aus dieser Überlegung ist, eine Orientierung zu wählen, die seit langem benutzt wird und jedem etwas bedeutet, die also auch von jedermann kontrolliert werden kann.

Das Logischste ist die Idee der geographische Koordinaten. Hier wird ein Ort klar definiert, der Viewer begibt sich dorthin und beschreibt. Ein aktiver Akt, wenn es funktioniert.

Es funktionierte und Remote Viewing begann, in der Geheimhaltung zu versinken.

Diese Vorgehensweise ist allerdings vergleichsweise unpräzise und aufwendig. Ein Target mit Breiten- und Längengraden, dazu die Bogenminuten und Sekunden war für die interessierten Militärs ein zu grobes Raster und ging auch nicht konform mit ihrer eigenen Beschreibungsweise eines aktenvermerkten Zielgebietes, das ja auch nur ein Gebäude in einem größeren Verbund, meinetwegen einer Ortschaft sein konnte.

Die Koordinaten 18 Grad, 20min. 30 sec Nord und 10 Grad, 14 min. 10sec. West bedeuteten zwar einen Ort, waren für Anwender (und damit zahlende Kunden) weniger wert als z.B. Az P 395632/957466/1975, was für ein bestimmtes, kleines, abgezäuntes Areal in einer großen militärischen Anlage stand, weil man es so genannt hatte und im Archiv wiederfand.

Also schrieb man die militärischen Aktenzeichen auf den Umschlag und legte einen Zettel mit den geographischen Koordinaten dazu in den Umschlag und startete eine weitere Forschungsserie.

Es funktionierte wieder. Also war klar, man konnte einen Viewer an jeden beliebigen Punkt schicken, hinter Drahtzäune, Alarmanlagen und jede Art von Abschirmung. Folge dieser Erkenntnis: das Aktenzeichen genügte als Angabe, die moderne

Art der Koordinaten war geboren. Weitere Folge: noch tiefere Geheimhaltung.

Mit diesen Versuchen war man aber auch einer anderen Frage näher gekommen, die durch die bis zu diesem Zeitpunkt aufgetretenen Sessionergebnisse aufgeworfen wurde.

Denn die Ergebnisse waren beileibe nicht immer akkurat, jedenfalls nicht von Anfang an. Der Viewer tauchte manchmal am Rande der Umzäunung, mal mittendrin, mal darüber auf. Manchmal sogar einen Kilometer entfernt. Aber es war kein Problem, den Blickpunkt zu korrigieren. Den Viewer herumzulotsen, bis er dicht genug war und das Gesuchte „im Blick hatte". Wie also orientiert sich der Viewer? Wie kommt er überhaupt an? Er ist doch sozusagen in Nullzeit da, gleich nach dem Verlesen der Aufgabenstellung (Koordinaten). Etwas muss er doch wissen, und warum ist das nicht von Anfang an genau?

Alle diese Fragen können wir noch nicht befriedigend beantworten. Es wäre schön, weil man dann die Methode noch weiter optimieren könnte.

Wenn wir mit der aktuellen Theorie herangehen, dass unser Gehirn auf quanteprozessorähnlichem Weg arbeitet, könnte man sagen, dass das in den Verstand ausgeworfene Ergebnis der „Hochrechnung" der fast unendlichen Datenmenge erst einmal unscharf sein MUSS. Natürlich gibt es ab und zu direkte Treffer, aber der Suchprozess während des Umschaltens, was ja auch ein spezielles Ansprechen der „Auswahlalgorithmen" ist, braucht auch dafür seine Zeit.

Jede Aktion, die man dann einschaltet, verschafft dem Prozess mehr (Rechen-)Zeit beziehungsweise einen Neustart für die Ergebnisfindung im Quantenraum. Das könnten wir natürlich öfter einsetzen, nur leider ist die Zeit für eine Session mit etwa einer Stunde schnell gefüllt.

Während eines Projekt- Arbeitstreffens der Berliner Remote Viewer im Jahr 2002 sagte Kristina S. plötzlich unvermittelt: „Also, das mit der Ankunft im Zielgebiet ist doch fast so, wie ein Scharfschütze schießt!"

Ich schaute wohl etwas verständnislos drein und bat sie, ihre Vorstellung vor meinen Augen zu entrollen. Zu erwähnen ist, dass sie zu jenem Zeitpunkt gerade mit der deutschen Synchronbearbeitung des Films „Enemy At The Gates" beschäftigt war, in dem es um Scharfschützen ging, die einander auflauerten. „Na sieh mal, so ein Scharfschütze muss ja schnell zielen und schießen, weil ein Ziel oft nur ganz kurz zu sehen ist. Da kann er sehr ungenau sein, wenn die Zeit zu kurz ist. Und weil das Ziel sehr weit weg ist, denn diese Leute operieren immer mit Zielfernrohren, dann bedeutet eine winzige Abweichung beim Schützen eine sehr große Abweichung beim Ziel."

Ich überlegte. Der Viewer ein Scharfschütze? „Hm, und, weiter?"

„Ja, also der Viewer ist irgendwie Schütze und Projektil zugleich, so stelle ich mir das vor. Er kriegt das Ziel und beamt sich- zack! - in die Richtung, wo er einen ersten Eindruck vom Target hatte. Wenn er gut trainiert hat, trifft er vielleicht beim ersten Mal. Wenn nicht oder aus anderen Gründen, schießt er daneben, das heißt, er kommt etwas entfernt im Zielgebiet an. Das kann man ganz deutlich an den Daten sehen, die er aufschreibt. Hier, so zum Beispiel:"

Sie nahm ein Blatt Papier und fing an zu zeichnen. „Also, das ist das eigentliche Zielgebiet mit seiner Datenumgebung, also den Eindrücken, die eindeutig zum Target gehören. Jetzt hat sich der Viewer beim Abschuss nur eine Winzigkeit geirrt, kommt aber im weit entfernten Target weit vom Kurs ab. Und weit entfernt meint hier nicht irgendwie räumlich oder zeitlich, sondern eben unbekannte Schwingungen und Tätigkeit der rechten Gehirnhälfte, weil man gerade etwas ganz anderes vor der Session getan hat, nämlich linkshemisphärisch Auto gefahren oder so etwas. Und jetzt ganz schnell die rechte Gehirnhälfte benutzen, das ist schon weit weg im Vergleich zu vorher, finde ich.

Also er kommt sozusagen daneben an. Dann hat er aber in seinem Sichtbereich eine Anzahl von Eindrücken, die sich nur zum Teil mit denen decken, die er hätte, wenn er direkt im Ziel angekommen wäre. Eine Schnittmenge eben, Mengenlehre, kennst du doch. Manchmal erkennt man diese gemeinsamen Eindrücke und kann dann sagen, wo der Viewer steht und ihn geradewegs zum Ziel schicken. Und manchmal geht das eben nicht.

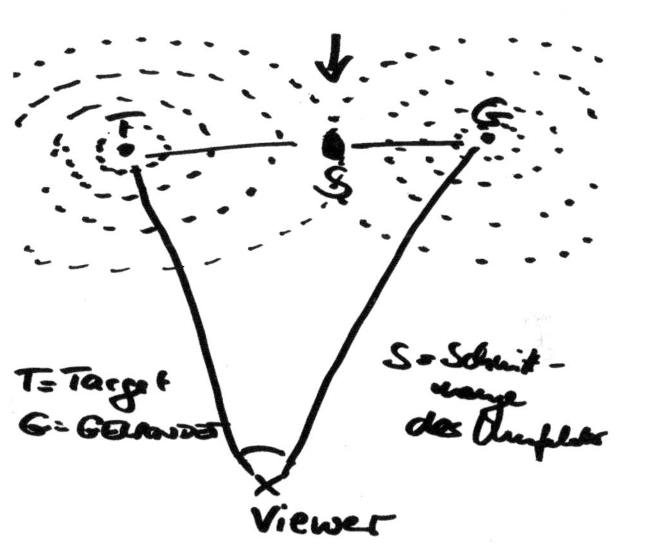

Weil der Viewer zu weit abgekommen ist. Keiner seiner Eindrücke ist einer, den man vom Zielgebiet aus wiedererkennen würde. muss ja nicht weit sein. Braucht ja nur auf der anderen Seite einer Mauer sein."

„Dann würde aber die Mauer gemeinsames Datenmaterial sein."

„Ja, aber sie kann ja auf der anderen Seite bemalt sein. Egal. Also, wenn der Schütze zu weit daneben geschossen hat und das erkennt, was macht er dann?"

„Er schießt noch mal, schätze ich."

„Genau. Und beim Remote Viewing heißt das Bewegungsübung. Sozusagen noch mal die Aufgabenstellung und Ideogramm und alles von vorne."

Ja, so konnte man das auch sehen, fand ich; wahrscheinlich ist es ganz anders, aber es war ein sehr hübscher Vergleich, der auch zeigte, dass ihr die Problematik klar war, und das ist eigentlich für jede Tätigkeit wichtig. Man könnte natürlich auch sagen: Wir setzen den Quantencomputer noch einmal in Gang und dann muss folgerichtig eine andere Näherungslösung herauskommen, die allerdings im Zielgebiet liegt. Wichtig ist nur, dass wir in der Auswertung oder beim Monitoring einen Bezug herstellen können.

Denn wenn der Viewer sich also an einen falschen Punkt der Matrix begeben hat (und wir merken es nicht), werden die Informationen, die er dort anschaut, für das Projekt uninteressant sein. Er muss also näher an das Target, wo immer das ist. Und wenn er schon mal da draußen ist, viel näher an dem Zielgebiet als vorher, muss man ihn nicht vollends wieder zurückzuholen und er braucht nicht noch einmal die ursprünglichen Koordinaten dargeboten bekommen. Er könnte sich „auf die Entfernung" ja wieder nur eine Winzigkeit vertun aber damit wieder weit vom Ziel weg landen.

Sie hatte damit eigentlich ungewollt eine sehr schöne, allgemeinverständliche Art der Ergebnisfindung in einem Quantencomputer beschrieben, ohne von diesem Gebiet etwas Genaues zu wissen. Es zeigt aber auch hier, dass wir uns mit dieser Theorie und dem Vergleich auf dem richtigen Weg befinden und dass lebendige Systeme eben genau wie ein Quantencomputer arbeiten, weil anders ein Überleben gar nicht möglich wäre. Oder eben nur auf dem Niveau eines Frosches, der mit wenigen Eindrücken zurechtkommt.

Was damals die Entwickler von Remote Viewing gedacht haben, wissen wir nicht. Die wissenschaftlichen Leiter Puthoff und Targ kamen beide aus der Laserforschung und werden in der einschlägigen Literatur als „Quantenphysiker" bezeichnet. Möglich, dass sie eine Idee von den Verrechnungsvorgängen hatten, wie ich sie heute sehe. Wie dem auch sei, für jemanden, der sich nicht in diese Grundlagenphysik einarbeiten will, funktioniert das Bild vom Scharfschützen eigentlich sehr gut. Wenn man näher dran ist, das erleben wir ja auch an den Schießständen in Vergnügungsparks, kann man beim neuerlichen Schießen kaum noch danebentreffen.

Und so benutzt das „Nachjustieren“ des Viewers nicht noch einmal die Koordinaten, wie es am Anfang der Session gemacht wird, um den „Schuss“ auszulösen, sondern bezieht sich eindeutig auf das Zielgebiet, ohne es direkt zu nennen. Wir haben es schon einmal festgelegt, wir brauchen es nur noch einmal anzuvisieren.

Die Technik, die hiermit dargestellt wurde, heißt „**Bewegungsübung**“ und ist eins der am besten funktionierenden Werkzeuge im Remote Viewing Protokoll. Man kann dies aber nur entwickeln, wenn man eine aktive Vorstellung von dieser PSI-Methode hat. Wie vordem erwähnt.

Was aber sagt man dem Viewer anstelle der ursprünglichen Koordinaten? Target, sagt man, denn es ist ja klar, um was es sich in der laufenden Session handelt, man arbeitet ja daran. Und dann muss man noch etwas die Art der Annäherung oder die beste Sichtmöglichkeit des Zielgebietes/Targets definieren. Dabei finden dann Formulierungen wie die Folgenden ihre Anwendung.

Allgemein:

-Das Target sollte wahrnehmbar sein.
-Das Wesentliche des Targets sollte wahrnehmbar sein.
-Direkt vor dem Target sollte etwas wahrnehmbar sein.

Spezieller:

-Aus zehn Meter Höhe in Richtung auf das Target sollte etwas wahrnehmbar sein.
-Einen Meter vor dem Target in Richtung auf das Target sollte etwas sichtbar sein.
-Im Innern des Targets sollte etwas wahrnehmbar sein.

Man beachte auch hier eine strenge Sprachregelung, die dem Viewer nicht zu viele Vorgaben übermittelt, um was es sich bei dem Target handelt. Natürlich wird hier ganz allgemein die Wahrnehmung des Viewers angesprochen, „etwas soll wahrnehmbar sein“, und das mit allen sensorischen Möglichkeiten.

Oft mutiert dieser Begriff zu „sichtbar sein“, was meist genauso gut funktioniert. Ich möchte jedoch ausdrücklich auf die allgemeine Form hinweisen, auf die man sich zurück beziehen kann, wenn es deutliche Beeinflussungen beim Viewer gibt.

Der **Ablauf einer Bewegungsübung** geht wie folgt vonstatten: Der Viewer wird durch die Ankündigung aufmerksam gemacht. „Wir machen jetzt eine Bewegungsübung.“ Der Viewer hält inne, nimm eine neue Seite und schreibt dann den Text auf, den der Monitor ihm vorgibt, meinetwegen „Das Wesentliche des Targets sollte sichtbar sein.“ Dann, als würde er sich am Anfang der Session befinden, folgt ein Ideogramm und die entsprechende Dekodierung, wie in Stufe 1 beschrieben, dann Stufe zwei und drei, also noch einmal der gesamt Ablauf.

Da man erst in Stufe 3 einigermaßen gut ermitteln kann, in welchem Abstand der Viewer sich zum angepeilten Informationsfeld befindet, ist eine Bewegungsübung auch erst frühestens nach der ersten Stufe 3 möglich bzw. angemessen. Meist folgt sie sogar erst nach der Stufe 4, wenn feststeht, dass der Viewer keine weiterverwendbaren Daten ermittelt hat. Das kann dann die gleichen Auswirkungen haben wie ein tatsächlicher Neubeginn der Session.

Wir haben hier meistens die Situation diskutiert, die sich aus dem gemeinsamen Training von zwei Personen oder mehr ergibt, wenn also immer einer die Rolle des Monitors übernehmen kann. Was ist aber mit den Interessierten, die in ihrem Umfeld niemanden kennen, der ihnen als Partner zur Seite stehen würde, den **Solo-Trainierenden**?

Für diese Gruppe gelten zwei Richtlinien.

Erstens: alle möglichen Eingriffe müssen als Formulierungen vor der Session niedergelegt werden, um dann entsprechend eingesetzt zu werden. Bis zur Stufe 3 einschließlich ist das kaum ein Problem, weil das Protokoll klare Anweisungen vorgibt.

Wer den formalen Ablauf nicht auswendig kann, mag ihn auf einem Spickzettel vor sich hinlegen, um der Störung durch die Nichtbeantwortung der Frage „Was muss ich jetzt tun?“ zu entgehen. Ein Beispiel dafür finden Sie am Ende des Buches im Anhang.

Die einzige weitere Frage wird in diesem Rahmen noch die nach einer Bewegungsübung sein, die man beim Einzeltraining oft nur sehr allgemein anwenden kann, am einfachsten in der Form „Das Target sollte wahrnehmbar sein" oder „Das Wesentliche des Targets sollte wahrnehmbar sein".

Zweitens: die korrigierende Person des Monitors erweist sich genau in der Frage als nötig, wenn es darum geht, ob eine Bewegungsübung durchgeführt werden soll oder nicht. Hier kann dem Solo-Viewer eigentlich nur die vorformulierte Frage an entsprechender Stelle helfen, ob das, was man hier bearbeitet, direkt zum Target gehört oder nicht. Wenn man das Gefühl hat, eher mit „gehört nicht zum Target" antworten zu müssen, ist eine Bewegungsübung angesagt.

Eine spezielle, abgekürzte Bewegungsübung empfiehlt sich besonders für Solo-Viewer. Man kann einen speziellen Teil der Stufe 3 untersuchen, wenn man meint, dass sich hier eventuell wichtige Daten verbergen, man aber nichts in einer Formulierung benennen könnte. (In einer gemonitorten Session hilft es, wenn man nonverbal vorgehen möchte.)

Die Technik heißt „X/A/B" aus dem einfachen Vorgang heraus: Man macht an der Stelle in der Stufe 3, die man aufklären möchte, ein Kreuz.

Die Aufgabe lautet nun im Prinzip: „Beschreibe den Ort X!" Schnell wird ein Ideogramm darauf gemacht und die bekannte A/B-Abarbeitung geleistet, wobei man versuchen kann, sich die Beschreibung des Ideogramms zu sparen und gleich Eindrücke aus dem Target niederzuschreiben.

Diese Eindrücke kann man auch sofort wie in Stufe 2 sortieren, was einer Reduktion der Stufe 1 auf das Ideogramm gleichkommt. Versuchen Sie's einfach. Zur Original-Bewegungsübung können Sie immer noch zurückkehren.-

Wie man sieht, ist der Trainingsweg eines Einzelnen erheblich mühsamer, als wenn er es zu zweit gemacht hätte, da er viele Fehler erst nach Ende der Session erkennen kann. Das Gleiche gilt für das Erkennen und Herausschreiben von AULs und AIs.

Aber vielleicht führt es dazu, dass ein Solo-Trainierender intensiver lernt. Hoffen wir´s.

Jetzt aber sollten wir endlich eine Session probieren. Kopieren Sie sich zur Sicherheit die Kurzanleitung im Anhang, und dann los. Probieren wir es noch einmal, nun aber etwas ordentlicher als in der „Kurz-und-schmutzig“-Phase.

13. Kapitel: Die weite Welt der Protokolle - Anwendungen und Tools

Wenn einem der Begriff Remote Viewing zum ersten Mal begegnet, ist man versucht, anzunehmen, es handele sich hier um eine einzige, spezifische Methode zum Erreichen von PSI- Funktionen. Bei näherem Hinschauen fächert sich das Vorgehen in eine mittlerweile unüberschaubare Anzahl von Durchführungsarten, sog. Protokollen, auf.

Das Einzige, das alle diese Methoden gemeinsam zu haben scheinen, ist die Definition von Remote Viewing. Allesamt sind sie Methoden zur Erlangung von Informationen, die nicht mit Hilfe der bekannten fünf Sinne eingefangen werden können, „Fern- Wahrnehmung" eben.

Es ist aber klar, dass alle Methoden auch mit den gleichen menschlichen konstruktiven Gegebenheiten und Fähigkeiten umgehen müssen, ja eigentlich darauf basieren. Warum gibt es dann so viele verschiedene Möglichkeiten des Herangehens?
Dieser Umstand ist sicherlich aus der Entwicklungsgeschichte der Technik zu erklären. Seit den sechziger Jahren wurde bei den Großmächten geheim, in vielen wissenschaftlichen und esoterischen Instituten aber auch ganz offen an der Erstellung einer PSI-Methode geforscht. In den siebziger Jahren nahmen diese Bemühungen immens zu. Jede dieser Gruppen war aber von den anderen isoliert, bzw. behielt ihr derzeitiges Wissen für sich. Die staatlichen Forschungen wurden als geheim deklariert, die wissenschaftlichen Institute kamen wegen ihres Labor-Anspruches langsam voran und auf die esoterischen Zirkel wurde kaum mehr als ein geringschätziges Auge geworfen. Auch die gesellschaftliche Standardmeinung, von den Geheimdiensten kräftig unterstützt, es gäbe kein PSI, verhinderte in den letzten Jahrzehnten des 20. Jahrhunderts eine gegenseitige Kommunikation außerhalb der Hochsicherheitsareale.

Trotzdem oder gerade deshalb entstanden im Laufe der Zeit mehrere Methoden, die sich heute, nach Etablierung des Begriffs Remote Viewing aus werbetechnischen Gründen dessen bedienen, auch wenn es einmal andere Bezeichnungen gab. Plötzlich wurden auch Techniken, die schamanischer oder religiöser Abkunft sind, als Remote Viewing angeboten. Und, nicht zu vergessen, das Forschungsprojekt in den USA durchlief auch verschiedene Stadien, bis es CRV wurde. Personen, die zwischendurch ihre Anwesenheit in dem Projekt beenden mussten, nahmen den letzten Stand ihres Wissens mit und nannten das Remote Viewing. Das war durchaus nicht verkehrt, dann so hieß das Forschungsprojekt von 1972 an bis 1995, wo wieder mehr gependelt wurde und Tarotkarten gelegt.

Alles in allem ist es wie mit dem Auto: ob Diesel, Otto- oder Wankelmotor, alle laufen mit einem Ölderivat, das verbrannt wird; sie sehen zwar unterschiedlich aus, bringen aber den Benutzer zu den denselben Orten. Manche sind schöner, manche schneller, manche effizienter. Limousinen, Lastwagen und Omnibusse. Und nicht zu vergessen: die Motorräder. Die Wahl des Vehikels ist abhängig von der Art dessen, was transportiert werden soll und vom Geschmack.

Es gibt auch Zwittertypen, z.B. Pick-Ups, Kleinbusse und Motorräder mit Beiwagen.

Nicht alle Möglichkeiten werden gebaut oder setzen sich durch. Ähnlich ist es mit Remote Viewing. Die Erfinder aller verfügbaren Techniken haben erkannt, dass sie PSI-Aktion nur erreichen, wenn sie an der regulierenden Funktion des Wachbewusstseins vorbeikommen. Manche nehmen den Holzhammer zum Einschläfern der Ratio, manche schummeln sich an ihr vorbei.

Die von mir bisher erklärte RV-Methode durch kontrollierten Ablaufplan ist eine Brecheisen-Methode mit den schnellsten Erfolgen. Da immer der Bedarf entsteht, dass der ganze Mensch im Einklang ist, muss hier das gewaltsam stillgelegte Wachbewusstsein sozusagen hinterher humpeln. Andere Methoden legen das Wachbewusstsein nicht so abrupt schlafen, sondern lassen es freiwillig den Weg freigeben; das allerdings nicht in wenigen Stunden oder Tagen, sondern nach Monaten oder Jahren. Das ist vielleicht harmonischer, aber in unserer ungeduldigen Welt zu langsam und auch in den Details nicht so effizient.

So ist auch die Reaktion der Menschen unterschiedlich, die auf die eine oder andere Art Remote Viewing gelernt haben. Manchen geht es zu schnell, manchen zu langsam; manche fühlen sich als Individuum übergangen, andere finden affirmative Gebetsmühlen als niveaulose Zumutung.

In der Zwischenzeit haben sich aber schon gemischte Methoden gebildet, Zwitterprotokolle, die aus beiden Lagern schöpfen, aus dem spirituellen und aus dem technischen. Vielleicht sollte man diesen Vorgang, genau wie bei den Verkehrsmitteln, weiterführen und vervollkommnen, damit jeder seine ihm zusagende Methode des Remote Viewing finden kann. Ein weites Experimentierfeld, das noch vor uns liegt.

Ich möchte im Folgenden einige sehr verschiedene Protokollformen und Remote Viewing-Techniken vorstellen, ihre Wirkungsweise und die Vorzüge oder Nachteile einzelner Vorgehensweisen kurz darstellen.

Die älteste, vielleicht am weitesten verbreitete Art, sich dem PSI-Phänomen zu nähern, ist aus spiritueller oder schamanischer Sicht, und ihre Techniken sind oft in religiöse Zeremonien eingebunden. Wir finden besonders in fernöstlichen Praktiken bewusste Vorgehensweisen, den Geist zu leeren oder ihn als bewertende und aufgrund von Erfahrungen kommentierende Instanz auszuschalten.

Traditionelle chinesische Meditation beinhaltet, auf der leeren Fläche des geistigen Sees ohne Emotion zuzuschauen, welche Formen und Ereignisse auftauchen. Der Weise betrachtet sie, ohne sie zu werten. Ob die daraus resultierenden Erkenntnisse weitergegeben wurden, richtete sich unter Umständen nach der finanziellen Lage des Klosters bzw. dem weltlichen Stand seiner Leitung. Der Remote Viewer, wenn wir den Mönch hier einmal so nennen dürfen, interessierte sich als Produkt dieser geistigen Erfahrung nicht mehr besonders für das Weltliche.

Der Zen-Buddhismus Japans führt die Ratio ad absurdum. Nach der Praxis von zehnjährigem Stubeausfegen als einziger Tätigkeit zusätzlich zu den oben beschriebenen Anwendungen wird das Wachbewusstsein durchaus einsehen, dass es mit seinen rationalen Ambitionen überflüssig ist. Interessant hierbei ist, dass die durch den Meister geforderten Arbeiten durchaus den Hintergrund der seriellen Abarbeitung erfüllen, was ja e-benfalls das Wachbewusstsein durch Beschäftigung aus dem Verkehr zieht. So kann eine staubsaugende, bügelnde Hausfrau (oder Hausmann) auch zu sekundenlangen Klarsichtigkeiten oder „Eingebungen“ kommen.

Religiöse Organisationen benutzten die serielle, also hintereinander liegende Tätigkeit zu geistlichen Einstimmungen. Technik ist dabei die Gebetsmühle oder der Rosenkranz, vorher angewähltes Target ist entweder die Gemeinschaft der Gläubigen (und deren Vertiefung bzw. Orientierung auf bestimmte Führer) oder die Ausführung eines Wunsches: „Mutter Maria, mach, dass das Kind wieder gesund wird“. Interessant dabei ist, dass hier mehrere Anwesende (Gläubige, Gottesdienstbesucher) mit von der Partie sind und ihre Kraft gemeinschaftlich einbringen können.

In sogenannten heidnischen Gemeinschaften finden wir den gemeinschaftlichen (monotonen, hypnotischen) Tanz, der ebenfalls die Funktion der seriellen Abarbeitung übernimmt. In bestimmten Fällen wird diese Tätigkeit stellvertretend durch den Zauberer oder Medizinmann durchgeführt, der dann die geforderte Entscheidung in einem, den ganzen Stamm betreffenden Problem fällen soll. Mittlerweile wird die moderne Form der Hypnose auch zur Informationsbeschaffung benutzt (siehe UFO-Entführungen etc.) und alle Trance-Zustände ebenfalls „Remote Viewing“ genannt.

In allen menschlichen Gemeinschaften wurden diese Abläufe von den verschiedensten Drogen unterstützt, wozu an dieser Stelle kein Kommentar abgegeben werden soll, außer dem, dass man sehr wohl wusste, und es damit auch belegte, dass man PSI nur unter Umgehung der Ratio erlangen kann. Die Essenz aus allen diesen Darstellungen ist eigentlich: „nicht denken, sondern fühlen!“

Hier setzt auch eine durchaus nicht sehr moderne Form der geistigen Ausrichtung ein, die in diversen spirituellen Bereichen als „Affirmation“ bekannt ist und zu weit mehr als nur zu Einstimmungen benutzt wird. Das Ziel ist die Ausrichtung auf die spezielle Glaubensgemeinschaft, den speziellen Führer und die speziellen Vorhaben, z.B. Selbstmordkommandos. Hierbei wird die PSI-Aktivität auf den Akteur reflektiert. Die Möglichkeit, auf diese Weise Menschen um- und neu zu programmieren, kann natürlich (und wurde auch reichlich in der Geschichte unseres Planeten) zum größten Schaden für das Individuum missbraucht. In der einen oder anderen Form werden solche Techniken heute zu jeder Zeit in jeder Form kommerziell genutzt. Das nennt man dann emotionale Produkt-Bindung.

Bezogen auf unser Thema müsste man dieses Vorgehen Emotional Remote Viewing nennen und richtig: wir finden genau diesen Begriff bei den Viking-RV's, und die teilweise seitenlangen „Kommandolisten" sind in das Internet gestellt. Durch die beständige Wiederholung bestimmter Feststellungen oder Wunschvorstellungen wird nicht nur die (Voll-)Beschäftigung des Wachbewusstseins betrieben, sondern auch seine Ausrichtung. Es handelt sich hierbei also um eine weitaus differenziertere Technik als die des stundenlangen „Hare-Krishna"-Singens, das durchaus auch seinen vorgegebenen Zweck erfüllt. Die angestrebte „Erleuchtung" ist der Status, wenn das Ego oder das „Ich" sich vollständig verantwortlich für sein Dasein und seine Handlungen fühlt.

Eine Einstiegsformel zur Erlangung des Anschlusses an die universelle Informationsmatrix kann ungefähr wie folgt formuliert werden:

-Ich bin.
-Ich bin vollständig erwacht.
-Ich bin vollständig verantwortlich für meine Existenz.
-Ich bin vollständig verantwortlich für meine Wünsche.
-Ich bin vollständig verantwortlich für meine Handlungen.
-Ich bin vollständig verantwortlich mir gegenüber.
-Ich bin vollständig verantwortlich für Schmerzen.
-Ich bin vollständig verantwortlich für das Unbewusste.
-Ich bin vollständig verantwortlich für alle Folgen. etc.

Solche Kommandolisten können drei Sektionen beinhalten. Im ersten Teil wird das Zielgebiet bzw. die Vorgehensweise etabliert, im zweiten Teil werden die aktuellen Wünsche und Interessen eingefügt und der letzte Teil dient der Säuberung von Unstimmigkeiten und Fehlleistungen.

Diese Technik wurde ursprünglich angewandt aus der Einsicht, dass jede Art von PSI- Tätigkeit das Individuum durch den geleisteten Energieaufwand schwach und angreifbar macht. Das Rezitieren wurde als Stärkeformel zum Herunterladen kosmischer Energie benutzt. Überspitzt gesagt ist es Voodoo gegen Voodoo.

Es ist leicht einsehbar, dass diese Verfahren den Vorteil haben, dass hier der Mensch einsichtig-freiwillig und ganzheitlich in die Handhabung von PSI hineinwächst und die Vorgänge deshalb auch als harmonisch und richtig empfindet. Wenn es dazu einen Nachteil gibt, dann könnte man ihn so formulieren: der PSI-Akteur hat eigentlich gar kein Interesse an dem Ergebnis bzw. es an irgendwelche Interessenten weiterzugeben. Sein Fokus ist das Universum und die ewige Gültigkeit; das erdgebundene Gewürm und seine Wünsche und Laster sind unwichtig.

Nimmt man vorformulierte Wünsche in serielle Rezitationen hinein, kann man nicht von Remote Viewing, sondern eher von „Remote Doing“ (Remote Influencing) sprechen, also einem aktiven PSI-Einsatz. Es ist eigentlich nichts anderes als eine konzentrierte Art des Wünschens. In diesen Bereich gehört beispielsweise auch das Aufschreiben von Wünschen. Erstaunlicherweise werden diese erfüllt, man muss es nur probieren! Zu diesem Thema sind mehrere Bücher geschrieben worden.

Ein weiterer Nachteil dieser Methode, falls man sie als Remote Viewing betreibt, ist, dass der Viewer durchaus sehr anfällig für plötzlich durchbrechende Beurteilungen und Sinngebungen des Wachbewusstseins ist. Um hier gegenlenken zu können, ist sicherlich jahrelange Praxis und eine grundsätzliche Begabung entscheidend.

Abschließend möchte ich noch einen besonderen Umstand in der „Fühlenden Fernwahrnehmung“ ansprechen. Zur Unterstützung des Einstiegs gehört das bewusste „Freimachen“ des Geistes, was dadurch verstärkt werden kann, dass man ausformuliert die eigene Verantwortlichkeit an ein „Höheres Selbst" abgibt. Das ist eine schöne Art des Ablegens jeder Verantwortlichkeit und ich denke, allein dadurch, dass so wenig spirituelle Katastrophen passieren, ist dieses „Höhere Selbst" bewiesen. Oder etwa nicht? Aus den Erkenntnissen mit Remote Viewing kann man sagen, dass es eben die Adressierung von Problemen an das quantencomputerartig arbeitende Parallelsystem ist.

Wahrscheinlich waren aber die schamanischen Methoden dem amerikanischen Geheimdienst zu langsam und den Wissenschaftlern zu diffus und ungreifbar. Zwar mussten sie die Prinzipien des zur Seite geschobenen Wachbewusstseins anerkennen, nur war der Kalte Krieg gerade aktuell und Ergebnisse mussten schnell und zur Not von jedem anwesenden GI rücksichtslos produziert werden können.

So suchte man nach allen mechanistischen Methoden, um an das Unterbewusste heranzukommen. Hier sind das Phänomen der Körperzuckung einzuordnen und auch der bekannte Aspekt der Alphabetisierung, des Zerlegens eines Vorganges in kleinste Teile, um daraus wieder ein komplexes Bild aufbauen zu können. Das Ergebnis war nach einigen Vorformen, die heute immer noch als eigene Techniken gehandelt werden, wie z.B. das Outbound RV, schließlich das Coordinate Remote Viewing Protokoll. Die daraus entstehenden Effekte haben wir vorstehend schon eingehend erfahren.

Ich habe bewusst das CRV-Protokoll zum Ausgang meiner Heimtrainings-Hinweise gemacht. Nicht nur, weil ich es als erstes kennengelernt habe, sondern auch, weil hier alle wichtigen Elemente, die für einen wirksamen Einstieg in den Zustand des Viewens wichtig sind, benutzt werden. Der Aufbau von CRV hält den Viewer während der Session gut „bei der Stange". Außerdem enthält CRV keine auf irgendjemand geprägte Affirmation.

Diese Standardstruktur kam durch kleinere Änderungen als kommerzielle Methode und eingetragenes Warenzeichen auf den Markt. Man sprach dann von **T**echnical **R**emote **V**iewing (TRV) oder von **S**cientific **R**emote **V**iewing (SRV).

TRV ist eine geringe Weiterentwicklung von CRV durch Einfügung verschiedener neuer Herangehensweisen auf der Stufe 6. Im Prinzip basiert es jedoch auch auf dem CRV-Protokoll, das Tom McNear 1986 als Reminder für zu bewerbende Geheimdienstinstitutionen erstellte. Es kann inzwischen kostenlos aus dem Internet heruntergeladen werden oder aber in gedruckter Form von verschiedenen Quellen bezogen werden.

SRV ist die spätere Vereinnahmung des CRV/TRV-Protokolls durch Courtney Brown, einen der ersten zivilen Schüler in dieser Technik.

Brown, Gründer des Farsight Institutes und mehrfacher Buchautor sowie Doktor der Sozialwissenschaften, verband seinen Erfahrungskontext mit dem gerade gelernten, frisch etablierten Protokoll. Heraus kam eine Variante, die das „Technische“ etwas mildert und das Intuitive etwas mehr betont. (Das komplette Protokoll ist in seinem Buch „Cosmic Explorers“ veröffentlicht.) Er erklärt beispielsweise die Vorgehensweise bei Remote Viewing als den Vorgang, bei dem die „leisen“ Eindrücke des Unbewussten durch den überlagernden „Lärm“ der normalen fünf Sinne „hindurchgehört werden“. Für ihn ist das Unterbewusste (subspace mind) die „Intelligenz der Seele“. Schön gesagt.

In einigen Bereichen ist sein Protokoll etwas strukturierter als es vom CRV-Ablauf bekannt ist. Ich bin durchaus der Meinung, dass diese Differenzierungen übernommen werden können, wenn Sie nach diesem Buch trainieren möchten.

Beginnen wir mit der Targeterstellung. Brown sieht drei Hauptaspekte in der Zieldefinition:

1. die Parameter (Viewing parameters),
2. das essentielle Stichwort (essential cue),
3. die detaillierten Aufgaben (list of qualifiers)

Eine Target-Formulierung sähe für ihn beispielsweise so aus:

27503 94723 (Koordinaten)

Apollo 11/ Neil Armstrong/ Landung auf dem Mond/ 20. Juli 1969

Liste der zu betrachtenden Vorgänge: der Landevorgang, wenn das Landefahrzeug auf dem Mond aufsetzt, die Aktivitäten von Neil Armstrong nach der Landung und das Aufstellen der amerikanischen Fahne.

Brown warnt eindringlich davor, irgendwelche Annahmen mit in die Target-Formulierung hinein zu nehmen. Beispiele dafür bietet der Mord an John F. Kennedy, den man ohne die Schlussfolgerung einer Verschwörung formulieren sollte oder verschiedene Unglücke, bei denen die Ursache lediglich als Schlussfolgerung von Experten vorliegt, z.B. der Absturz von Antoine de Saint-Exupéry oder die Verluste von Schiffen und Flugzeugen im Bermuda-Dreieck.

Auch in den Kopfzeilen des Protokolls verlangt Brown eine aufschlussreiche Differenzierung. Er unterteilt die Angaben über den momentanen Status des Viewers in drei Teile:

1. Physikalischer Status, das sind körperliche Unpässlichkeiten oder Auswirkungen von Krankheiten. Es ist klar, dass hier eine zu starke Belastung des Viewers zum Abbruch oder Nichtwertung der Session führen kann.

2. Emotionaler Status verzeichnet die Angaben über die persönliche Gestimmtheit zu Beginn der Session. Wenn jemand gerade kurz vorher größeren Ärger oder Stress hatte, sollte man die Session lieber verschieben, rät Brown.

3. Vorausahnungen. Es kann vorkommen, dass sich der Viewer schon im Vorfeld eine Meinung bildet, was das gesuchte Target sein könnte. Dieser Eindruck ist hier niederzuschreiben, sodass sich der Viewer davon befreit. Hinterher kann man immer noch nachschauen, ob er Recht hatte.

Auch die Art der Session sollte im Vorspann angegeben werden. Hier unterscheidet Brown sechs Möglichkeiten:

1. Solo Sessions, in denen das Target vorher bekannt ist („frontloading“)
2. Solo Sessions, in denen das Target vorher nicht bekannt ist und zufällig gewählt wurde („blind“)
3. Solo Sessions, für die das Target durch einen anderen Menschen geliefert wurde („tasker“), der davon weiß, aber nicht in die Session eingreift.
4. Session mit Monitor, in der der Monitor genauestens über das Target informiert ist. Dies ist die übliche Trainingssituation.

5. Session mit Monitor, in der beide „blind“ arbeiten, und das Target von irgendjemandem außerhalb erstellt wurde.
6. Session mit Monitor, in der beide „frontloaded“ arbeiten, also informiert sind.

Brown empfiehlt Arbeiten an Targets, die bekannt sind, nur für Viewer mit großer Erfahrung. In jedem Fall muss dieser Aspekt bei der Auswertung immer bedacht werden.

Sinnvollerweise sollte man sich nur in Ausnahmefällen auf andere Typen als die „blinden“ einlassen. In Projekten wird es gemeinhin so sein, dass der Viewer nichts vom Target weiß und der Monitor lediglich die Formulierung, denn im Ernstfall wird ein Remote Viewing Target für ein Frage formuliert, deren Antwort allen unbekannt ist.

„In von mir gemonitorten Sessions dieser Art ist überwiegend eine Lösung erarbeitet worden, die mir vorher nicht in den Sinn gekommen war oder die ich nicht erwartet hatte. Wenn ich eine Vorstellung vom möglichen Ergebnis der Session hatte, ist es mir nie gelungen, diese auf den Viewer zu übertragen.“

Um sich einzustimmen, greift Brown vor Beginn irgendeiner Niederschrift auf schon beschriebene meditative Techniken zurück. Er benutzt eine namentlich als SRV-Affirmation aufgeführte Sprechübung, die laut, aber mit zurückgenommener Stimme durchgeführt werden sollte: „Ich bin ein spirituelles Wesen. Weil ich ein spirituelles Wesen bin, bin ich in der Lage, Eindrücke über alle Grenzen von Raum und Zeit hinweg zu empfangen. Mein Bewusstsein ist überall anwesend und mit allem verbunden, was ist, was jemals war oder jemals sein wird. Es liegt in meiner Natur als Menschen, dass ich in der Lage bin, alles zu empfangen, was man empfangen kann und alles zu wissen, was man wissen kann. Überall und zu jeder Zeit versuche ich, zu lernen und mein Wissen zu entwickeln. Zu meiner geistigen Entwicklung und um anderen dabei zu helfen, sich zu entwickeln, richte ich meine Aufmerksamkeit auf einen ausgewählten Punkt unserer Existenz. Ich beobachte, was ich dort vorfinde. Ich studiere es vorsichtig. Ich zeichne auf, was ich dort vorfinde.“

Diese Affirmation mag übernehmen, wer sich gern intensiver ausrichten möchte, die Väter des CRV-Protokolls sahen solche

Vorleistungen nicht explizit als notwendig an. Nach meiner Erfahrung genügt tatsächlich in fast allen Fällen ein kurzes, bewusstes Leer-Denken.

Die Erstellung des Ideogramms hätte Brown gern so einfach wie möglich. Seinem Wunsch entsprechend wären zu Beginn wirklich nur die einfachsten Daten zuzulassen. Damit reduziert er Ideogramme auf die bekannten Archetypen, die die Amerikaner „gestalt" nennen. Sie meinen damit, dass es sich um eine eindeutige Form mit einer eindeutigen, einfachen Sinnzuordnung handelt, die dann auch im Target enthalten sein muss. Diese „gestalts"-Ideogramme lässt Brown drei- bis fünfmal erstellen. Auch die bekannten A/B-Aspekte der Ideogramme möchte Brown so reduziert wie möglich beschieben haben. „Kreis", „Schlaufe" oder „Rechteck" sollten vermieden werden, weil sie vorzeitige Schlussfolgerungen generieren können. Auch den Gefühlsaspekt schränkt er auf sechs Möglichkeiten ein: hart, halbfest, halbweich, weich, nass oder breiartig (mushy). Ausnahmsweise erlaubt (bei Auftreten) sind außerdem „energetisch" und „in Bewegung". Diese gehören aber schon zu der nächsten Stufe der unter „A" erwarteten fünf Möglichkeiten von erweiterten Beschreibungen: natürlich, von Menschen hergestellt (manmade), künstlich, Bewegung, Energie.

Brown weist besonders auf den Unterschied zwischen „manmade" und „künstlich" hin. Zum Beispiel ist ein Biberdamm zwar künstlich, aber nicht von Menschen errichtet. (Im Deutschen geht dieser Unterschied leider verloren.)

Unter dem folgenden Teil „B" soll der Viewer dann, ebenso reduziert, aufschreiben, was das Target seiner Meinung nach repräsentiert: Struktur, Wasser, trockenes Land, feuchtes Land, Bewegung, Subjekte, Berg, Stadt, Sand, Eis, Sumpf oder „weiß nicht" (kein B). Diese Angaben sollten einen möglichst einfachen Level nicht verlassen. „Auto", „Computer", „Wolkenkratzer" oder „Raumschiff" sind „High-Level-Datas" und nicht gestattet. (Im CRV-Protokoll würde man sie als AULs herausschreiben.)

Brown führt noch eine Stufe „C" in der Beschreibung von Ideogrammen ein. Hier sollen erste gefühlte Eindrücke aufgeschrieben werden, z.B. rau, weich, glatt usw. Auch Farben sind erlaubt sowie einfache dimensionale Eindrücke: klein, groß, hoch, niedrig etc. (Oder „kein C")

Hier wird deutlich, dass Brown die Trennung der Stufen aus dem CRV-Protokoll nicht übernimmt, sondern zugunsten eines fließenden Übergangs die Stufe 2 schon in der Stufe 1 einbezieht.

Die aus dem CRV-Ablauf bekannten AULs nennt Brown „deductions", also Schlussfolgerungen, was dem Begriff AUL, wie wir ihn bislang kennengelernt haben, durchaus gerecht wird. Brown lässt diese „deductions" mit einem großen „D" kennzeichnen, Behandlung im Protokoll ansonsten wie schon besprochen. (z.B. D – Tower in London)

Für die Stufen 2 und 3 gibt es bei Courtney Brown keine besonderen Abweichungen. Zur Handhabung der Stufe 3- Zeichnung weist er ebenfalls ausdrücklich darauf hin, dass eine erste Stufe 3 (ohne Bewegungsübung erreicht) vom Viewer nicht verstanden zu werden braucht und so schnell wie möglich durchgeführt werden sollte, um dem Wachbewusstsein keine Gelegenheit zu geben, sich mit eigenen Interpretationen einzuschalten.

Die Hinweise zur Interpretation verschiedener Linienanordnungen und Standards adressiert er auch ausdrücklich an den Monitor. Der Viewer selbst solle sich um nichts kümmern und einfach aufzeichnen, was ihm richtig erscheint.

In Deutschland wurden, ausgehend von den Messungen am Haffelder-Institut, weitreichende Erklärungen und Neuorientierungen erarbeitet, die eine noch effizientere Durchführung möglich machen. Aus Gründen der internationalen Kommunikation habe ich allerdings die Struktur der amerikanischen Protokolle beibehalten. In Kenntnis der Gehirnfunktionen könnte man das Vorgehen jedoch beliebig ändern, was jedoch zu babylonischen Wirren beitragen würde.

14. Kapitel: Zwitterprotokoll oder advanced? - Extended RV

Der Begriff „Extended Remote Viewing“ geht eigentlich auf ein Protokoll der frühen 80er Jahre in Fort Meade zurück und bezeichnet eine individuelle Vorgehensweise (free form), die zwar effektiv war, wie der damals partizipierende Joe McMoneagle beschreibt, aber eigentlich keine einheitliche Methode. Jeder wandte die Meditationsform an, die ihm zusagte, und es wurde erzählt oder aufgeschrieben/aufgemalt, was einem dann in geistiger Blickrichtung auf das Target in den Sinn kam. Zumeist geschah dies im Liegen mit Blick auf eine neutralgraue, abgedunkelte Zimmerdecke. Heute bezeichnet man mit ERV ein Protokoll, das sich aus vielen Bereichen bedient und letztlich nach CRV-ähnlichen Stufen auch auf der Couch endet.

Interessant sind die vorher durchlaufenen Abschnitte, kommen hier doch bisher unbekannte oder nicht verwendete Techniken zum Tragen.

Der Einstieg in die Session wird durch eine intensive geistige Entleerung gekennzeichnet, auf die man schon in der „free form“ großen Wert legte. Dann setzt sich der Viewer mit einem Stoß weißem Papier und einem Stift, genau wie bei CRV, an einen Tisch. Dieser Tisch sollte jedoch in einem abgedunkelten Bereich stehen und die Wand vor dem Viewer sollte die größtmögliche Dunkelheit im Raum repräsentieren. Dorthin schaut jetzt der Viewer für den Zeitraum von ein bis zwei Sekunden, nachdem er für die gleiche Zeit die Augen geschlossen hatte. Der Viewer soll dann eine Kontur, die er dort im Dunkeln (im „blackboard“) wahrnimmt, aufzeichnen. Dabei handelt es sich in der Regel um sehr einfache Gestalten („gestalts“), vielleicht um einen Haken oder eine gebogene Linie, vielleicht nur um einen Punkt. Dieser Vorgang wird bis zu dreimal wiederholt, jeweils auf einem neuen Blatt Papier.

Auch hier gibt es eine Kennzeichnung der einzelnen Bögen, sie ist allerdings im Vergleich zum CRV-Protokoll recht bescheiden: oben links finden wir die Kennzeichnung „Ideogramm“ als Arbeitsanweisung, in der Mitte oben sind die Koordinaten einzutragen und rechts oben die Seitennummerierung sowie den Namen des Viewers.

Ideogramm

736 948
201022

Seite 1
Michael Müller

736 948
201022

a.
slop

Ideogramm 736948 / 201022 Seite 2 M.M.

736948 / 201022

a.

stop

Ideogramm

736948
—
201022

Seite 3
14. M.

736948
—
201022

9,6
Stop

Nach jedem dieser Durchgänge, die „ins Blackboard schauen“ heißen, wird eine kurze Pause gemacht und der Vorgang mit der Niederschrift „Stopp“ unten auf der Seite vermerkt.

Wer sich inzwischen etwas mit der Struktur des RV-Protokolls beschäftigt hat, wird unschwer Gemeinsamkeiten erkennen. Wir finden hier den gleichen Ansatz der Entwicklung vom Einfachen, Einzelteiligen hin zum Komplexen.

Auf der Seite vier, die wir mit „Ideogramm/probe“ bezeichnen, wird zu den Koordinaten, die sowohl Buchstabenkombinationen als auch Ziffernfolgen sein können, zum ersten Mal ein Ideogramm gefertigt, wie wir es schon kennen.

Dieses Ideogramm wird ebenfalls dekodiert, aber nur in sehr beschränktem Umfang. Es stehen folgende Bereiche zur Verfügung:

PL: (probe legend) hier fühlt der Viewer durch Stiftkontakt hinein, ob das Target „simplex“, also einfach, oder „complex“, also vielfältig gestaltet ist.
B: (Baseline) Der Viewer entscheidet, ob der Eindruck hart, weich, gasförmig, nachgiebig etc. ist.
I: (intermediate) unterscheidet zwischen natural, artificial oder manmade. Wir erinnern uns in diesem Zusammenhang an die Definitionen von Courtney Brown: es gibt künstliche Strukturen, die nicht von Menschenhand gefertigt sind. Dazu gehören auch Vogelnester, nicht nur außerirdische Raumschiffe...
A: (advanced) verlangt die Entscheidung zwischen „statisch“ und „dynamisch“.

Diese „echte“ Ideogrammstufe wird ebenfalls dreimal wiederholt, um verschiedene Aspekte des Targets herauszufinden. Nach jedem Vorgang schreibt man „stop“, genauso wie im CRV-Protokoll „break“, bzw. als Deutschsprachiger „Pause“.

Da jedes Protokoll jederzeit von jedem leicht verändert wird, sollten Sie nicht verwirrt sein, wenn auch hier im Laufe der Zeit Abweichungen in Sessions auftauchen, die ins Internet gestellt wurden. Sie werden aber das Prinzip wiedererkennen.

Ideogramm-
Probe 736 948 / 201 022

Seite 1A
M. M.

---

736 948
201 022

P_L: simplex
B: weich
I: natürlich
A: dynamisch

Stop

---

736 948
201 022

PL: simplex
B: hart
I: manmade
A: Statisch

Stop

---

736 948
201 022

PL: complex
B: Luftig
I: natürlich
A: dynamisch

Stop.

Nach dieser Abarbeitung haben wir die „Stufe 1A“ abgeschlossen und beginnen auf einem neuen Blatt die „Stufe 1B“, die links oben mit „Playfair“ benannt wird und stark der uns schon bekannten Stufe 2 ähnelt. Wir lassen links etwas Platz und zeichnen dann eine Tabellenstruktur mit vier Spalten.

Die Spalten heißen: Sights (Sichtbares)
Sounds (Hörbares)
Smells/Taste (Geruch, Geschmack)
Temperatures (Temperaturen)
Textures (Oberflächen)

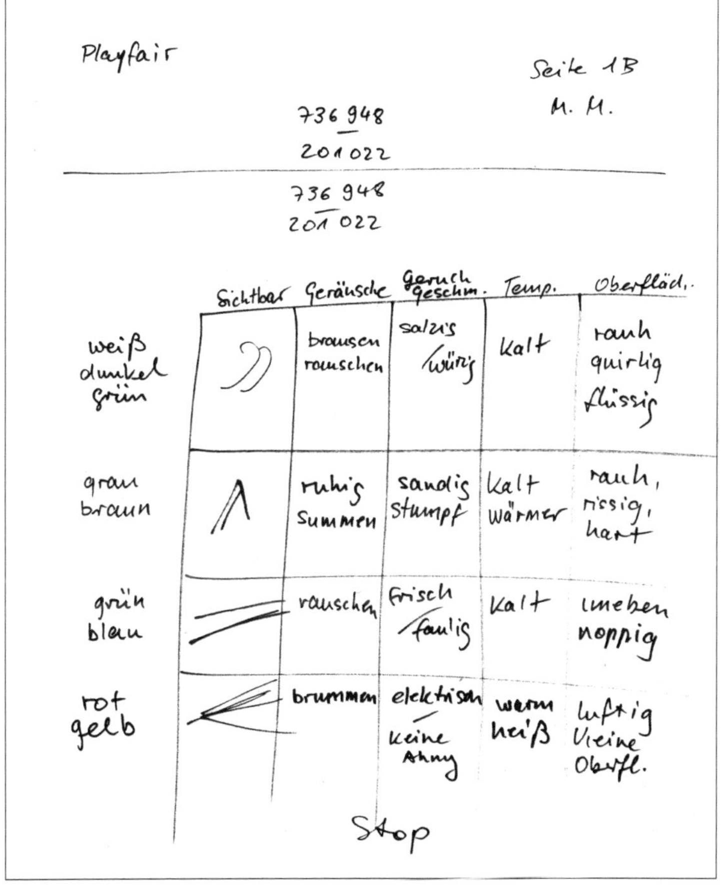

In der linken, tabellenfreien Spalte tragen wir zunächst „colors“ (Farben) auf. Zu jedem dieser Farbeindrücke, die auch Cluster, also Ballungen, sein können, folgen die oben aufgelisteten, zugehörigen Sinneseindrücke. Der Unterschied zu dem uns bereits bekannten Ablauf ist die Zuordnung der Eindrücke zueinander durch die starke Strukturierung der Tabellenform. Im CRV-Protokoll findet die Zuordnung erst ab Stufe 3 statt.

Im Sessionablauf wird die Tabelle erst nach dem Niederschreiben der Farben gezeichnet. In der Spalte „Sichtbares“ können auch kleine Zeichnungen oder Ideogrammartige Konturen auftauchen, wenn sie dem Viewer spontan in den Sinn kommen.

Abgeschlossen wird dieses Blatt 1B ebenfalls mit einem Stopp. Bevor wir uns mit dem nächsten Blatt, nunmehr dem ersten der Stufe 2 befassen, ein kurzes Wort zu einem Begriff, den Sie sicher inzwischen vermisst haben. Wo bleiben in diesem Protokoll die Assoziationen, die AULs?

Das neue ERV- Protokoll hat hierfür eine Technik entwickelt, die durchaus einiges für sich hat. Der Viewer kann Eindrücke, die sich ihm in zu komplexer Form aufdrängen, auf der Rückseite eines Blattes vermerken. Dabei wird kein Unterschied gemacht, ob es bildhafte oder gefühlsbeladene Eindrücke (AIs) sind, aber nachdem er seine Aufzeichnung beendet hat, dreht er das Blatt wieder um und distanziert sich so ganz formal von diesem möglicherweise irreführenden Bildern und Empfindungen, eine gut nachzuvollziehende Aktion.

Die nächste Stufe 2-Seite bringt einen neuen Aspekt: das NIMO-ICON. Die Abkürzung NIMO steht für Neuro-Interrogation Mask Overlay und dahinter verbirgt sich eine kleine Zeichnung eines stilisierten Gesichtes, durch dessen Augenebene drei Linien gezeichnet werden, gleichsam Blickwinkel, die man einnehmen kann. Dabei werden den einzelnen „Achsen“ bestimmte Bereiche zugeordnet, z.B. „schaut“ man nach links für Geräusche und nach links unten für Oberflächen. Diese Vorgehensweise erinnert an NLP-Techniken und die Zuordnung bestimmter Blickwinkel oder Körperhaltungen zu bestimmten Informations- und Wahrnehmungsbereichen. In Laborexperimenten wurde z.B.

festgestellt, dass, wenn man auf Geräusche aufmerksam wird oder nach ihnen aufmerksam lauscht, die Augen unwillkürlich nach links sehen, diese Bewegung also mit „zuhören" verknüpft ist. Umgekehrt kann man solche Haltungen bzw. das Einnehmen dieser Haltungen dazu benutzen, Sinneseindrücke zu verstärken. Das erscheint besonders im Remote Viewing sinnvoll, wo sehr schwache Eindrücke aus dem „mentalen Rauschen" herausgefiltert werden müssen.

Das Nimo-Playfair unterscheidet sich von dem vorhergehenden Blatt eben durch die Einzeichnung und Abarbeitung dieses Icons, wobei man sich hier auf Daten konzentriert, die man schon einmal empfangen hat. Diesen Abschnitt der Stufe 2 kann man ebenfalls mehrfach durchführen, jeweils abgeschlossen mit einem Stopp, was aber keinen tieferen Einschnitt in den Ablauf bedeuten soll, sondern lediglich den Übergang zu nächsten Seite kennzeichnet.

Das Besondere in diesem Protokoll ist meiner Meinung nach, dass die Datenreduzierung am Anfang auch durch ein schnelles Weitergehen nach dem ersten Eindruck in einem Abschnitt vorgenommen wird.

In Stufe 2 gibt es auch in dieser Protokollform die Möglichkeit, AULs oder AIs loszuwerden. Hier wird dieses Ventil „Phonics" genannt, sozusagen „Geräusche" und die Bewertung ist ähnlich die einer Müllhalde, die abgetragen werden muss. Im CRV- Protokoll kennen wir diese Funktion als „Speicherentleerung", wird dort mithilfe der Stufe 5 eingesetzt und dient der Abarbeitung aller aufgestauten Informationen oder Assoziationen. Im ERV-Protokoll dienen die Vokale zur Initiierung des Vorganges. Ein Nimo-Icon, bei dem man mit dem Stift Kontakt zum Gehirnteil aufnimmt, hilft zum Datenfluss.

Die Stufe 3 ist nahezu identisch mit der Stufe 3 des CRV-Protokolls. Hier werden allerdings keine neuen Daten generiert, und wenn welche auftreten, werden sie in Klammern gesetzt. Aufgabe der ERV-S3 ist es, vorhandene Daten zu platzieren.

Auf die Stufe 3 folgt ein komplexer Ablauf, der insgesamt mit S4 bezeichnet wird. Darin werden die bisherigen Aspekte identifiziert und zunächst in einer sogenannten „Cascade" festgemacht: Land, Luft, Wasser, Strukturen, Energie und Hindernisse sowie als extra Block die Arten anwesenden Lebens: Vegetation, Menschen und Sonstiges (Tiere, Aliens, Bakterien).

Da ist Kraft drin.
Würde mich umwerfen.
Friere. Naß irgendwie.
Möchte nicht dasein.
Erinnert mich auch an
Einsamkeit.
Irgendwas schmeckt nach
Vanillepudding.

ERV – Version der Aufzeichnung von AULs

Stufe 2

Seite 1
M. M.

736 948
201̄022

736948
201̄022

	Sichtb.	Geräusche	feucht/ geschm.	temp.	Obfl.	P.
Farben						
blau weiß	Bewegung	rauschen	frisch / schal	kalt	quirlig Gischt	aktiv
grau braun		/	/	kühl	sandig porös hart	passiv
rot gelb		summen	/	warm heiß	keine	aktiv

hoch
tief

stop

Stufe 2 des ERV – Protokolls

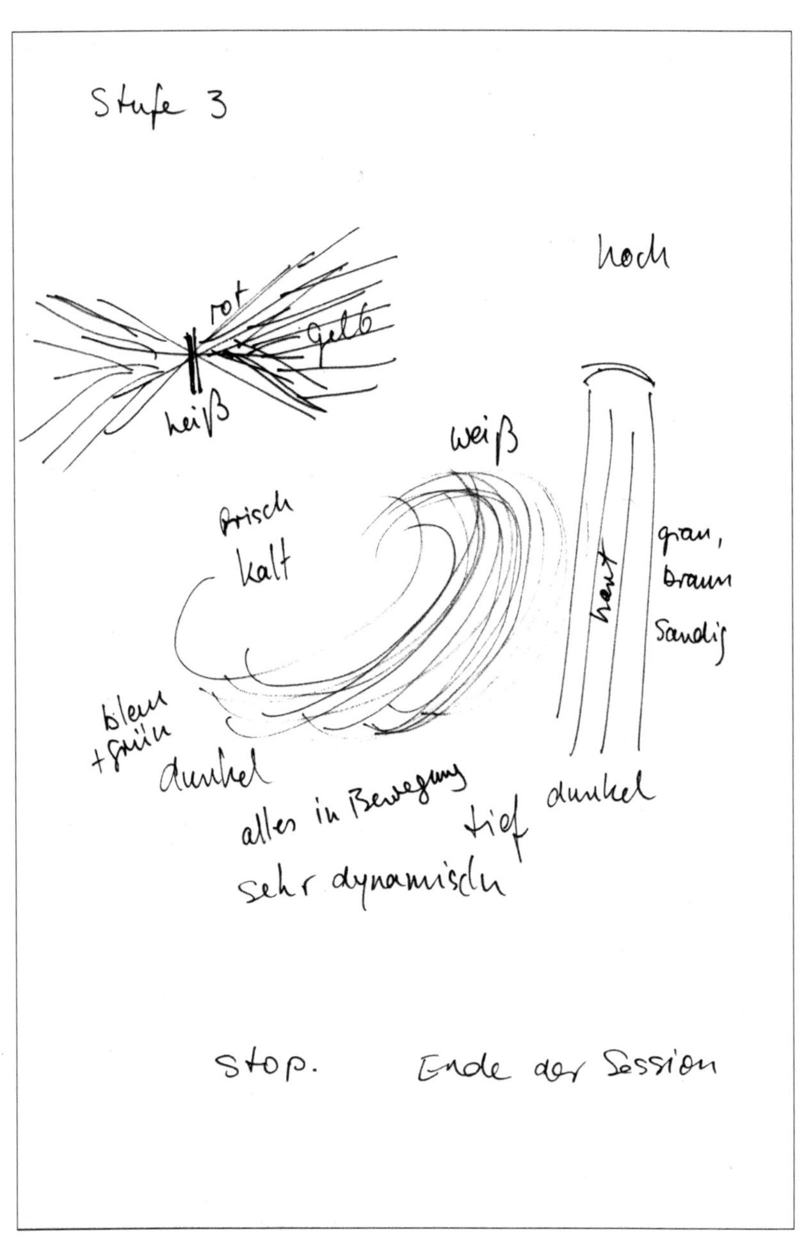

Stufe 3 des ERV – Protokolls, dem CRV – Bild sehr ähnlich

Weitere Vertiefung wird durch erneutes, diesmal längeres (10-15 sec.) Blackboardschauen und Abarbeitung über ein NIMO-ICON erreicht. Da dieses Buch als Einführung nur den deskriptiven Teil der Remote Viewing Protokolle beinhaltet, würde es hier zu weit führen, diese Abläufe detailliert aufzuarbeiten.[7]

Was zu zeigen war, sollte indes klar sein: es gibt eine begrenzte Anzahl von Möglichkeiten, das Wachbewusstsein zu umgehen und an Informationen des Unterbewusstseins oder (wie ein neuerer Sprachgebrauch namentlich der Wissenschaftsautoren Fosar/Bludorf formuliert) an die „Hyperkommunikation zu anderen Bewusstseinsinhalten oder Datenbanken des Universums" zu kommen. Diese einzelnen Techniken können unterschiedlich kombiniert oder auch wiederholt werden, wenn man grundsätzlich beachtet, dass man einen Aufbau vom sehr einfachen, archetypischen hin zum komplexeren und detaillierteren einhalten muss, um einen geregelten Prozess zu erreichen.

Dabei spielen immer wieder die Techniken der Assoziationsentladung (AUL, AI, Phonics etc.) und der Neuzentrierung (Ideogramm, Bewegungsübung, NIMO-Icon, Blackboard) eine entscheidende Rolle.

In den Trainingsabläufen des Fort Meade-Veteranen Lynn Buchanan wird beispielsweise das Ideogramm zum Einstieg in mehr Details für jeden bereits erarbeiteten Fakt benutzt, sozusagen als beständige Bewegungsübung.

Der Leser dieses Buches mag gern überlegen, ob er die eine oder andere der aufgeführten Besonderheiten und Vorgehensweisen übernimmt oder nicht. Selbstverständlich kann es für den einen Trainierenden sinnvoller sein, sich von Beginn an stärker einzustimmen, sich zu disziplinieren oder aber sich lieber etwas Freilauf zu gönnen. Die richtige Wahl eines persönlichen Ablaufs zeigt sich am Erfolg des Viewers.

Hier eröffnet sich ein weiter Spielraum für Ihre eigenen Experimente. Da wir uns von einer bestimmten, eng begrenzten Labor-Wissenschaftlichkeit zwangsläufig haben freimachen müs-

[7] Mehr darüber im zweiten Teil des Lehrbuchs: Stufe 4 und 5

sen, schlage ich vor, auch diesen Schritt mit einer gesunden Unbekümmertheit zu tun: wenn es klappt, war es richtig.

Trotzdem sollte aber bei allem Experimentieren die Maxime sein: selbstkritisch zu prüfen, wie gut etwas wirklich war. Schönreden brauchen wir nicht. Die besten Viewer sind die, die ihre persönlichen Interessen außen vor lassen. Schauen Sie selbst, wie viel richtige Daten Sie mit welcher Methode erhalten haben. In einem persönlichen Training bin ich auch dazu übergegangen, dem Viewer sein individuell am besten funktionierendes Konzept zu entwickeln. Schauen Sie selbst, was Ihnen von den folgenden Möglichkeiten am meisten liegt. Einen Trainer können Sie immer noch konsultieren, wenn Sie einige eigene Erfahrung gemacht haben.

Wenn Sie andere oder eigene Methoden gefunden haben, an das Unbewusste zu kommen, vielleicht schreiben Sie mir. Ich denke, es kann nicht schaden, den Katalog der Vorgehensweisen beim Remote Viewing zu vervollständigen. Wie auch Lynn Buchanan zum Thema „persönliche Bedeutung von Archetypen" sagte: „Jeder muss seine eigene Form und Zuordnung finden."

Dabei sollten Sie jedoch eines nicht vergessen: egal, welche Kombination Sie wählen und wie viel Wiederholungen und Neuzentrierungen (für die Sicherheitsfanatiker) Sie einschieben, Ihrem Tun ist eine physiologisch/psychische Begrenzung auferlegt. Lassen Sie keine Session länger als 60 Minuten laufen. Nicht nur, dass Sie merken, dass dann nichts Verwertbares mehr herüberkommt - sich bis zur Erschöpfung zu quälen hat wirklich keinen Sinn. Remote Viewing funktioniert am Besten freiwillig und mit Spaß daran. Wenn eine Session nicht so ergiebig ist, finden Sie sich damit ab und machen Sie später eine Neue zum gleichen Thema. Niemand ist zu jeder Zeit eine Hochleistungsmaschine.

15. Kapitel: Wir machen Schluss - Willkommen im Club!

Die in diesem Buch behandelten Stufen 1-3 werden der deskriptive (beschreibende) Teil des Remote Viewing - Protokolls genannt. Ziel dieses Abschnittes ist es, zum einen dem Viewer Eingang in die „Zone" zu verschaffen und zum anderen das Zielgebiet zu beschreiben. Am Verlauf dieser drei Stufen kann man feststellen, ob der Viewer „on target" ist, oder ob man eine Bewegungsübung einschalten muss.

Diese Beschreibung des angewählten Targets bringt oft einen Zuschauer, der noch nie eine Remote Viewing Session beobachtet hat, zum Staunen. Aber auch nach einigem Training läuft den Beteiligten noch manchmal ein Schauer über den Rücken, wenn gerade die Einzelheiten genannt werden, die das Zielgebiet genau beschreiben. Dennoch ist dies nur der Teil des Protokolls, anhand dessen wir den Status des Viewers prüfen können, um dann an die uns wirklich an diesem Target interessierenden Informationen zu kommen.

Leider ist diese Überprüfung oft nicht einfach. Eine der grundsätzlichen Erkenntnisse von Remote Viewing ist die Bestätigung der in allen spirituellen Kreisen bekannten These, dass jeder Mensch ein Unikat ist, einzigartig und einzigartig reagiert. Deshalb ist jede Beschreibung eines Zielgebiets im Remote Viewing auch deutlich individuell.

Bei einfachen Targets spielt das natürlich eine untergeordnete Rolle.

Die Wüste Sahara ist eben „trocken, heiß, sandig, gelb, braun. etc" Doch halt, was ist, wenn der Viewer aufgrund seines persönlichen Interesses in einer Oase landet? Nun, dann macht man eine Bewegungsübung, werden Sie jetzt, in Kenntnis der bisher beschriebenen Lerninhalte sagen. Völlig richtig. Gemeinhin landet der Viewer dann bei den erwarteten Wüsteneindrücken (obwohl eine Oase doch auch zur Wüste gehört).

Bei komplexen Targets ist das jedoch nicht mehr so einfach. Jede Großstadtszenerie mag vor oder nach einer Bewegungsübung sehr ähnlich beschrieben sein, sodass sich die Frage erhebt, ob diese Bewegungsübung überhaupt nötig war. Aber wie stellt man dann fest, ob der Viewer in dieser Phase nahe genug am Target gelandet ist? Um sicher zu gehen, wird vielfach einfach „aus Prinzip“ eine Bewegungsübung dazwischen geschaltet. Nach dem Motto, wenn der Viewer nicht drauf war, jetzt ist er es bestimmt. Meistens liegt man damit durchaus richtig.

Leider haben wir es aber manchmal mit sehr individuellen Viewern zu tun, oder solchen, die von bestimmten Inhalten derart angezogen werden, dass auch eine Bewegungsübung nichts hilft. Dann können wir oft erst in Stufe 4 oder gar in der Stufe 6 erkennen, dass der Viewer sich nicht dort befindet, wo wir ihn gerne hätten, um die kurze Zeit der Session zu nutzen. Dieser Effekt tritt besonders oft auf, wenn Viewer noch ziemlich untrainiert sind, d.h. genau in der Phase des Lernens, wo unklare Ergebnisse noch besonders verwirren.

Deshalb geben Remote Viewing-Trainer auch besonders am Anfang einer Ausbildung gern den Rat, eine „schlechte Session“, in der der Viewer nicht sichtbar on target war, einfach zu vergessen. Womit sie im Prinzip Recht haben, wenn man die späteren Fähigkeiten eines Trainierenden betrachtet. Trotzdem führt das am Anfang zu ziemlichem Frust. Denn leider hat sich herumgesprochen, wie gut Remote Viewing funktioniert, und nach den typischen Anfangserfolgen von Trainierenden wachsen deren Ansprüche oft sofort in den Himmel.

Dann nützt es auch wenig, ihnen den typischen, wohlbekannten Ablauf der menschlichen Lernkurve vor Augen zu führen. dass man nämlich erst einmal ganz schnell gewisse Erfolge hat, dann zunächst zurückfällt, um mit erneuter Anstrengung ein höheres Kenntnis- und Fertigkeitsniveau zu erreichen. Diese Wellenbewegung wiederholt sich bis zum höchstmöglichen Stand, d.h. es wird immer wieder Stagnationen oder Rückschritte in den Fertigkeiten eines Menschen geben, egal ob es sich um das Erlernen der Straßenverkehrsordnung für die Führerscheinprüfung oder um Remote Viewing handelt.

Da ich Ihnen leider in speziellen Fällen aus zeitlichen Gründen nicht zu Seite stehen kann, um aufzuklären, an welcher Stelle sie aus welchem Grund vom richtigen Pfad abgewichen sind, kann ich mich dieser pauschalen Verfahrensweise nur anschließen, wenn Sie Remote Viewing allein aus einem Buch lernen wollen. Solch eine Problematik hat auch bisher zu der Ansicht geführt, dass man meinte, man könne diese Technik nicht aus einem Buch lernen. Denn hier ist man in unklaren Fällen allein und kann nicht speziell jemanden befragen, der die nötige Erfahrung hat, wie es bei einem persönlichen Trainer der Fall wäre.

Deshalb muss ich mich an dieser Stelle der genannten Praktik anschließen: Wenn Ihnen eine Session misslingt, Sie nicht recht durchsteigen oder die Eindrücke zu unklar sind, legen Sie sie einfach zur Seite und vergessen Sie sie, bis Sie weitergekommen sind. Es besteht durchaus die Hoffnung, dass Sie das Problem mit einem besseren Erfahrungsstand dann selbst lösen können.

Diese Anweisung hätte ich früher sehr zögerlich gegeben. Inzwischen weiß ich von autonomen Anwendern, dass es trotzdem so viele Erfolgserlebnisse mit dieser Remote Viewing Methode gibt, dass der Anreiz, weiterzumachen, durchaus den Impuls, resigniert abzubrechen, überwiegt. (Interesse vorausgesetzt und Faulheit mal weggeblendet.)

Vergessen Sie aber nie, „Ende" und die entsprechende Urzeit hinzuschreiben, weil es sonst sein kann, dass Ihr System immer noch weiter nach den Target sucht. Oder sich dort länger einlockt.

Natürlich kann man Erfolgserlebnisse auch etwas vorprogrammieren. Der erfahrene Trainer schickt seine Viewer selbstverständlich nicht sofort in hochkomplexe Targets, in denen er, genauso wie der Viewer, sich verirren kann. Er wird einfache Targets wählen, die einen hohen Wiedererkennungswert haben.

Hier werden wir besonders solche bevorzugen, die auch noch gewisse Affinitäten zu den vorher geübten Archetypen haben. Natürlich ist es recht einfach, festzustellen, ob der Viewer einen Berg, einen See, das Meer, ein einzeln stehendes, charakteristisches Bauwerk oder ein im Flug befindliches Objekt (aber bitte keine UFOs!) richtig anvisiert hat. Begutachten Sie ruhig alle Ihnen begegnenden Ansichtspostkartenständer unter diesen Gesichtspunkten.

Wenn Sie es besonders gut machen wollen, sammeln Sie z.B. Karten, die eine einheitliche Farbe haben und präsentieren diese öfter, bis eine gewisse Sicherheit im „Sehen“ von Farben erreicht ist. Diesen Aufwand muss man ohne einen persönlichen Trainer treiben, aber, wie ich inzwischen erfahren habe, man wird auch für diese Hartnäckigkeit belohnt.

Auch charakteristische Strukturen machen sich sehr gut, Leuchttürme in der Brandung oder der Tower von London. Ein Schiff auf hoher See ist gut zu separieren, genauso wie ein Flugzeug oder eine Raumstation bzw. ein Erdsatellit. Die kluge Auswahl der ersten Targetpostkarten kann die Kürze und Qualität eines Trainings ungemein verbessern.

Natürlich sollte der Monitor sich vorher über die Einzelheiten des Targets informieren; ohne diese Kenntnis kann man unmöglich seinem Viewer helfen, auf seine inneren Signale zu lauschen oder gar seine Arbeit zu beurteilen. Das bedeutet nicht, dass man sozusagen „schummeln“ und dem Viewer Fingerzeige geben sollte.

Der Monitor muss in einem Training aber wissen, woran er ist und wie er den Viewer weiter führen kann. Zugegebenermaßen ist diese Funktion in der deskriptiven Phase einer Session noch nicht so problematisch, denn die Struktur der Stufen 1 bis 3 können auch solo gut eingehalten werden, weil ihr Ablauf festgeschrieben ist. Ab Stufe 4 ist es aber absolut nötig, darauf vertrauen zu können, dass der Viewer „on target“ ist, damit möglichst wenig Zeit und Kraft vergeudet werden.

Zur Optimierung dieses Vorganges gibt es für den Monitor, aber auch zu Auswertung der Session einige Richtlinien und Vorgaben, die nicht der Aufmerksamkeit des Monitors entgehen sollten bzw. dem Viewer in Fleisch und Blut übergehen sollten.

Die erste Anmerkung gilt den AULs und AIs. In jeder Stufe sollte besonderer Wert auf das Erkennen und Herausschreiben dieser persönlichen Äußerungen gelegt werden. Die Übung dieses Verhaltens hält Sie bestmöglich in der Spur; Sie lernen, Ablenkungen zu vermeiden oder abzuwehren. Das gilt sowohl für den Monitor als auch für die Aufmerksamkeit des Viewers, der beim Erkennen von AULs auch lernt, diese in Ihrer Bedeutung einzustufen und zurechtzuweisen, um sich davon ohne Schwierigkeiten und unnötigem Interesse lösen zu können.

Die von mir in den letzten Kapiteln beschriebenen Extra-Tools sollten Sie besser erst anwenden bzw. in die Methode - Ihre Methode - zu integrieren versuchen, wenn Sie einigermaßen sicher in einem Ablauf sind. Wenn Sie immer noch fragen, „-äh, was muss ich jetzt tun?", ist dieser Zeitpunkt mit Sicherheit noch nicht gekommen. Bitte üben Sie dann zunächst noch, sich an die vorgegebene Struktur des CRV- Protokolls zu halten; sie gibt Ihnen Sicherheit und die optimalen Erfolgschancen. Eine kleine Hilfe dazu finden Sie im Anhang.

Die Interpretation der Stufe 2 erscheint auf den ersten Blick sehr einfach. Wenn eindeutig die Adjektive kommen, die aufgrund des Zielgebiets zu erwarten waren, kann man davon ausgehen, dass der Viewer auf dem richtigen Weg ist.

Die Stufe 2 lässt allerdings nur einigermaßen undifferenzierte Eindrücke zu. Deshalb habe ich inzwischen genügend Sessions erlebt, die in der Stufe 2 Beschreibungen präsentierten, die eigentlich kaum mit den bekannten Fakten des Targets in Einklang gebracht werden konnten, obwohl sich hinterher herausstellte, dass der Viewer sehr wohl das Zielgebiet erfasst hatte.

Der Fehler, wenn man dies so nennen wollte, bestand einzig darin, dass der Viewer in eine andere Richtung schaute oder vielleicht zu dicht dran war. Besonders letzteres ist dann sehr irritierend. Durch eine Bewegungsübung verschenkt man möglicherweise kostbare Zeit; sie wird aber nötig, wenn auch der Monitor nicht erkennt, dass das Target sicher erfasst ist.

Besonders in Erinnerung sind mir Sitzungen geblieben, wo anstelle der gefragten Gesamtszenerie beispielsweise ein kleiner, schmiedeeiserner Kringel am gesuchten Gebäude oder ein Quadratzentimeter großes Stückchen Fell eines Tieres in einer Herde beschrieben wurde. Oder der Gartenzaun des Gebäudes, in dessen Keller man eigentlich wollte; oder die Rückansicht eines Passagiersitzes in einem Flugzeug, das man eigentlich ganz und von außen haben wollte. Es gäbe noch einige Beispiele zu diesem Thema zu nennen. Manche Viewer landen direkt in dem Target. Haben Sie eine Ahnung, wie man einen Stein von innen beschreibt?

Deshalb gebe ich auch dem Monitor den Ratschlag, sich umgehend vorher durch Betrachtung und ein wenig Nachdenken von den Einzelheiten zu informieren und wie sie in der Session auftauchen könnten.

Ich bin selbst solch einem Fall von eigenem Informationsdefizit aufgesessen. Das Target war ein (Kriegs-) Denkmal in Budapest. Der Viewer beschrieb die Statue und die Gründe für die Errichtung so, dass ich wusste, dass er wirklich dran war. Dann jedoch meinte er, im Vordergrund sei etwas wie ein Rohrsystem, wie eine Kanalisation. Na, so ein Quatsch, dachte ich und bemühte mich, den Viewer das als AUL ganz weit wegwerfen zu lassen und meinte nun, dass er abdriften würde.

Hinterher sah ich auf dem Bild, dass der ganze Platz mit verschiedenfarbigen Fliesen ausgelegt war, die, oberflächlich betrachtet, tatsächlich eine Art Irrgartenmuster oder System von Leitungen bildeten.

Am Besten für die Beurteilung eines Zustandes ist es immer, wenn man über möglichst viele Daten verfügt. In Stufe zwei des RV- Protokolls kann man die eingehende Datenmenge durch einen kleinen Trick erhöhen. Grundlage dafür ist die Erkenntnis, dass der Viewer durchaus in seinem Blickwinkel „herumspringt", also nicht nur eine Ansicht, sondern auch mehrere oder aber mehrere Gegenstände oder Personen im Zielgebiet beschreibt. Dann können einzelne Eindrücke mehrfach auftreten und man sollte auf jeden Fall vermeiden, „das hatten wir schon" zu sagen. Blau kann der Himmel, zusätzlich ein Kleid im Zielgebiet und dazu noch die Farbe mehrerer anderer Gegenstände sein. Da die Informationen in Ballungen kommen, kann man oft sehr schön sehen, wie um diese mehrfach auftretenden Worte andere Beschreibungen kommen, die zeigen, welchen Teil des Targets der Viewer anscheinend gerade betrachtet.

Den Vorgang, mehr Informationen zu bekommen, kann man dadurch fördern, indem man den Viewer immer, wenn er sagt „nichts, jetzt kommt nicht mehr..." einen Strich machen lässt und nicht gleich zur nächsten Phase, z.B. „Oberflächen" nach dem Bereich „Farben", übergeht. Dieser Strich hält den Viewer im System, stimuliert ihn weiter beim seriellen Tun und kann, auch mehrfach durchgeführt, Auftakt zu einem neuen Informationscluster, einem neuen Schub an Eindrücken, sein. Und je mehr Daten, desto mehr Aufschluss über das Target und den Stand des Viewers.

Wie wir schon gesehen haben, bewirkt der noch nicht so stark ausgeprägte Zielkontakt des Viewers in der Stufe 3 zwar schon Zuordnungen, aber nur bei wenigen Menschen äußert sich das in präzisen Zeichnungen. Das liegt in der Natur der Methode und ist auch so richtig, denn der Ablauf des Remote Viewing-Prozesses kann an dieser Stelle im Allgemeinen noch nicht mehr leisten. Dieser Umstand bedarf aber oft einer gewissen Interpretation der Aufzeichnungen. Zu Remote Viewing-Trainierenden sage ich in diesem Zusammenhang gern, dass sie einer neuen Logik Raum geben müssen, mindestens aber einer neuen Betrachtungsweise. Im Anhang finden Sie dafür ein paar Beispiele.

In einer Session meines eigenen Trainings mit dem Target „Schiefer Turm von Pisa" findet sich in der ersten Stufe 3 ein Feld von unaufgelösten Einzelheiten, deren runder, umfassender Aspekt bei mir die AUL „Stadion" (später „Fußballstadion von oben") auslöste.

Bestimmte Eindrücke führten schon zu ausgeprägten Äußerungen, z.B. führte offenbar der Tourismusaspekt eines Targets zu „Leute" und „Lärm", und die bauliche Struktur wurde bereits repräsentiert durch die Begriffe „strukturiert, schwarz, Muster, zerrissen". Trotzdem wäre zu diesem Zeitpunkt nicht ersichtlich gewesen, ob es sich schon um einen eindeutigen Zielkontakt handelte.

Da diese Session nicht sehr lang war, kann ich hier alle Seiten abdrucken. Es lässt sich schön verfolgen, wie nach zwei Bewegungsübungen die Zeichnung klarer und detaillierter wurde, wenngleich ich nur Einzelheiten, in diesem Fall eine Etage des Bauwerkes, zu Papier brachte. Der Umfang dieser Session verlässt nicht die Stufe 3, weshalb sie für mich zum passenden Beispiel auserkoren wurde.

Ein gutes Beispiel für eine Stufe 3 mit erkennbarem Zielkontakt stellt die Seite 4 der Leuchtturmsession dar. Hier hat die Viewerin die einzelnen Aspekte voneinander getrennt und auch

Dimensionen und Bewegungen aufgezeichnet, inklusive richtiger Farbzuordnungen, wenngleich aus dem abstrakten Sketch das zugrundeliegende Target von einem Nichteingeweihten kaum benannt werden könnte.

Interessant ist, dass in Stufe-3-Zeichnungen auch Ideogramm-Teile wieder auftreten können, wenn sie wie hier wichtige Teile des Bildes repräsentieren: Struktur, Energie, Bewegung und Distanz. Diese sollte man auf jeden Fall zulassen, unter Umständen vielleicht den Viewer noch einmal kurz dekodieren lassen.

Im vorliegenden Beispiel sehen die Aspekte sehr ordentlich zurechtgerückt aus. Stufe-3-Zeichnungen korrelieren oft mit der Verfassung des Viewers. Es kommt manchmal zu völlig chaotischen Kritzeleien, wie ja meine eigene nicht sehr weit davon entfernt ist, aber es werden auch geradezu peinlich aufgeräumte Zeichnungen abgeliefert, wie die von Sandra S. zum Target „Rehkitz mit Mutter". Hier finden wir alle drei **möglichen** Aspekte des Zielgebietes fein säuberlich von einander getrennt: die fotografische Situation, das dünne Blatt der bildtragenden Karte und das Target selbst, die „muchelig, wie nach Tier, feuchte" Natur-Situation.

Da im Training meistens Ansichtspostkarten benutzt werden, kommt es häufig zu dem Effekt der Ganzheitlichkeit. Auch die Situation, in der das Foto hergestellt wurde, sowie die gesamte Umgebung, die nicht mehr auf der Karte ist, werden vom Viewer als Informationen empfangen. Manchmal ist es für den Monitor sehr erhellend, wenn er selbst an dem Ort war, den die Karte darstellt und feststellt, welche Einzelheiten der Viewer gerade beim Schopf hat.

Normalerweise ist dies jedoch nicht der Fall. Manchmal kann man bei einem späteren Besuch am Ort feststellen, wo der Viewer sonst noch war. Ich konnte inzwischen eines meiner entfernteren Trainingstargets, die Universal-Studios in Los Angeles aufsuchen und, ehrlich gesagt, mich eines gewissen Rückgrat-Kribbelns nicht erwehren.

Dieser Umstand bleibt dem Viewer jedoch meist versagt, besonders, wenn man sich eines Ladens bedient, der Karten aus aller Welt verkauft und man in einem Training diese Karten dann dutzendweise abarbeiten lässt.

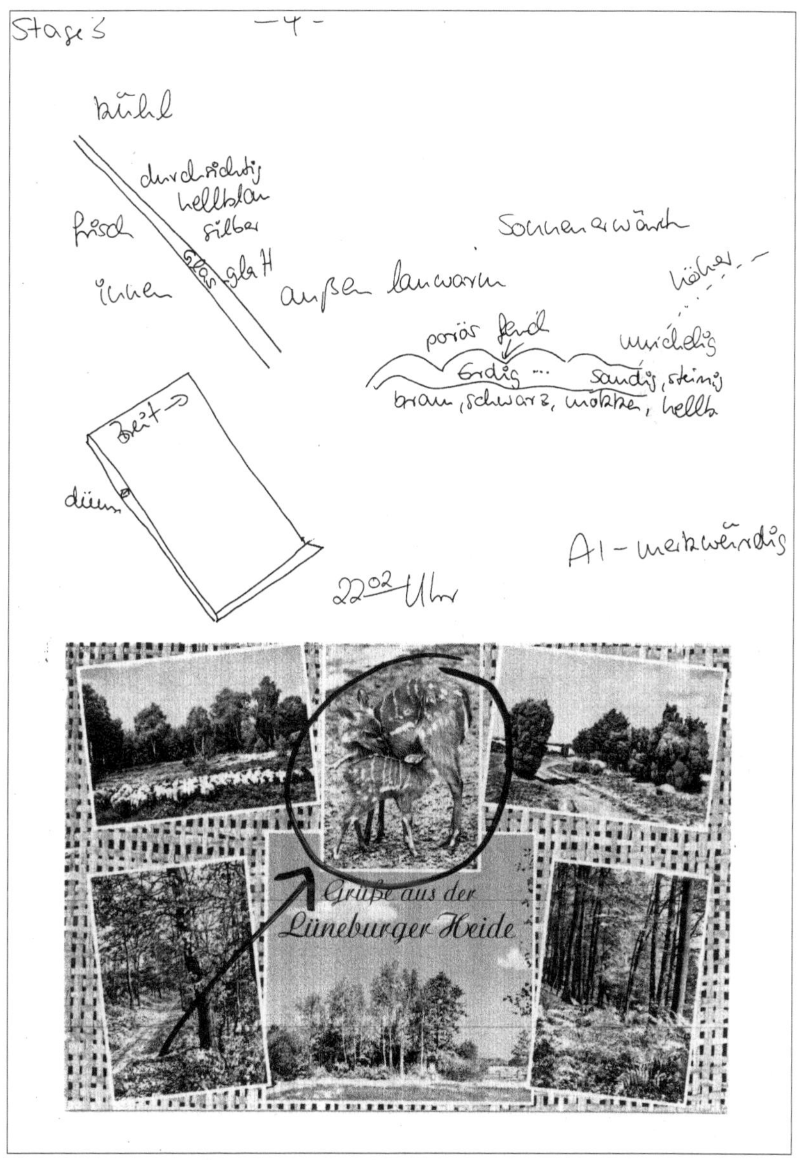

Sandra ist konsequent: Das Target wird in seine Einzelteile zerlegt

Man sollte also immer gefasst sein, dass der Viewer Informationen bringt, die nicht überprüfbar sind, weil man sie nicht im Bild sehen kann. Und doch können sie stimmen und sogar der wichtige Teil der Szene sein.

Vielleicht kennen Sie das berühmte Bild der nackten Vietnamesischen Kinder, die in Panik vor den Soldaten auf den Fotografen zulaufen. Die Geschichte dieses Bildes ist nicht, dass die Kinder vor den Soldaten weglaufen, sondern sie laufen nach einer Napalm-Explosion weg, die nicht im Bild ist, sie aber vor dem Zeitpunkt des Fotos sehr erschreckt hat. Die Soldaten selbst sind nicht in Panik; sie wussten um diese Explosion, da es sich um eine Testaktion der eigenen Armee handelte.

Diese Zusammenhänge kann man mit Remote Viewing ermitteln. Das Bild selbst sagt nichts davon aus, im Gegenteil: es wurde auch damals mit ganz anderen Zusammenhängen gehandelt. Sessions aber, die darauf gemacht wurden, erbrachten zuzüglich zu den Bildinhalten auch diese ominöse Explosion.

Ich bin sicher, dass Sie sich mit einiger Übung adäquat mit Stufe-3-Zeichnungen umgehen können, wenn Sie sich immer vergegenwärtigen, dass der Blickwinkel des Viewers ein sehr außergewöhnlicher sein kann. Sie können ja das lustige Ratespiel mitspielen: „Wie guckt der Viewer bloß wieder?"

Obwohl wir hier „nur" einen Ablauf bis Stufe 3 üben, können Sie an die beendete Session zur Übung schon den Versuch anhängen, den Viewer eine Zusammenfassung seiner wichtigsten Eindrücke machen zu lassen. Er soll aufschreiben, welche Eindrücke er für fest und gesichert hält, welche Eindrücke ihm eher blasser und ungewisser erscheinen und welche Verknüpfungen er zwischen den einzelnen Eindrücken empfunden hat. Vielleicht kann er noch die mögliche Funktion seiner Bildinhalte zu erraten versuchen.

Eine Interpretation des Viewers, was den Sinn und Zweck des Targets angeht, sollte allerdings vermieden werden. Das kann sehr schnell schief gehen, weil sich der Verstand gern eine eigene Meinung bildet.

Dennoch wird diese Zusammenfassung des Viewers in Sessions-Diskussionen oft herangezogen, wenn Inhalte in bestimmter Weise unklar bleiben, um herauszufinden, welche Beziehung der Viewer sah, die er in der Session mangels besserer Begriffe nur unklar ausdrücken konnte. Wenn er hinterher andere Worte benutzt, um das Gleiche zu beschreiben, wird ein Zusammenhang oft erst einsehbar.

Der Umstand, dass dieses möglich ist, zeigt, dass der Viewer auch nach Ende der Session immer noch mit dem Target verhaftet ist. Einige Viewer behaupten, dass sie auf immer mit allen ihren Targets verbunden bleiben. Vielleicht ist das nicht ganz verkehrt, wenngleich dieser ewige Zielkontakt auch kaum die Intensität einer normalen Erinnerung übersteigt. Es ist auch eine Erinnerung, sie waren ja „da".

Immerhin brachten diese Äußerungen die Erkenntnis, dass es offenbar leichter ist, in eine Session hineinzukommen, als wieder heraus. Das kann bei speziellen Targets mit großer emotionaler Aufladung von Bedeutung sein. Nach mehreren Dutzenden von Sessions lässt dieser Effekt ziemlich nach, da wir aber mit diesem Lehrbuch am Anfang stehen, wollen wir auch gehöriges Augenmerk darauf legen.

Für sehr „begabte" Anfänger hat es sich durchaus manchmal zu einem Problem entwickelt, mit einem Target verhaftet zu bleiben. Deshalb hier noch zwei Ratschläge, um unangenehme Nebenwirkungen zu vermeiden.

1. Im Vorfeld:

Suchen Sie sich für den Anfang auch emotional einfache Ziele. **Verkehrsunfälle, Flugzeugabstürze und vermisste Kinder sind keine guten Anfängertargets.** Als Monitor zeigt man sich hier auf jeden Fall verantwortungsbewusst.

2. Nach der Session:

Verwenden Sie Affirmationen um eine Session sicher zu beenden. Sie können vom Monitor vorgesprochen und vom Viewer laut nachgesprochen werden und helfen in jedem Fall, sich besser zu lösen.

Natürlich sollten Sie auch den Stift hinlegen, was ein weiteres Symbol der Distanzierung ist, wie wir schon bei AULs und AIs kennengelernt haben

Hier ein Beispiel:

Monitor: Wir beenden jetzt die Session.
Viewer: Ich werde jetzt die Session beenden.
M: Wir entfernen uns von dem Target.
V: Ich entferne mich von dem Target.
M: Ich drehe mich um und gehe davon.
V: Ich drehe mich um und gehe davon.
M: Das Target wird immer kleiner.
V: Das Target wird immer kleiner.
M: Das Target wird unwichtig.
V: Das Target wird unwichtig.
M: Das Target ist jetzt unwichtig für mich.
V: Das Target ist jetzt unwichtig für mich.
M: Ich habe mit dem Target nichts mehr zu tun.
V: Ich habe mit dem Target nichts mehr zu tun.
M: Das Target ist nicht mehr wahrnehmbar.
V: Das Target ist nicht mehr wahrnehmbar.

Dann kann der Viewer noch drei abschließende, waagerechte Striche darunter machen und, wie übliche, mit dem Wort Ende abschließen. (Uhrzeit nicht vergessen!)

Sie sollten bei besonders aufregenden Targets auch eine frühe Form der „Entgiftung“ (Detoxing) durchführen, indem Sie sich nach Beendigung der Session das Geschriebene noch einmal durchlesen. Dabei sollten Sie sich das Feedback „Nicht von mir, sondern in der Session vom Target“ geben, damit diese Herkunft auch im Gedächtnis abgespeichert wird.

Wenn Sie bis hierhin folgen konnten, haben Sie ein paar sicherlich sehr interessante Stunden mit einem Einsatz von nur einem Stift und etwas Papier verbracht, obwohl man sagen könnte: „Herzlichen Glückwunsch zu Ihrem neuen Fernsehkanal A“. A wie Abenteuer. Das ist es jedenfalls, was mehrere Menschen, die Remote Viewing trainierten, als Kommentar von sich gaben. Sie haben eine Art Sehen gelernt, die interessanter ist als Fernsehen. Vielleicht sehen Sie es auch so.

Für den zweiten Teil des Remote Viewing-Protokolls gibt es inzwischen ebenfalls ein Lehrbuch. Wenn Sie weitermachen wollen, würde ich Ihnen nun doch zu einem Trainer aus Fleisch und Blut raten. Er bringt Sie schneller voran und hilft Fehler vermeiden. Außerdem kann er Ihre eigene Adaption der Stufen 1-3 überprüfen und gegebenenfalls korrigieren.

Wenn Sie nicht weiterlernen wollen, haben Sie immerhin bis hierher einen Einblick in die Technik der Fernwahrnehmung erhalten, der vor wenigen Jahren noch unmöglich schien. Und Sie wissen, was Sie selbst können - hoffentlich ohne zu erschrecken, denn alle Grundlagen dazu haben Sie ein Leben lang schon mit sich herumgetragen.

Die Frage „Wie geht Remote Viewing?“ wird meiner Erfahrung nach jetzt ersetzt durch eine Fülle der verschiedensten Fragen gänzlich anderer Art. Da müssen Sie selbst hindurch.

Willkommen im Club!

Für mich führte diese Erfahrung zu einer Kette von neugierigen Forschungen und abenteuerlichen Erlebnissen, über die ich mehrere Bücher schreiben musste, um Sie festzuhalten. Vielleicht ergeht es Ihnen genauso.

Vielleicht versuchen Sie auch, es jemand anderem beizubringen. Nur zu! Remote Viewing darf kein Geheimnis bleiben oder eine Kunst, die einer ausgewählten Elite vorbehalten bleibt. Ich fürchte, unsere Welt braucht in Zukunft viele Remote Viewer, um ihre Probleme zu lösen.

Auf jeden Fall interessiert es mich, was Sie erlebt haben. Wahrscheinlich kann ich aus Zeitgründen nicht alle Fragen beantworten. Aber wenn Sie einen Artikel mit Ihren Erfahrungen verfassen und ihn mir zugänglich machen, können wir ihn zum Beispiel auf unseren Internetseiten oder sogar in der nächsten Ausgabe des Magazins „Die Bar am Ende des Unversums“ veröffentlichen.

Und möglicherweise sehen wir uns auf dem nächsten Remote Viewer-Treffen, und Sie halten einen Vortrag über Ihre Erfahrungen und Erlebnisse. Diese dürfen auch gerne lustig und unterhaltsam sein. Spannend sind sie in jedem Fall.

Ich bedanke mich für Ihre Aufgeschlossenheit und Mühe. Bis bald vielleicht!

Anhang: Hinweise zur Targeterstellung für ein Training

1. Möglichst jemanden finden, der ein Bild heraussucht und mit Koordinaten versieht. Erstellung der Targets durch den Viewer nur im Notfall. Dann viele Targets, mind. 20, sofort herstellen.
2. Möglichst deutliche, echte Fotos benutzen, die nicht im PC bearbeitet sind.
3. Koordinaten auf den undurchsichtigen Umschlag (am besten A5) und auf das Targetfoto (Rückseite) schreiben. Auf der Fotorückseite auch die Target-Formulierung vermerken, z.B. Benennung des Targets und aus welcher Perspektive und zu welchem Zeitpunkt es vom Viewer wahrgenommen werden soll. Bei diesem Prozess unbedingt auf Psychohygiene achten, jeweils nur an das gerade vorliegende Objekt denken!
4. Eindeutige Ziele benutzen! Möglichst separierbare oder von Natur aus freistehende Objekte wählen. Vermeidung von konkurrierenden Objekten oder Umfeld auf dem Foto.
5. Keine uninteressanten Targets auswählen. Eine Sanddüne, eine leere Wasseroberfläche oder ein einzelner Kieselstein sind Targets für Fortgeschrittene, nicht für Trainingsbeginner. Gut sind Targets, die viel Energie und/oder Bewegung enthalten.
6. Auf das Umfeld des Targets achten und nötigenfalls recherchieren! Der Viewer bekommt auch Informationen über Dinge, die nicht auf dem Foto zu sehen, aber am Ort des Targets vorhanden sind. Optimal sind selbstfotografierte Aufnahmen. Auch Einzelbilder aus Videos sind gut. Vorzug: Der Viewer kann nach der Session einen Film über das Target sehen und seine Eindrücke besser relativieren.
7. Auf die Rückseite des Fotos achten! Keine Fotos aus Zeitungen/ Zeitschriften benutzen, denn diese haben eine bedruckte Rückseite, die oft nicht zum Target gehörende Informationen enthält!
8. Ein einmal für eine Session ausgewähltes Target nicht mehr ändern oder wechseln. Empfehlenswert ist, sich vor Beginn mehrere Targets auszusuchen und sie mit etwas Abstand voneinander in einer bestimmten Reihenfolge auf den Boden zu legen. Diese Reihenfolge dann nicht mehr ändern und alle Targets hintereinander abarbeiten!

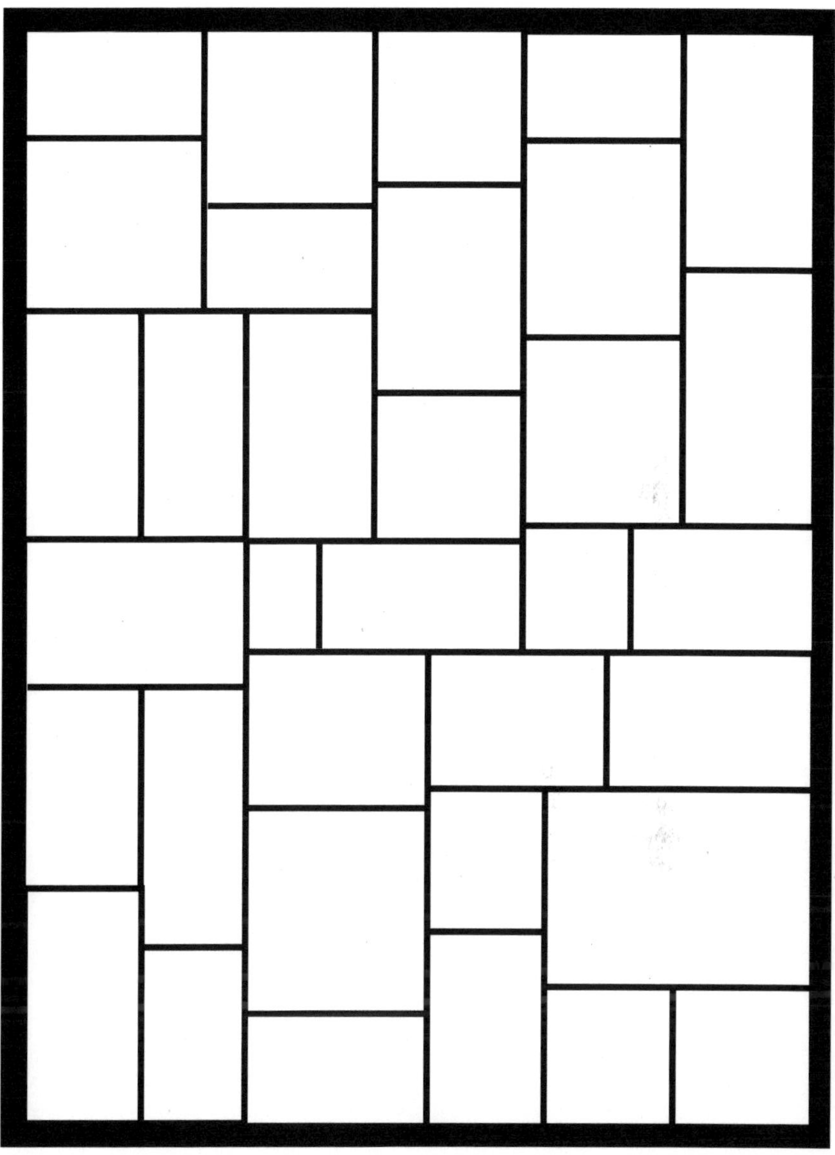

Random-Choice-Vorlage
zum ersten Trainieren reflexartiger Schreibbewegungen.

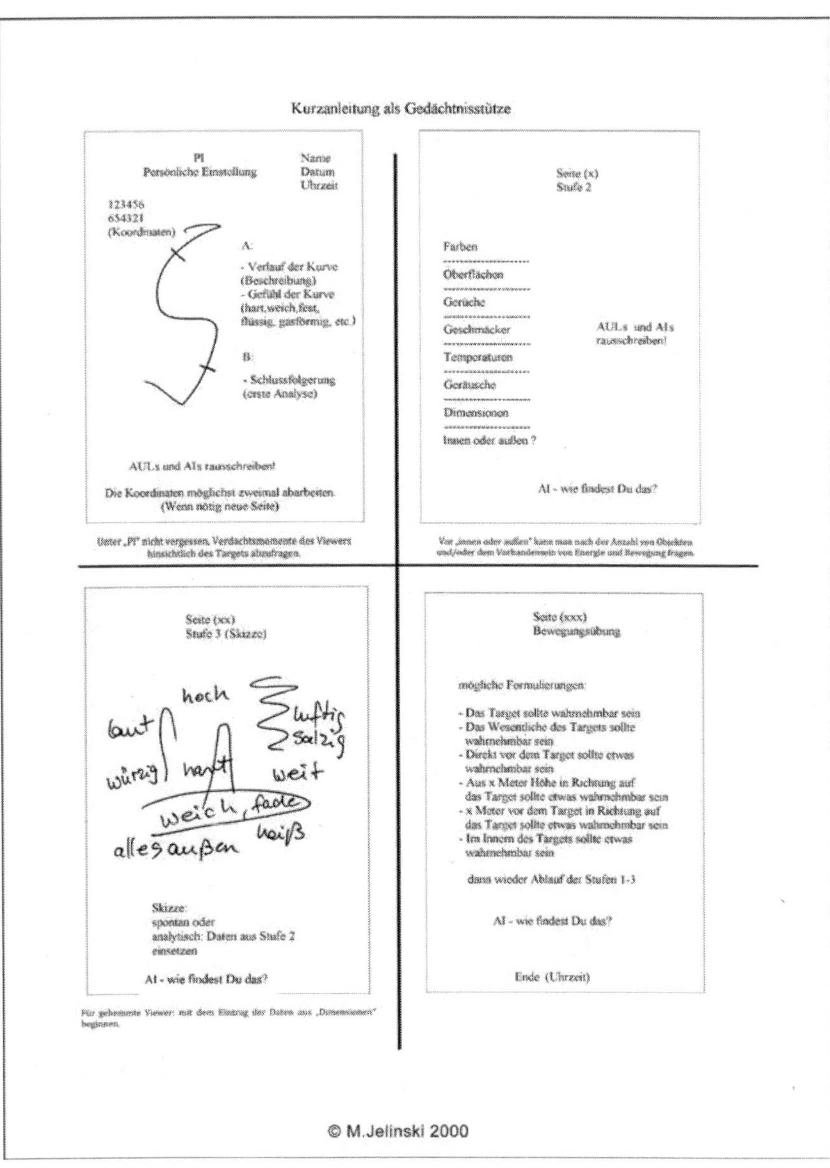

Kurzanleitung als Gedächtnisstütze

PI
Persönliche Einstellung

Name
Datum
Uhrzeit

123456
654321
(Koordinaten)

A:

- Verlauf der Kurve (Beschreibung)
- Gefühl der Kurve (hart, weich, fest, flüssig, gasförmig, etc.)

B:

- Schlussfolgerung (erste Analyse)

AULs und AIs rausschreiben!

Die Koordinaten möglichst zweimal abarbeiten.
(Wenn nötig neue Seite)

Unter „PI" nicht vergessen, Verdachtsmomente des Viewers hinsichtlich des Targets abzufragen.

Seite (x)
Stufe 2

Farben
Oberflächen
Gerüche
Geschmäcker
Temperaturen
Geräusche
Dimensionen
Innen oder außen ?

AULs und AIs rausschreiben!

AI - wie findest Du das?

Vor „innen oder außen" kann man nach der Anzahl von Objekten und/oder dem Vorhandensein von Energie und Bewegung fragen.

Seite (xx)
Stufe 3 (Skizze)

hoch
laut
luftig
salzig
würzig
hart
weit
weich, fade
heiß
alles außen

Skizze:
spontan oder
analytisch: Daten aus Stufe 2 einsetzen

AI - wie findest Du das?

Für gehemmte Viewer: mit dem Eintrag der Daten aus „Dimensionen" beginnen.

Seite (xxx)
Bewegungsübung

mögliche Formulierungen:

- Das Target sollte wahrnehmbar sein
- Das Wesentliche des Targets sollte wahrnehmbar sein
- Direkt vor dem Target sollte etwas wahrnehmbar sein
- Aus x Meter Höhe in Richtung auf das Target sollte etwas wahrnehmbar sein
- x Meter vor dem Target in Richtung auf das Target sollte etwas wahrnehmbar sein
- Im Innern des Targets sollte etwas wahrnehmbar sein

dann wieder Ablauf der Stufen 1-3

AI - wie findest Du das?

Ende (Uhrzeit)

Kurzanleitung der ersten drei Stufen auf einem Blatt zur Übersicht.

Seite (x)
Stufe 2

Farben

Oberflächen

Gerüche

Geschmäcker

Temperaturen

Geräusche

Dimensionen

Innen oder außen ?

AULs und AIs rausschreiben!

AI - wie findest Du das?

Vor „innen oder außen" kann man nach der Anzahl von Objekten und/oder dem Vorhandensein von Energie und Bewegung fragen.

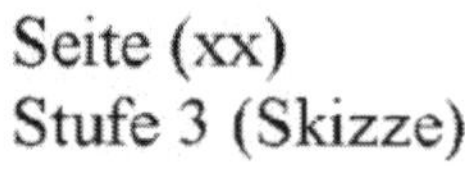

Skizze:
spontan oder
analytisch: Daten aus Stufe 2
einsetzen

Für gehemmte Viewer: mit dem Eintrag der Daten aus „Dimensionen" beginnen.

Seite (xxx)
Bewegungsübung

mögliche Formulierungen:

- Das Target sollte wahrnehmbar sein
- Das Wesentliche des Targets sollte wahrnehmbar sein
- Direkt vor dem Target sollte etwas wahrnehmbar sein
- Aus x Meter Höhe in Richtung auf das Target sollte etwas wahrnehmbar sein
- x Meter vor dem Target in Richtung auf das Target sollte etwas wahrnehmbar sein
- Im Innern des Targets sollte etwas wahrnehmbar sein

dann wieder Ablauf der Stufen 1-3

AI - wie findest Du das?

Ende (Uhrzeit)

A: Verlauf
Abwärts
Auf
Ausgedehnt
Aufrecht
Absteigend
abfallend
Breit
Diagonal
Drehend
Eben
Gerade
Geradeaus
Gerichtet
Gekringelt
Gewunden
Gebeugt
Gebogen
Gerundet
Geschwungen
Gekrümmt
Herum
Herunter
Hinauf
Horizontal
Hoch
Hinüber
Hängend
Im Winkel
Kreisend
Krümmend
Kurz
Langgezogen
Liegend
Neben
Oval
Rund
Seitlich
Schlaufe
Spitz(e)
Schlank
Steil
Schräg
Tief
Tief hinab
Um
Unter
Unterbrochen
Über
Über Kreuz
Weit
Wellig
Verschlungen
Zackig

A: Gefühl
Bewegung
Dynamisch
Elektrisch
Elegisch
Fest
Flüssig
Formbar
Gasförmig
Geschmeidig
Hart
Halb-(hart, weich)
Kraftvoll
Luftig
Schnell
Steif
Weich

B: Analytische Deutung

Künstlich
Natürlich
Menschgemacht
Bewegung
Berg
Energie
Geschwindigkeit
Land
Lebewesen
Wasser
Struktur
Vakuum
Geist
Spiritualität

Stufe 2: Farben
Beige
Blass
Blau
Braun
Dunkel
Farblos
Fluoreszierend
Flüssig
Gelb
Glatt
Gold
Grau
Grün
Hautfarben
Hell
Indigo
Karmesinrot
Leuchtend
Lila
Luftig
Magenta
Metallisch
Ocker
Orange
Purpur
Reflektierend
Rot
Schattiert
Schwammig
Schwarz
Silber
Sonnig
Spiegelnd
Tief
Türkis
Überstrahlt
Umstrahlt
Violett
Weinrot
Weiß

Oberflächen:
Abgerundet
Aus Holz
Blockartig
Breiig
Derb
Durchsichtig
Eisartig
Federartig
Fellartig
Fest
Feucht
Fließend
Geformt
Gefroren
Gemustert
Genoppt
Geschmeidig
Glasartig
Glatt
Glatt
Grob
Haarig
Hart
Holperig
Klebrig
Kompakt
Löcherig
luftig
Nass
Pelzig
Plasmaartig
Poliert
Porös
Rau
Rissig
Rutschig
Sandig
Sandsteinartig
Schaumig
Schmierig
Seidig
Sphärisch
Stachelig
Statisch
Steinig
Stoppelig
Strukturiert
Trocken
Unfassbar
Veränderlich
Weich

Gerüche:

Aromatisch
Blumig
Chemisch
Durchdringend
Erdig
Faul
Frisch
Fruchtig
Muffelig
Nach Schweiß
Nach Tier
Salzig
Sauer
Schimmlig
Staubig
Stechend
Süß
Verbrannt
Verfault
Würzig

Geschmäcker:

Bitter
Chemisch
Eigenartig
Faulig
Fruchtig
Giftig
Ranzig
Salzig
Sauer
Scharf
Schimmlig
Süß
Wässrig
Würzig

Temperaturen:

Eisig
Feucht
Frisch
Frostig
Heiß
Kalt
Körpertemperatur
Kühl
Lauwarm
Mild
Raumtemperatur
Schattig
trocken
Warm
Wohltemperiert

Geräusche:

Aufeinander schlagend
Aus der Ferne
Aus der Nähe
Brummen
Echos
Entfernt
Fauchend
Glockenartig
Harmonisch
Klingeln
Lachen
Lärmend
Laut
Leise
Musik
Pfeifen
Plätschern
Rascheln
Rauschen
Rufe
Ruhig
Scheppernd
Stimmen
Tropfend
Verkehrsgeräusche
Von weit her
Weitläufig
Zwitschern

Dimensionen:

Abgeteilt
An
Anbei
Angelehnt
Auf
Ausgedehnt
Außen
Begrenzt
Behäbig
Breit
Daneben
Darunter
Dick
Dreieckig
Dünnwandig
Fest
Geformt
Groß
Hochachtungsvoll
Flach
Hohl
Innen
Klein
Kurvig
Lang
Langgestreckt
Leer
Leicht
Massiv
Mehrfach
Mittel
Niedrig
Offen
Oval
Quadratisch
Rechteckig
Röhrenartig
Rund
Säulenartig
Schaumig
Schmal
Sphärisch
Tief
Tubusartig
Unbegrenzt
Unter
Weit
Weiträumig
Winklig
Zylindrisch

Für Stufe 2 und 3:
AI: Ästhetische Impression

Angenehm	Erfrischend	Lustig
Angeödet	Erschreckend	Macht Spaß
Anstrengend	Frei	Schön
Abwartend	Frierend	Schnell
Begeisternd	Fröhlich	Schwindelerregend
Beängstigend	Frustrierend	So ein Mist!
Beeindruckend	Furcht einflößend	Spannend
Bedrückend	Gleichgültig	Traurig
Bedrohlich	Glücklich	Trifft mich nicht
Das ist alles Blödsinn!	Gefährlich	Überrascht
Einsam	Interessant	Vertraut
Eingeschüchtert	Krank	Voller Energie
Eintönig	Langweilig	Vorsicht!
Entspannend	Luftige Sache	Wütend

Kleines Glossar der beim Remote Viewing verwendeten Begriffe

Ästhetische Impression (AI)

engl. „aesthetical impact“, persönliche, emotionale Reaktion des Viewers auf Eindrücke in einer Remote Viewing Session aus dem Zielgebiet. In der amerikanischen Theorie wird hierdurch ein plötzlicher, „dramatischer“ Einstieg in den Kontakt mit der Matrix signalisiert, vorzugsweise beim Übergang von Stufe 2 zu Stufe 3. In der Praxis hat sich gezeigt, dass ein AI in jeder Stufe und zu jedem Zeitpunkt möglich ist, dass sogar schon nach Nennung der Koordinaten ein erstaunter Ausruf des Viewers kommen kann, der sich dem Target angemessen von Größe oder Energiegehalt des Zieles beeindruckt fühlt. Aus diesen Gründen sollte man schon nach Abschluss der Stufe 1 ein AI abfragen, da unterdrückte AIs im Fortlauf der Session datenbeeinflussend wirken und zu hartnäckigen AULs führen können. Manche Viewer haben große Probleme damit, sehr schwache eigene emotionale Reaktionen zu erkennen, deshalb sollten generell nach Ende jeder Stufe AIs abgefragt werden, auch wenn der Viewer „nur“ eine Stellungnahme zum Ablauf der Session von sich gibt, z.B. „Das ist ja völlig bescheuert, was ich hier mache!“ In diesem Fall wird ein gefühltes Beurteilungsdefizit des Wachbewusstseins kenntlich gemacht. Die Bearbeitung eines AIs geschieht ähnlich wie bei AULs: Stopp, Stift hinlegen, Pause, aus dem Aufmerksamkeitsbereich entfernen.

Anfangserfolg

Auch im Remote Viewing auftretendes Phänomen des Lernverhaltens. Erste Sessions in einem Training oder Selbstversuch können spektakulär positiv ausfallen, während nachfolgende dagegen dürftig oder scheinbar „daneben“ sind. Das Erlernen von Remote Viewing folgt allgemein der bekannten Lernkurve, nach der immer wieder auf ein Ansteigen des Wissens oder der

Fertigkeit eine Ruhepause folgt. Bei RV war speziell feststellbar, dass diese Lernkurve extremer ausfällt. Nach einem Anstieg bleibt sie nicht gleich, sondern fällt oft sogar erheblich wieder ab, bevor sie erneut und höher ansteigt. Erstaunliche Anfangserfolge sind auch dadurch zu erklären, dass das Wachbewusstsein des Probanden durch die Anwendung des RV-Protokoll sozusagen „überrumpelt" wird und sich dann unbewusst vornimmt, „so etwas", also die eigene Wegschaltung, nicht wieder vorkommen zu lassen und verdächtige Situation wie z.B. Remote Viewing-Sessions besser zu kontrollieren.

Analytische Überlagerung (AUL)

Äußerung des Viewers, die durch einen Analyseprozess des Wachbewusstseins zustande gekommen ist. Besonders in der Anfangsphase einer Session, wenn das Wachbewusstsein noch nicht „vollbeschäftigt" ist, kommt es zur Erstellung von komplexen Bildern durch einen einfachen, richtigen Eindruck aus dem Zielgebiet, z.B. „schnell, voller Energie" = „Flugzeug". AULs sind meist keine tatsächlichen Bestandteile des Zielgebietes und müssen deshalb durch eine besondere Bearbeitung aus dem Aufmerksamkeitsbereich des Viewers entfernt werden. Es gibt sehr unterschiedliche Formen von AULs (engl. AOL), die von völlig absurden Schlussfolgerungen bis zu haargenauen Treffern reichen. Vertreter anderer Protokollformen haben auch unterschiedliche Definitionen und Bezeichnungen eingeführt, deren Besprechung hier erheblich zu weit führen würde.

Archetypen

einfacher, durch Piktogramm darstellbarer, zusammenhängender Informationskomplex, dessen Bedeutung weiter gefasst ist, als aus dem Begriff selbst zu schließen wäre. „Berg" ist somit jede Art von Erhöhung in einem einförmigen (flachen) Umfeld, „Wasser" jede Art von flüssigem Aggregatzustand, „Land" be-

zeichnet eine größere, flächenartige Beschaffenheit. Andere von Remote Viewern verwendete Archetypen sind: Struktur, Bewegung (auch Ablauf), Energie, Geschwindigkeit, Lebewesen, Geist und Vakuum.
Die Piktogramme der Archetypen kann man auch im Training zum Einüben (Zulassen) eines Ideogramms benutzen.

Bewegungsübung

Maßnahme im Sitzungsablauf, um den Targetkontakt des Viewers herzustellen oder zu erneuern. Die Durchführung entspricht einer Stufe 1, wobei statt der Koordinaten eine genauere Angabe übermittelt wird, z.B. die Aufforderung, das Target von einem bestimmten Standort aus zu beschreiben. Eine Bewegungsübung kann angezeigt sein, wenn der Viewer eine ganze Reihe von Eindrücken produziert, die nicht zum Target gehören oder der Monitor aus den Vieweräußerungen nicht ersehen kann, wo im oder am Target sich der Viewer befindet. Eine Bewegungsübung wird ungern angewandt, weil sie kostbare Sitzungszeit verbraucht. In Doppelblinden Sitzungen, in denen der Monitor ebenfalls keine Informationen über das Target besitzt, kann man eine Bewegungsübung „zur Sicherheit" durchführen, um einen optimalen Targetkontakt zu gewährleisten.

Coordinate Remote Viewing

Remote Viewing unter Benutzung von Koordinaten, hier speziell von geographischen Koordinaten.

Dekodierung (I/A/B-Ablauf)

Nach Übergabe der Koordinaten produziert der Viewer ein Ideogramm (I), das den ersten Kontakt mit dem Target bzw. seinen Daten darstellt. Vertreter der Theorie der Signallinie sehen in dem Ideogramm eine komprimierte Form der verfügbaren

Daten, die nun dekodiert werden müssen. Dazu befasst sich der Viewer intensiv mit seinem Ideogramm. Unter „A“ beschreibt er zunächst den Verlauf der Linie (des abgeteilten Linienteils) und danach zeichnet er erste, einfache Eindrücke auf, wie „hart“, „weich“, „flüssig“, „fest“, etc.
Unter dem nächsten Punkt „B“ vermerkt er dann erste analytische Reaktionen, wie „künstlich“, „natürlich“, „Berg“, „Wasser“, „Bewegung“, „Struktur“, etc.. Hierbei können die Archetypen als Vorlage dienen. Am Ende der Stufe 1 gilt das Ideogramm als dekodiert. Zugleich ist der Zugang zur „Signallinie“ eröffnet.
Unter dem Aspekt der deutschen Theorie findet im I/A/B-Ablauf eine wechselseitige Arbeit der beiden Gehirnhälften statt: Durch die Übergabe der Koordinaten wird eine Spannung aufgebaut, die sich in der Aufzeichnung des Ideogramms entlädt, was gleichzeitig ein Durchbruch einer Reaktion des autonomen Nervensystems darstellt, die durch die Vereinbarung, jetzt die Session durchzuführen, vom Wachbewusstsein zugelassen wird.
Der erste Teil der „A“-Bearbeitung ist eine serielle Tätigkeit, die die linke Hemisphäre beschäftigt, so dass im zweiten Teil die intuitive Information durchgelassen wird. „B“ stellt demgemäß eine Ventilfunktion des wiedererstarkenden Wachbewusstseins dar, die unbedingt abgearbeitet werden muss, bevor der nächste A/B-Ablauf (nächstes Ideogrammteil) angegangen werden kann.

Feedback

Rückmeldung des Monitors zu den vom Viewer vorgetragenen Eindrücken. In der amerikanischen Theorie lässt der Monitor den Viewer nicht im Unklaren über seine Treffsicherheit und kommentiert dessen Eindrücke mit „Correkt!“, „Possibly Correct!“ (wenn der Monitor das Zielgebiet nicht kennt oder nicht erkennt, oder Schweigen, wenn der Eindruck des Viewers falsch ist oder nicht zum Zielgebiet gehört. Im Training mag es hilfreich sein, den Viewer dazu zu bringen, „richtige“ von „falschen“

Eindrücken zu unterscheiden, in der Praxis führt dieses Verhalten eher zur Stärkung des Wachbewusstseins (deutsche Theorie) und dazu, dass der Viewer versucht, krampfhaft „gut“ zu sein. Das wiederum wirkt sich sehr ungünstig auf die vom Viewer geforderte Grundhaltung aus: interessiert am Verlauf, also einer guten Arbeit, aber gleichgültig den zu rezipierenden Daten gegenüber. Im schlimmsten Fall entsteht ein „Kaninchen-Schlange-Syndrom“.

Langjährige Erfahrungen zeigen, dass lediglich die vom Monitor geäußerte Aufmerksamkeit („Hm“, „Aha“, „Weiter!“, „Noch etwas?“ etc.) am förderlichsten ist. Der Viewer fühlt sich wahrgenommen und begleitet und kann sich dem Einstieg hingeben, im Vertrauen darauf, dass ihn der Monitor begleitet und vor eventuellen Problemen mit Targetinhalten bewahrt. Für den ganzen Verlauf einer Session gilt die Forderung, eine neutrale Sprechweise zu benutzen, die den Viewer nicht zu AULs verleitet oder ihm den Weg zum Zielgebiet unterschwellig mitteilt („tunnelt“).

Ideogramm

Spontane Reaktion des Viewers auf die Aufgabenüberstellung, im RV-Protokoll die Nennung der Koordinaten. Um diese Reaktion für die weitere Bearbeitung eines Ziels nutzbar zu machen, wird sie durch einen Stift auf das Papier gebracht. Erklärt wird dieser Vorgang durch die Reaktion des autonomen Nervensystems auf den Kontakt zur Matrix, sozusagen als Eintreffen eines Signals von dort, einer Rückmeldung gleich. Ideogramme sind nicht zu klassifizieren oder zu generalisieren. Jeder Viewer kann zu jedem Target bei mehrfacher Bearbeitung auch sehr unterschiedliche Ideogramme fertigen. Diese Ideogramme können jede Form oder Größe annehmen. Obwohl man annehmen muss, dass deshalb kein besonderer Bezug zur Konfiguration der Daten in der Matrix besteht, ist doch feststellbar, dass ein durchschnittliches Ideogramm, so aufgeteilt, dass Archetypen entstehen, über deren Bedeutung die wichtigsten Merkmale im Zielgebiet repräsentiert. (Z.B. „Wasser“ und „Struktur“ oder „Berg“

für unseren Leuchtturm). Sparsame Ideogramme können genau so zu einer tiefschürfenden Session führen wie extensiv ausladende Kritzeleien, die das ganze Blatt bedecken. Nach zehn bis zwanzig Sessions stellt sich beim Trainierenden meist eine „mittlere" Größenordnung ein, wobei der Viewer meist zwischen drei und fünf Unterteilungen findet. Dieser Vorgang ist auch unter dem Aspekt des Zeitverbrauchs zu sehen. Ein kurzes Ideogramm kann ausreichen, um in den Prozess ausreichend einzusteigen, ein komplexes Ideogramm verbraucht viel Zeit und ist deshalb nicht unbedingt förderlich, weil der Viewer durch die vermeintliche Eindringtiefe in den folgenden Stufen nicht unbedingt Zeit spart.

Nach mehr als zehn Jahren Umgang mit Remote Viewing kann ich feststellen, dass ein spontanes Ideogramm zwar sehr hilfreich ist, um den Einsteige-Prozess auszulösen, aber nicht allein dafür erforderlich ist. Befriedigende Sessionergebnisse stellten sich genau so mit absichtlich „hingemalten" Linien wie auch mit von fremden Personen gefertigten Ideogrammen ein. Wichtig ist hier offenbar die Abarbeitung durch den Viewer, der anscheinend durch jede Art von konzentrierte serieller Arbeit „einsteigen" kann, was eher die Theorie der „Vollbeschäftigung der rechten Hirnhälfte" (G. Haffelder, Gehirnforscher) stützt als die amerikanische „Signal Line-Theorie".

Matrix

Virtuelles, hypothetisches und holografisch beschaffenes Speichermedium für alle Informationen in diesem Universum.

Möglicherweise ist es die gesamte Materie des Universums, wenn man den Schwingungsaspekt von Quarks oder Superstrings, je nach Theorie, zugrunde legt. Auch nach der Äthertheorie könnte man die Matrix so definieren, denn sie beinhaltet, dass auch der Körper des Viewers untrennbarer Teil aller Materie ist und somit Zugang zu allen Informationen haben muss. Andererseits wäre es auch möglich, dass es ein völlig immaterieller Aspekt des Seins ist (kollektives Unterbewusstsein) oder aber sogar die vielzitierte „Dunkle Materie", die den Hauptteil unseres Universum ausmachen soll. Auf jeden Fall scheint jedes Lebewesen einen (geistigen) Zugang zu den dort gespeicherten Informationen zu besitzen, der durch Ausbildung und eine spezielle Methode erheblich weiter gesteigert werden kann, als ein Außenstehender für glaubhaft halten würde. (Kommunikationsproblem mit Menschen, die diese Erfahrung nicht gemacht haben.)

Monitor

Der „Überwacher" in einer Remote Viewing-Sitzung (Session). Er übergibt die Aufgabe an den Viewer, was durch das Nennen der Koordinaten vollzogen wird und überwacht die Einhaltung des Ablaufplans (Protokoll). Er achtet auch darauf, dass analytische und ästhetische Eindrücke aufgeschrieben und abgearbeitet werden. Im Verlauf der Session, spätestens in der Stufe 4 oder 6 ist er für die Strategie der Vorgehensweise hauptverantwortlich. Zusätzlich ist der Monitor auch für die Sicherheit des Viewers verantwortlich, muss aufpassen, wenn etwas Besonderes passiert und zur Not auch wissen, wie man einen Viewer wieder „heraus holt". In Solo-Sessions, in denen der Viewer jede Aktion selbst initiieren muss, wird die Rolle des Monitors durch Standard-Strategien ersetzt.

Persönliche Impression (PI)

(engl. „**p**ersonal **i**nclemencations" = persönliche Unpässlichkeiten) Nach der Angabe von Viewername und Datum/Uhrzeit der erste Arbeitsschritt des Protokolls. Hier werden momentane körperliche und geistige Zustände des Viewers eingetragen, die Einfluss auf den Verlauf der Session haben können, z.B. „müde, Schmerzen, neugierig, muss auf Toilette" etc. Unangenehme Zustände, die sich beseitigen lassen, z.B. Hunger, Harndrang etc. sollte man sofort angehen. Andere Bemerkungen dienen nach

Abschluss der Session zur Beurteilung des Ganzen. Besonders am Anfang einer Session sollte man auch abfragen, ob der Viewer konkrete Verdachtsmomente hat, was das Target sein könnte. Diese kann man dann wie AULs behandeln. Der Arbeitsschritt „PI" interstützt den Versuch des Viewers, sich auf eine neue Session neutral einzustimmen und seinen Kurzzeitspeicher zu entleeren (Cool-Down-Phase).

Remote Viewing (RV)

Intuitive Wahrnehmung von nicht bekannten Gegebenheiten oder Umständen, die der einfachen Wahrnehmung nicht zugänglich sind, mittels eines bestimmten Ablaufplans (Protokoll), der die beiden Gehirnhälften des Ausführenden unterschiedlich einsetzt. Anders als bei der landläufigen Vorstellung von Hellsehen gibt es bei Remote Viewing eine Definition von Phantasie und Kontrollmechanismen dafür. Eine Remote Viewing-Sitzung (Session) findet meist in der Besetzung Viewer und Monitor, also Wahrnehmender und Kontrollperson statt. Es ist auch möglich, das Protokoll von einer Person „solo" abarbeiten zu lassen, wobei aber einige Eingriffsmöglichkeiten in den Prozess wegfallen. Die Folge davon ist meist eine geringere Informationsfülle. Der Begriff wurde 1971 am ASPR in New York geprägt, nach ersten PSI-Forschungen von Ingo Swann, Clive Backster und Gertrude Schmeidler und von Hal Puthoff am kalifornischen SRI 1972 übernommen. Die deutsche Übersetzung „Fernwahrnehmung" hat sich nicht durchsetzen können.

Remote Viewer

Der „Wahrnehmende" in einer Sitzung, also derjenige, der aktiv den Ablaufplan (Protokoll) durchführt und seine mentalen Fähigkeiten für die Informationsgewinnung einsetzt. Üblicherweise ist er über die Aufgabenstellung nicht informiert und bekommt für seinen Handlungsbeginn nur eine für ihn sinnlose

Zahlen- oder Buchstabengruppe (Koordinaten) genannt. Alle Informationen sind ihm nicht durch die Benutzung seiner normalen fünf Sinne zugänglich, da sie sich meist örtlich oder zeitlich entfernt befinden oder aber, wie beispielsweise im Training, als Bild in einem undurchsichtigen Umschlag.

Session

„Sitzung", die Abarbeitung des RV-Protokolls in Hinblick auf eine Aufgabenstellung. Gesamtdauer ungefähr 60 Minuten, auf jeden Fall nur so lange, wie die Überbeschäftigung des Wachbewusstseins (der Aufenthalt in der „Zone") aufrechterhalten werden kann. Falls nicht vorher beendet, kündigt sich die Rückkehr des Viewers in den Normalzustand durch gesteigerten Widerstand gegen die Weisungen des Monitors an. („Ich hab keine Lust mehr!") Informationen aus diesem Zeitbereich sind mit Vorsicht zu betrachten.
Im Allgemeinen rechnet man für Stufe 1: 10-15 Minuten, Stufe 2: 5-10 Minuten, Stufe 3: 5-10 Minuten, Stufe 4: 5-10 Minuten, Stufe 6: 15-40 Minuten, je nach Übungsstand.

Signal

Nach der amerikanischen Theorie der 1970er und 1980er Jahre der Impuls, der zum Empfang der Informationen aus der Matrix nötig ist, analog zum Beispiel einer Rundfunkwelle.

Signallinie

Nach der amerikanischen Theorie der 1970er und 1980er Jahre die Verbindung, die der Viewer zu Matrix herstellt und über die die Informationen zum Viewer transportiert werden (Trägerwelle). Für diesen Transport sind alle Daten kodiert. Dem Viewer fällt die Aufgabe zu, sie zu dekodieren und in den verständlichen Sprachgebrauch zu übertragen. Heute hat sich diese Anschauung etwas überlebt.

Stufen

Einzelne Abteilungen des Protokolls, die aufeinander aufbauen und nicht austauschbar sind. Durch die Anordnung wird ein optimales Hineinführen des Viewers in seine mentale Arbeit gewährleistet. Jede Stufe bietet eine eigene Qualität der Daten, beginnend mit sehr einfachen Eindrücken bis hin zu komplexen Operationen im Target (Zielgebiet), sowie eigene Aufforderungs- und Kontrollmechanismen.

Subliminale Schwelle

Angenommene, virtuelle Grenze zwischen Bewusstsein und Unterbewusstsein.

Target

Das Ziel einer Remote Viewing-Sitzung. Es kann ein reales materielles Objekt oder Gebiet auf der Erde oder einem anderen Himmelskörper sein, aber auch jede sinnvolle Aufgabenstellung, die nur durch eine sprachliche Formulierung existiert. Als man die Remote Viewing-Methode entwickelte, benutzte man ausschließlich geographische Targets. Bei der Formulierung von Aufgabenstellungen jeder Art sollte streng darauf geachtet werden, keine unbewiesenen Annahmen einzubeziehen, da sie das Ergebnis beeinflussen können.

Tasker

Diejenige Person, die das Target erstellt. Optimalerweise eine Person, die für dieses Target nicht als Viewer oder Monitor ein-

geteilt ist. Besonders bei Solo-Trainierenden sollte eine unabhängige Person gefunden werden, um hier jeden Informationsfluss zu unterbinden.
In Projekten mit kleinen Teams wird einer der Monitore als Tasker fungieren. Er sollte dabei darauf achten, während der Formulierung strenge Psychohygiene zu betreiben, also nur an die Aufgabenstellung zu denken und nicht zu anderen, weitläufigen oder eigennützig interessanten Zielen abschweifen. Die Verknüpfung der Koordinaten mit dem Ziel erfolgt durch die geistige Beschäftigung damit. Allein von Computern generierte Targets sind schwierig oder gar nicht abzuarbeiten. Computer haben offenbar keinen „Geist".

Unterbrechung (Break)

Eine Unterbrechung des Ablaufplanes (Protokolls) kann auch unterschiedlichen Gründen erforderlich sein. Zum einen kann es sein, dass eine Störung von außen eintritt oder der Viewer eine Unpässlichkeit bemerkt. Dann notiert der Viewer: „Unterbrechung" und die Uhrzeit. Damit ist die Session sozusagen in der Schwebe, bis sie weitergeführt wird („Wiederaufnahme: -Uhrzeit- „). Die Unterbrechung benutzt man auch bei AIs Und AULs, um dem Viewer die Gelegenheit zu geben, sich von unerwünschten Eindrücken zu distanzieren oder zu trennen. In diesem Fall wird nach Notieren „AUL: Turm" nur der Stift hingelegt und nach dem Loslösen von dem Eindruck der Stift wieder aufgenommen und die Arbeit an der Stelle des Protokolls weitergeführt, an der man unterbrechen musste.

Wachbewusstsein

Teil des menschlichen Bewusstseins, das die kognitiven, rationellen Aktionen kontrolliert wie Beurteilen, Entscheiden, Steuern. Die Funktionen dieses für die Bewältigung des „Alltags" vorgesehene „Programm" wird von Gehirnforschern in die linke

Hirnhemisphäre verlegt, während die intuitiven Vorgänge ihren Sitz eher in der rechten Gehirnhälfte haben. Beim Remote Viewing wird die linke, seriell arbeitende Hemisphäre soweit durch hintereinander liegende Arbeitsteile beschäftigt, bis sie ihre dominante Rolle aufgibt und den Zugang zu den intuitiven Funktionen zulässt. Diese „Beschäftigungs"-Arbeit besteht in der Durchführung des Protokolls und im Niederschreiben der Eindrücke, ist also kein Leerlauf, sondern im Sinne der Informationsermittlung zweckgebunden. Nach einer Session sollte man darauf achten, dass das Wachbewusstsein Zeit hat, seine gewohnten Kontrollfunktionen wieder voll wahrzunehmen. Es ist also angeraten, nicht zu schnell „gefährliche" Aktionen des Alltags durchzuführen, wie z.B. Autofahren oder handwerkliche Arbeiten mit scharfen Gegenständen.

Zirbeldrüse oder Epiphyse

Hirnanhangsdrüse unterhalb des Cortex, produziert Melatonin und wird schon seit dem Altertum für extrasinnliche Wahrnehmung verantwortlich gemacht.

Beispielsession aus meinem eigenen Training. Damals gab man sich noch mit wenig zufrieden. Die Darstellung eines einzigen Stockwerks genügt allerdings, um festzustellen, dass ich *on target* war. Die Auflösung gibt's am Schluss.

96 10 18
54 42

M. J.
20.4.97
15:33

A nach rechts und oben hochkurvend nach links und abfallen mit weiter Kurve nach unten
weich

B nat.

A diagonal nach rechts abfallend in scharfer Kurve nach unten diagonal nach links im schwachen Bogen nach rechts diagonal mit Kurve wieder nach links diagonal und kleiner Haken nach rechts
hart

B künstl.

−2

96 10 18
54 42

A nach oben
aufsteigend
zurück kurvend
Schlaufe nach
unten abfallend
im leichten Bogen
nach rechts

weich

B nat

A nach rechts
abfallen leichter
Bogen zurück
diagonal hinunter
nach links scharfe
Kurve Schlaufe
zurück send
im Bogen nach
unten und im
Bogen nach
rechts und
auslaufend

hart

B nat

– 3 –

S4

schwarz
blau
rot
gelb
rötlich
cyan

---

schuppig
straff
glatt
hart
weich
verschrumpelt

---

tranig

---

kühl

---

bellen
trompeten
laut
krachen.

---

groß
flach
hügelig
A0 L Break
Nordpol-
landschaft
rissig
begrenzt
A0C Break
Eisscholle
A1 Break
geht so

— 4 —

8 III

blau

Architektur

Lärm

rot

weiße

grau

schwarz

gelb

Muster

zerrissen

AOL Break
Stadion

AOL Break
ausgetrockneter
Wasserlauf.

A1 Break
voll

-5-

von 100 m seitlich des Zielgebiets. in Richtung auf das Zielgebiet sollte etwas sichtbar sein

A aufsteigend umkurvend nach links abfallen im Bogen diagonal nach rechts nach unten kurvend diagonal

hart

B nat

A nach unten abfallend in Kurve wieder hoch und Schlaufe nach links in großer Kurve nach unten und im Bogen nach rechts diagonal im leichten Bogen nach unten auslaufend

B weich

S II

grau
braun
rot
schimmernd
matt grün

---

glatt
durchbrochen
schimmernd
kantig

---

frisch wie draußen

---

kühl
warm

---

motoren – verkehr
umgebung verkehr störpegel

---

ziemlich groß
seitlich mehr
als hoch.
höher als ich.

– 7 –
viele Löcher
funktional

– 8 –

teilchen
braun
grau

schimmernd
wie Glas
oder glatt
nicht durchsichtig

AI Break

ganz gut
ausgedacht
steckt Arbeit
drin

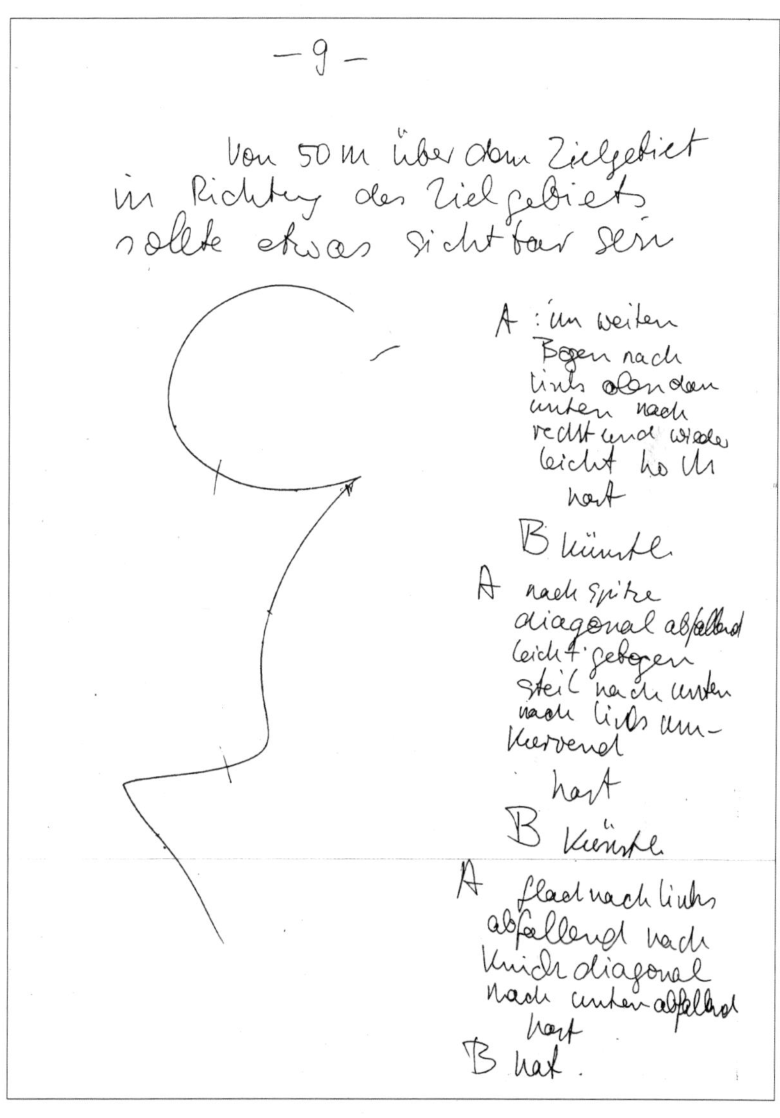

– 9 –

Von 50 m über dem Zielgebiet
in Richtung des Zielgebiets
sollte etwas sichtbar sein

A : im weiten
Bogen nach
links oben dann
unten nach
recht und wieder
leicht hoch
hart

B künstl.

A nach Spitze
diagonal abfallend
leicht gebogen
steil nach unten
nach links um-
kurvend
hart

B künstl.

A flach nach links
abfallend nach
Knick diagonal
nach unten abfallend
hart

B hart.

– 10 –

S II

blau
grau
rot
grün
violett
gelb

---

unterbrochen
riffelig
rauh

---

randig
dunstig
gemischt

—

---

kühl
warm

---

lärm

---

groß
umschlossen
rund
offen

[illegible] Break
nicht
so interessant

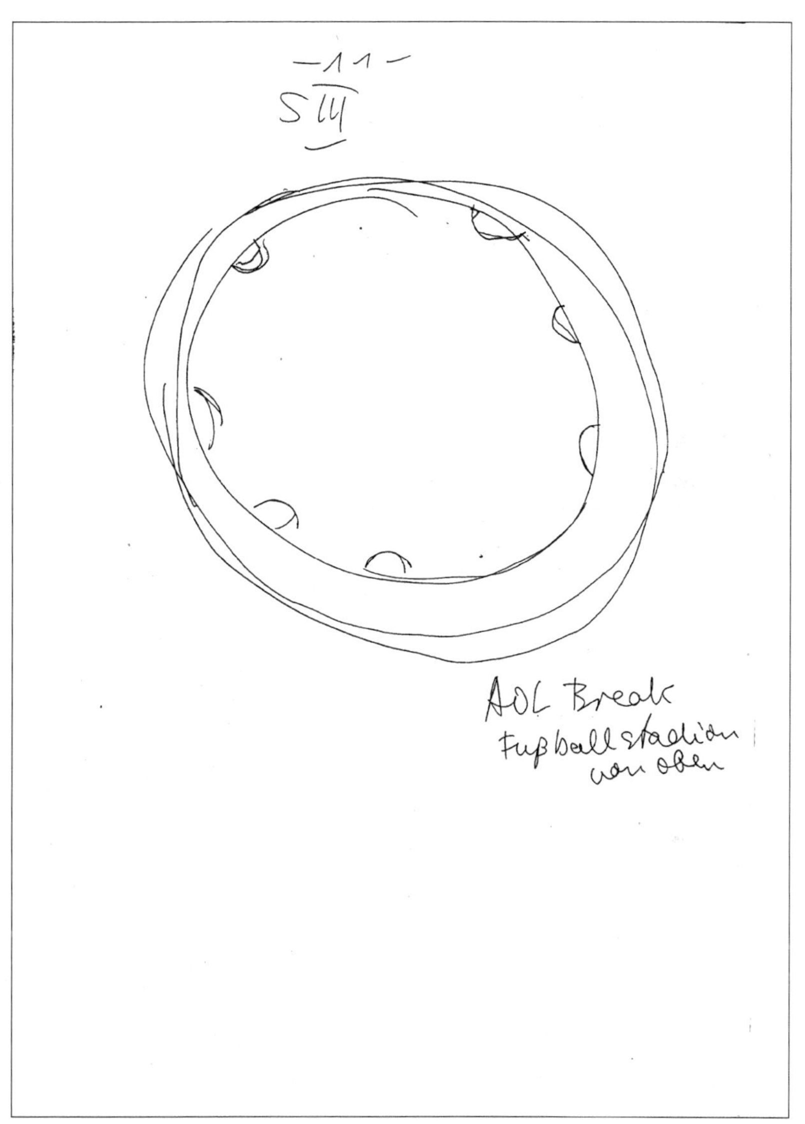
-11-
AOL Break
Fußballstadion
von oben

– 12 –

AOL Kolosseum Rom

End 16:18

Das Target war der schiefe Turm von Pisa

Für neueste Informationen oder ein persönliches Remote Viewing-Training schauen Sie bitte mal herein:

www.rv-akademie.com oder www.rv-akademie.de
Zusammenschluss engagierter deutschsprachiger Remote Viewer zum Zweck der Optimierung von Information, Ausbildung, Forschung und Projekten

www.remoteviewing.de
(1. REMOTE VIEWERS STORE: Bücher, Videos, Zubehör. Portofreier Versand innerhalb Deutschlands)

www.remoteviewing-news.de
Nachrichtenmagazin zum Thema Remote Viewing

www.rv-akademie.com/index.php/training
www.remoteviewing.de/training.htm (Training bei M. Jelinski)

Oder Sie schreiben an: info@rv-akademie.de

Weitere Bücher über Remote Viewing bei

www.aheadandamazing.de

1. Auflage November 2015
235 Seiten

ISBN (Print):
978-3-933305-25-1
€ 19,90

ISBN (E-Book):
978-3-933305-37-4

Manfred Jelinski: Remote Viewing

Forschungen, Erkenntnisse, Anwendungen in Theorie und Praxis
Fast 20 Jahre ist Remote Viewing nun in Deutschland. Zeit genug für den Autor, viele Erfahrungen zu machen, Experimente anzustellen und Forschungsprojekte durchzuführen.
Daneben wurden unzählige Personen in dieser Technik ausgebildet und auch dies hat erheblich zur Anhebung unserer Kenntnisse über nichtbewusste Zustände und Gehirnfunktionen geführt. Nicht zuletzt muss auch die Beziehung von Remote Viewern zum Rest der Gesellschaft beleuchtet werden.
In diesem Buch finden Sie Erfahrungen zu allen relevanten Bereichen dieser Methode auch aus dem Dialog mit anderen Remote Viewern heraus sowie den neuesten Stand der Erklärung der cerebralen Funktionsweise dieser Technik.

Die Bar am Ende des Universums

Worüber sprechen Remote Viewer, wenn sie sich treffen, wenn sie in einer Bar irgendwo in diesem Universum zusammensitzen?
Kommen Sie mit auf die Reise ans Ende des Universums, in die Bar, in der die Remote Viewer erzählen.
Es gibt diese Bar wirklich, und sie ist keine Hafenbar, in der Kapitäne im Ruhestand ihr Garn spinnen. Alles in diesem Buch ist wahr, dafür stehen die beteiligten Autoren, und wenn sie (nur) eine Theorie entwerfen, dann sagen sie das auch. Die legendäre erste Ausgabe dieser Buchreihe

1. Anflug:
M. Jelinski (Hrsg.) 2003, Paperback,
220 Seiten, viele Abbildungen
€ 17,80 ISBN 978-3-933305-16-9

2.Anflug:
M. Jelinski (Hrsg.) 2007, Paperback,
286 Seiten, viele Abbildungen
€ 17,80 ISBN 978-3-933305-17-6

3.Anflug:
M. Jelinski (Hrsg.) 2011, Paperback,
260 Seiten, viele Abbildungen
€ 17,80 ISBN 978-3-933305-22-0

4.Anflug:
M. Jelinski (Hrsg.) 2015, Paperback,
260 Seiten, viele Abbildungen
€ 17,80 ISBN 978-3-933305-39-8

Guido Schmidt: Schatzsucher der Matrix

Guido Schmidt sucht verlorene Gegenstände, Schmuck und Täter und schickt aufgrund von Sessionergebnissen Taucher tief hinab in die Irische See. Und er findet.
Ein Buch voller Abenteuer, aber auch voll kritischer Diskussion der Probleme von Remote Viewern als Schatzsucher der Matrix.

2004, Hardcover, 200 Seiten, viele Fotos
€ 17,80 ISBN 978-3-933305-19-0

Manfred Jelinski: Tanz der Dimensionen

Remote Viewing in Deutschland

Das erste umfassende deutsche Standardwerk über Remote Viewing. Remote Viewing in der Praxis, Forschungsergebnisse aus dem Gehirnlabor, Erfahrungsberichte, Projekte, Zusammenfassung der wichtigsten Erkenntnisse der amerikanischen Remote Viewer.

2000/2008, Paperback, 420 Seiten, viele Bilder und Skizzen
€ 24,90 ISBN 978-3-933305-15-2

Manfred Jelinski: Schritte in die Zukunft

Remote Viewing und die Gesetze der Veränderung

Was heißt "Wünschen" und "Beeinflussen"? Strategien zur Ermittlung der Zukunft und Interaktion mit der Matrix. Gesetze und Möglichkeiten.

2001/2002 Paperback, 224 Seiten, Abbildungen
€ 17,80 ISBN 978-3-933305-10 -7

Manfred Jelinski: Sportwetten mit Remote Viewing

Unterhaltsam, ertragreich und nicht ohne Tücken
Die inzwischen jahrzehntelangen Erfahrungen mit Remote Viewing haben gezeigt, dass man diese Technik zur Auffindung verborgener Information beinahe für jeden Zweck benutzen kann – warum also nicht auch für das Glücksspiel oder die Börse?

2009, Paperback, 180 Seiten, viele Abbildungen
€ 12,90 ISBN 978-3-933305-21-3

Frank Köstler: Geheimnisse des Remote Viewing

Frank Köstler

GEHEIMNISSE DES REMOTE VIEWING

Auf der Spur der Matrix

Praxis des Selbststudiums mit Tipps und Hilfen sowie Beispielen aus eigener Erfahrung.

2002, Paperback, 244 Seiten, viele Abbildungen
€ 17,80 ISBN 978-3-933305-09-1

Frank Köstler: Der verborgene Plan

Jeder Remote Viewer hat sie bereist, die Datenmatrix, diese geheimnisvolle Ordnung hinter den Kulissen unseres Alltags. Einem Strickmuster vergleichbar, durchwebt sie Raum und Zeit. Alles scheint von ihr bestimmt. Frank Köstler ist ihrer Chiffrierung nachgegangen. Seine Recherchen führen zu einem erstaunlichen Fazit.

2006, Paperback , 350 Seiten, Abbildungen
€ 19,90 ISBN 978-3-933305-20-6

Frank Köstler: Verdeckte Ziele

RV, Massenbewusstsein, Targetschutz

Nachdem Frank Köstler einige Zeit Remote Viewing praktiziert hatte, störten ihn die Warnungen anderer Viewer über Niemands-länder der Matrix. Er ist trotz allem hinaus-gegangen: auf den Mond, auf den Mars, in UFOs und andere „verbotene Zonen". Frank Köstler steht mit beiden Beinen auf der Erde und hatte nie viel für Verschwörungstheorien übrig. Er versucht, so distanziert wie möglich seine sehr beunruhigenden Ergebnisse zu erörtern.

2003, Paperback , 220 Seiten,
€ 17,80 ISBN 978-3-933305-18-3

Frank Köstler: Alltägliche Wunder

Serien und das Gesetz der Anziehung ... ein Buch zum Staunen.

In diesem umfassenden Buch werden erstmals Ereignisse, Orte und Personen im Zusammenhang einer hintergründig wirkenden Kraft dargestellt. Sie ist seit Jahrtausenden bekannt, hat sogar in Physik und Biologie Einzug gehalten. Dinge passieren oft mehrmals kurz hintereinander. Flugzeugabstürze, Bahnunfälle, oft auch Kleinigkeiten im Alltag.
Dies wird an einer Vielzahl unterschiedlicher Beispiele des Weltgeschehens aufgezeigt und untersucht. Grund ist eine versteckte Kraft gegenseitiger Anziehung. Gleiches wird überall miteinander ver-bunden. Es wird Zeit, diese Kraft sinnvoll für das eigene Leben ein-zusetzen.
Die Autoren stoßen mit der Sicht der Remote Viewer in ein wenig bekanntes Gebiet vor.

2010, Paperback , 270 Seiten, viele Abbildungen
€ 19,90 ISBN 978-3-933305-23-7

Manfred Jelinski: Remote Viewing - das Lehrbuch

Einführung in die Technik des Remote Viewing
Das erste in Deutschland veröffentlichte Buch, das diese Technik der Fernwahrnehmung ausführlich erklärt! Jetzt komplett überarbeitet!

Teil 1 : Stufe 1-3
Paperback 270 Seiten, viele Abbildungen
Überarbeitung 2018
€ 19,90 ISBN 978-3-95990-000-3

Der zweite Teil des Lehrbuches über Remote Viewing führt uns über die rein deskriptive Phase der Stufen 1-3 hinaus nun direkt hinein in die "Schatzkammer der Matrix". Dieses Buch versteht sich als Fortsetzung des ersten Teils und setzt die dort beschriebenen Schritte und Hintergründe voraus.

Teil 2 : Stufe 4+5, überarbeitete Fassung
Paperback 282 Seiten, viele Abbildungen
€ 19,90 ISBN 978-3-933305-12-1

Band 3 dieses Lehrbuches beendet mit der Beschreibung der Stufe 6 die Erklärung des investigativen Remote Viewing. Der Interessent findet erstmals für diesen Protokollabschnitt eine klare und übergreifende Systematik für die verwendeten Techniken und Werkzeuge. Neben der Ermittlung von vergangenen und zukünftigen Geschehnissen werden auch die geografische Ortung und die Persönlichkeitsanalyse eingehend behandelt.
Dieses Buch versteht sich als Fortsetzung des zweiten Teils und setzt die dort und im ersten Teil beschriebenen Schritte und Hintergründe voraus.

Teil 3 : Stufe 6
Paperback 210 Seiten, viele Abbildungen
€ 17,80 ISBN 978-3-933305-13-8

Manfred Jelinski: Remote Viewing - das Lehrbuch Teil 4

Es gibt erheblich mehr über Remote Viewing zu sagen, als man öffentlich zuzugeben wagt.
Band 4 dieses fundamentalen Lehrbuches wendet sich den aktiven Techniken zu. Das Wissen um Begegnungen in der Matrix, Remote Influence und Schutzfunktionen werden umso wichtiger, je mehr Menschen Remote Viewing lernen.
Dieses Buch versteht sich als Fortsetzung des dritten Teils. Damit ist das letzte, verborgene Kapitel von "Tanz der Dimensionen" veröffentlicht.
Teil 4: Interaktive Prozesse und Remote Influence
Paperback, 290 Seiten, viele Abbildungen
€ 29,90 ISBN 978-3-933305-14-5

Es gibt einige Leser, die Romane ablehnen, weil sie meinen, nur in Sachbüchern würden „Wahrheiten" stehen. Ein Roman muss sich ebenfalls in seiner Welt beweisen. Und er kann durchaus Denkanstöße geben.

Manfred Jelinski: Die Grauen in Louisas Landschaft

Der Albtraum beginnt mit der Nachricht vom Flugzeugabsturz. Louisa Lohmann muss nach New York, um die Leichen ihrer Eltern zu identifizieren. Sie bemerkt, wie sie beobachtet wird. Selbst in ihrem Geist nistet sich etwas ein. Als sie herausfindet, womit sich ihr Vater beschäftigt hat, ist sie bereits verzweifelt auf der Flucht. Manchmal glaubt sie, entkommen zu sein, aber als ihr Geliebter von einem dunklen Objekt entführt wird, begreift sie, dass sie nicht einmal in ihren intimsten Momenten allein waren.
Um ihn zu retten, geht sie in die Matrix und landet in einem gespenstischen Szenario, dessen Spielregeln ihr völlig unbekannt sind.
Der erste deutsche Remote Viewing-Thriller.
Paperback, 210 Seiten
€ 11,90 ISBN 978-3-933305-84-8
E-Book: € 6,99 ISBN 978-3-933305-94-7

Durch Remote Viewing kamen wir von einer ganz neuen Seite zu der Theorie des Universums, die in der wissenschaftlichen Welt immer mehr Verfechter unter den Physikern und Mathematikern hat, nämlich dass wir nur in einer von unzähligen wahrscheinlichen Welten leben. Über dieses „Universum nebenan“ lässt sich viel spekulieren. Was aber wäre, wenn man sich die Mühe machte, mittels einer Handlung den Gesetzmäßigkeiten nachzugehen?
Was wäre, wenn es gelänge, körperlich in andere Wahrscheinlichkeiten zu reisen?
Das ist der Inhalt der groß angelegten Multiversen-Romanserie

Wahrscheinliche Welten
Von M.O. Jelinski

Erster Zyklus (5 Bände): "Die Bücher Mühlheim"
Das geheime Tor der alten Mühle
265 Seiten, gebunden, mit Give-away "Alte Wassermühle in NF" 2003
ISBN 978 3-933305-55- 8 € 15,90
Das Tor der Dinosaurier
280 Seiten, gebunden, mit Mini-CD "FPM auf der Elektrischen Ranch"
2004 ISBN 978- 3-933305-56-5 € 15,90
Der Gesang der toten Welten
280 Seiten, Softcover, 2005 ISBN 978- 3-933305-58-9 € 9,90
Wahrscheinlich Ferien auf dem Mars
260 Seiten, Softcover, 2007 ISBN 978- 3-933305-63-3 € 9,90
Der Untergang von Mühlheim
271 Seiten, Softcover, 2008 ISBN 978- 3-933305-64-0 € 9,90

Zweiter Zyklus (5 Bände): „Die Hüter der Wahrscheinlichkeit“
Der Plan der Engel
270 Seiten, Softcover 1. Auflage 2010 ISBN 978- 3-933305-85-5 € 11,90
Verschollen im Abgrund
250 Seiten, Softcover 1. Auflage 2011 ISBN 978- 3-933305-86-2 € 11,90
Die Spur im Niemandsland
260 Seiten, Softcover, 1. Auflage 2013 ISBN 978-3-933305-87-9 € 11,90
Das Vermächtnis des Chaos
268 Seiten, Softcover, 1. Auflage 2015 ISBN 978-3-933305-88-6 € 11,90
Welten für die Ewigkeit
270 Seiten, Softcover, 1. Auflage 2016 ISBN 978-3-933305-89-3 € 11,90

Mehr Informationen: www.wahrscheinlichewelten.de
www.hueter-der-wahrscheinlichkeit.de